高等院校自动化系列规划教材

邮政工程导论

庄育锋　韦凌云　刘玉坤　翁　迅　**编著**

北京邮电大学出版社
www.buptpress.com

内 容 简 介

本书全面系统地介绍了邮政工程专业及其知识体系,以及相关的技术、管理方法和综合应用。全书分为专业篇、技术篇、方法篇和综合篇四大部分,共9章。其中,专业篇包括第1~3章,分别介绍了从传统邮政到智慧物流的发展历程,智慧物流的基本概念和架构,以及邮政工程专业及其知识体系;技术篇包括第4~5章,分别阐述了邮政工程专业所涉及的信息技术和装备技术;方法篇包括第6~8章,系统阐述了设施选址规划与布局、仓储与库存管理,以及运输与配送;综合篇包括第9章,结合实际,介绍了系统优化与仿真评估的相关内容。

本书可作为高等学校邮政工程专业及其他物流相关专业本科生的导论教材,也可作为邮政行业从业人员培训的核心教材,同时适合从事相关教学、研究的教师、研究生、物流企业工程技术及管理人员用作参考书。

图书在版编目(CIP)数据

邮政工程导论 / 庄育锋等编著. -- 北京:北京邮电大学出版社,2025. -- ISBN 978-7-5635-7531-2

Ⅰ.F61

中国国家版本馆 CIP 数据核字第 2025XG0565 号

策划编辑:姚 顺 责任编辑:陶 恒 责任校对:张会良 封面设计:七星博纳	

出版发行:北京邮电大学出版社
社　　址:北京市海淀区西土城路10号
邮政编码:100876
发 行 部:电话:010-62282185　传真:010-62283578
E-mail:publish@bupt.edu.cn
经　　销:各地新华书店
印　　刷:保定市中画美凯印刷有限公司
开　　本:787 mm×1 092 mm　1/16
印　　张:13.75
字　　数:363 千字
版　　次:2025 年 6 月第 1 版
印　　次:2025 年 6 月第 1 次印刷

ISBN 978-7-5635-7531-2　　　　　　　　　　　　　　　　　　　　　　　定价:45.00 元

·如有印装质量问题,请与北京邮电大学出版社发行部联系·

前　言

邮政业是国家重要的社会公用事业,是服务生产、促进消费、畅通循环的现代化先导性产业。在以深化邮政业供给侧结构性改革为主线,以创新为第一动力,推动行业发展质量变革、效率变革和动力变革的政策和制度指引下,邮政快递业发展取得了令人瞩目的成就。2024 年 11 月由中共中央办公厅、国务院办公厅印发的《有效降低全社会物流成本行动方案》提出,降低全社会物流成本是提高经济运行效率的重要举措,对构建高水平社会主义市场经济体制、加快构建新发展格局、推动高质量发展具有重要意义。在新一代信息技术赋能下,"互联网+"时代、"智能+"时代到来,传统邮政业焕发了新的生机与活力,快递行业突飞猛进地发展,邮政快递所代表的现代邮政业成为我国经济发展的一匹黑马,在充分吸纳就业、降低企业成本、方便群众生活方面发挥了基础性的作用,同时也成为发展新经济、提升传统经济的现代服务业关键产业。

快递物流过程中运输、存储、包装、装卸、分拣、配送等各个环节涉及的智慧物流单元(物流智能硬件/智能物流系统)互联互通、高效协作,邮政业全链条串联起来的全面智能化逐步实现,直接促进了新一代信息技术、智慧物流、智能制造以及智能管理等科学技术的深度交叉与融合,也形成了以"智能"为特色的面向现代邮政业的新专业——邮政工程专业。与行业迅猛发展不相匹配的是高层次人才的严重不足,这已成为严重制约行业发展的瓶颈。为推动行业可持续发展,4 所邮电高校陆续开设邮政工程专业。邮政工程专业将承担培养适应时代和行业发展需要的高层次复合型技术人才的重任。其关键在于如何根据新一代信息技术集成应用赋能行业的特征构建邮政工程新型人才培养体系。

本书作为一本导论教材,就是要完整、系统地告诉学生什么是邮政工程,邮政工程可以做什么、应该如何做。邮政工程导论课程位于邮政工程专业所有课程的中心,用于支撑培养方案中的数学与自然科学、计算机基础、学科基础、专业基础以及专业课程的构建。

本书根据当前各高校、企业对物流、邮政相关人才的需要,有针对性地设置教学内容,全面系统地介绍了邮政工程专业及其知识体系,以及相关的技术、管理方法和综合应用;强调专业理论与实例讲解相结合,使学生能够了解行业概况,夯实专业基础,制定未来发展目标,为邮政行业注入新鲜血液。

全书分为专业篇、技术篇、方法篇和综合篇四大部分,共 9 章。其中,专业篇包括第 1~3 章,分别介绍了从传统邮政到智慧物流的发展历程,智慧物流的基本概念和架构,以及邮政工程专业及其知识体系;技术篇包括第 4~5 章,分别阐述了邮政工程专业所涉及的信息技术和装备技术;方法篇包括第 6~8 章,系统阐述了设施选址规划与布局、仓储与库存管理,以及运输与配送;综合篇包括第 9 章,结合实际,介绍了系统优化与仿真评估的相关内容。

本书的特点主要包括以下几个方面。

1. 作为导论教材,本书内容合理,适合高校邮政工程专业及其他物流相关专业的本科生快速了解所学专业,并对专业有一个宏观完整的概念,清楚需要学什么和如何学。

2. 在编写时考虑到涉及的知识点多、内容广等特点,本书强调以案例引入知识点开展学习,将抽象的知识点融入实际案例,使学生更深刻地体会、理解、运用书本上的知识,并能与实际相结合,注重培养学生解决实际问题的能力。

3. 本书各章节提供了由本章知识延伸出的相关课程学习介绍,便于学生对感兴趣的知识进行进一步的学习研究,为学生未来的学习指明了方向。

本书由庄育锋教授、韦凌云教授、刘玉坤副教授及翁迅老师编著,作者凭借其在各自研究领域的深厚造诣与丰富经验,全面把控了书籍内容的学术严谨性,科学合理地规划了整体结构及各章节的逻辑安排,为本书的可读性奠定了坚实基础。此外,苏志远副教授、王莉副教授、顾文娟老师对本书的编写工作也做出了不可或缺的贡献,在此非常感谢三位老师!

本书在撰写过程中参考了众多专家、学者的有关著作,引用了其中的相关理论、方法和模型以及相关的邮政系统实例,并已尽可能地在参考文献中列出,同时通过互联网学习并借鉴了一些相关资料。在此向各位相关作者表示诚挚的感谢。

同时,受作者学识水平以及时间方面的限制,加之现代邮政行业的不断发展,相关技术、方法和模型等会不断推陈出新,书中难免有疏漏和不足之处,敬请广大读者批评指正。

作　者

目 录

专 业 篇

第1章 从传统邮政到智慧物流 ··· 3
  1.1 新一代信息技术赋能下的智慧快递物流运营场景 ················ 4
  1.2 邮政业与智慧物流 ··· 9
  1.3 人工智能技术在邮政行业的典型应用 ······························ 10
  1.4 全流程智能化的邮政企业实践 ······································· 11
  1.5 邮政快递业与现代制造业深度融合的企业实践 ··················· 14
  本章小结 ·· 17
  参考文献 ·· 18

第2章 智慧物流概论 ·· 19
  2.1 智慧物流综述 ··· 19
    2.1.1 智慧物流的定义 ··· 19
    2.1.2 智慧物流系统及其特征 ·· 19
    2.1.3 智慧物流系统的技术架构 ····································· 20
    2.1.4 智慧物流系统的功能结构 ····································· 22
  2.2 智能制造与物流系统智慧化 ·· 24
  2.3 智慧供应链、智能制造与智慧物流 ································· 25
  本章小结 ·· 26
  参考文献 ·· 27

第3章 邮政工程专业概述 ·· 28
  3.1 邮政工程专业的简介 ·· 28
  3.2 邮政工程专业的理论基础 ·· 29
  3.3 智慧物流视角下邮政工程专业的内涵和特征 ····················· 31
  3.4 邮政工程专业的知识体系简介 ······································· 34
  本章小结 ·· 35
  参考文献 ·· 35

技 术 篇

第 4 章　信息技术 … 39
4.1　万物智能,源于感知——感知技术 … 41
4.1.1　环境感知 … 41
4.1.2　位置感知 … 42
4.1.3　属性感知 … 46
4.2　物流自动化,始于标识——标识技术 … 49
4.2.1　编码技术 … 49
4.2.2　条码 … 52
4.2.3　射频识别 … 55
4.2.4　OCR/OBR/图像识别/语音识别 … 59
4.3　智慧物流,基于通信——通信技术 … 60
4.3.1　通信媒介 … 60
4.3.2　网络拓扑 … 63
4.3.3　工业现场通信 … 65
4.4　物流智慧,应用为王——系统应用/开发技术 … 71
4.4.1　系统应用 … 71
4.4.2　系统开发 … 72
4.4.3　系统分析 … 75
4.4.4　系统设计 … 77
4.5　相关课程学习 … 79
本章小结 … 79
参考文献 … 79

第 5 章　装备技术 … 80
5.1　保障仓储能力的利器——仓储装备与技术 … 82
5.1.1　现代物流仓储设备的分类 … 82
5.1.2　仓储货架 … 83
5.1.3　自动化立体仓库 … 85
5.1.4　堆垛机 … 88
5.1.5　智能仓储设备 … 90
5.2　作业效率提升的关键——输送分拣装备与技术 … 93
5.2.1　输送分拣装备的特点和分类 … 93
5.2.2　连续输送机械 … 95

| 5.2.3 分拣技术与设备 | 97 |

5.3 降低劳动强度的法宝——仓储搬运装备与技术 ... 100
  5.3.1 装卸搬运的作用 ... 100
  5.3.2 叉车 ... 101
  5.3.3 轻型装卸搬运设备 ... 107
  5.3.4 托盘搬运车 ... 110
  5.3.5 自动导引搬运车 ... 112

5.4 相关课程学习 ... 118
本章小结 ... 118
参考文献 ... 118

方 法 篇

第6章 设施选址规划与布局 ... 121

6.1 "当日达""鲜味达"的背后——设施选址规划 ... 122
  6.1.1 物流设施选址概述 ... 122
  6.1.2 是开始,也是未来——设施选址的重要性 ... 122
  6.1.3 从一般性原则来思考设施如何选址 ... 123
  6.1.4 走程序才能体现标准化——设施选址的程序 ... 124
  6.1.5 一个案例告诉你,设施选址的这些因素有多重要 ... 125

6.2 建得多不如建得巧——设施选址规划评价方法 ... 127
  6.2.1 设施选址的定性评价方法 ... 128
  6.2.2 设施选址的定量评价方法 ... 129

6.3 建得巧更要建设好——物流设施布局 ... 130
  6.3.1 设施布局概述 ... 130
  6.3.2 物流设施怎么布局 ... 130
  6.3.3 设施布局分析方法与技术 ... 131

6.4 一种典型的物流设施——配送中心的选址与布局 ... 134
  6.4.1 配送中心≠传统仓库——配送中心概述 ... 134
  6.4.2 配送中心的选址 ... 135
  6.4.3 配送中心的布局规划 ... 137

6.5 相关课程学习 ... 140
本章小结 ... 140
参考文献 ... 140

第7章 仓储与库存管理 … 141

7.1 基本概念 … 141
7.1.1 并无二致——现代邮政也有仓储 … 142
7.1.2 仓库 … 142
7.1.3 仓储与仓储管理 … 144
7.1.4 仓储管理系统 … 144
7.1.5 仓储管理云 … 145
7.1.6 库存与存货 … 146
7.1.7 库存管理与库存控制 … 148
7.1.8 库存管理方法与技术 … 149
7.1.9 仓储管理与库存管理的关系 … 153
7.1.10 基本概念小结 … 153

7.2 管个仓库有那么难吗——仓储管理核心内容与技术 … 153
7.2.1 仓库内都做些什么 … 153
7.2.2 难不难，试试看——仓储管理面对的问题 … 154
7.2.3 背后的玄机——有条不紊的仓储物流作业 … 157

7.3 零库存了还管什么库存——库存控制核心内容与技术 … 159
7.3.1 为什么需要库存和库存管理 … 160
7.3.2 管什么、怎么管呢——库存管理与库存控制的范畴 … 160
7.3.3 背后的玄机——千差万别话库存 … 161

7.4 相关课程学习 … 164
本章小结 … 165
参考文献 … 165

第8章 运输与配送 … 166

8.1 人和物的空间位移——运输与配送 … 166
8.1.1 如何使人和物的空间位置发生大幅度变化——运输 … 166
8.1.2 什么让顾客足不出户收到订单——配送 … 170
8.1.3 运输与配送的紧密关系 … 170

8.2 怎样合理地运输呢——运输方式与路线 … 171
8.2.1 不同的路有不同的风景——运输方式的选择 … 171
8.2.2 同样的路争取最优——运输路线的优化 … 172
8.2.3 利用运筹学中的最短路径问题优化运输路线 … 174
8.2.4 利用运筹学中的运输问题规划运输路线 … 174

8.3 完好地收到订单——配送模式与路线 … 175

8.3.1　自提还是等配送——配送模式的选择 ················· 175
　　8.3.2　哪条路线最优——配送路线的优化 ··················· 176
　　8.3.3　利用供应链管理的多级配送问题优化配送路线 ········· 177
8.4　相关课程学习 ··· 179
本章小结 ·· 180
参考文献 ·· 180

综 合 篇

第9章　系统优化与仿真评估 ···································· 183
9.1　现实已超乎想象——智慧物流的综合集成 ··················· 183
　　9.1.1　从整体到细胞都是智慧的 ··························· 184
　　9.1.2　综合物流系统的评估需求 ··························· 185
9.2　决策方案的预期效果怎么样——仿真实验看一看 ············· 186
　　9.2.1　仿真能为物流方案评估做什么 ······················· 186
　　9.2.2　系统建模与仿真的基本概念 ························· 187
　　9.2.3　系统建模与仿真的基本原理 ························· 188
　　9.2.4　几种主要的仿真类型及其应用场景 ··················· 189
　　9.2.5　仿真评估与仿真优化的作用 ························· 194
9.3　如何做得更好——基于仿真的评估与优化 ··················· 195
　　9.3.1　供应链层面的物流网络仿真优化 ····················· 195
　　9.3.2　配送中心规划设计仿真 ····························· 196
　　9.3.3　物流配送策略及算法仿真 ··························· 197
　　9.3.4　"最后一公里"无人配送仿真 ························ 198
　　9.3.5　无人机协同作业系统的仿真应用 ····················· 200
　　9.3.6　回收物流社会行为系统的仿真 ······················· 202
9.4　未来可期——仿真、数字孪生与智慧物流 ··················· 205
9.5　相关课程学习 ··· 206
本章小结 ·· 207
参考文献 ·· 207

专 业 篇

第1章　从传统邮政到智慧物流

案例导入

"智慧物流"时代的邮政快递业实践

打开数字化物流平台,上千辆货车的实时行车轨迹一目了然;全自动分拣线上,一件件快递飞速闪过,系统自动抓取面单信息;包裹"乘坐"无人配送小车,根据系统提示的门牌号,自动来到你家门前……智慧物流时代,科技为生活开启了无限可能。

2023年6月16日至21日,由商务部、海关总署、河北省政府主办的2023年中国·廊坊国际经济贸易洽谈会在河北廊坊举办。作为一届以商贸物流为主题的展会,大会期间各种现代物流新装备、新场景悉数亮相,惹人关注。

(1) 平台数字化

"平台显示,目前在外运输货车1 300辆,暂时熄火380辆,空车待返回210辆……"本次洽谈会期间,一家企业展示了一套数字化物流平台,系统内实时更新的货车运行数据可以让企业随时了解车辆信息,及时指挥调度。

"从卡车到库,到备货装车、转运上路,直至空箱返回,依托定位技术和大数据处理系统,全流程智能化,实现人员、设备的定位管理,每辆车的行车轨迹一目了然。"一汽物流有限公司智能物流技术研发院高级主任师高跃峰说。

以前车辆调度主要靠人,不仅费时费力,还面临货车空载率高等问题。与会企业代表表示,随着数字化物流平台的广泛使用,手写记录、电话协调、现场派车早已成为过去式,如今从接单派车到运费结算,通过在线平台就能全部完成。

数字化平台不仅为企业管理提供方便,也给消费者带来实惠。顺丰科技智慧供应链副总监石颖称,新时代的智慧供应链是涵盖供应商、总仓、区域仓、线上电商、线下门店、末端客户的全流程供应链,落脚点是客户需求。

有了数字化平台,刚刚结束的电商大促,物流配送效率大大提高。根据预售大数据,物流企业提前把爆款商品布置在消费者附近的区域仓,一些地方将"次日达""当日达"提升到"半日达"。

(2) 仓储自动化

在智能仓库内,自动导引运输车搭载几百千克货物自如"行走";出仓前,货物拣选不再靠人举着单据、围着货架满场跑,而是由机器人参与完成;快递卸下后,全自动分拣线上的条码识别计算程序启动,称重、读码、分拣由设备自动完成。

随着科技的发展,智能机器人在各领域的应用越来越广泛。大会上,搬运机器人、智能穿梭车机器人、配送机器人……各类智能机器人纷纷登场,成为一道夺目的风景。

"研究发现,自动立库、自动导引运输车、自主移动机器人、工业级无人驾驶成为近十年最火的物流装备。"京东物流集团智能园区专家刘滨说,智慧物流正由简单室内场景转向室外复杂场景,依靠多设备协同实现全局无人化。

"过去快递分拣靠工人手持终端逐一扫码,再送至对应区域,不仅费时费力,还容易出错。"圆通速递北方总部基地负责人俞林说,现在"分拣神器"五面装有摄像头,系统智能识别条码信息、自动转向,如同有了"聪明的脑"和"灵巧的手",不用人工操作。

如今,在高度自动化的无人仓库中,单件商品拣货时间仅需10秒,拣选准确率可达99%。中国仓储与配送协会智慧物流分会会长苟卫表示,传感器、自动分拣、射频识别、定位系统等先进技术日新月异,智能仓储迎来无限可能。

(3) 配送智能化

一个身高不足一米、黑白相间的"小家伙",搭载着快递,以1.5米/秒的速度自主行驶,遇到行人、障碍物自动刹车避让,到达电梯口会自己"按电梯"……大会上,顺丰展示的一台楼宇配送机器人吸引了很多人的目光。

受人力、交通、政策等因素的影响,"最后一公里"一直是物流配送的难题。有资料显示,"最后一公里"末端配送成本几乎占整个物流成本的30%,偏远山区往往更高。

本届大会的室外展厅内摆放着一架1:3缩比的大型无人货运飞机。它最大载重5吨,最远航线为2600千米,能广泛应用于快递、生鲜等高端物流运输,为山区物流和应急配送提供便利。

"安全、效率、价格是助推智慧物流时代加速到来的三大因素。"刘滨称,无人机解决偏远山区配送的"最后一公里",配送机器人深入园区楼宇将服务从"最后一公里"延伸至"最后一米"。

专家表示,物流末端服务运营模式不断创新,无人配送成为新趋势。无人车、无人机、快递塔、智能柜、菜鸟小盒等"黑科技"推陈出新,物流业正面临前所未有的深刻变革,正在由"汗水型"向"智慧型"转变。

国家发展和改革委员会综合运输研究所所长汪鸣表示,智慧物流不是简单地给物流插上"智慧翅膀",而是使物流发生脱胎换骨的改变,使物流成为我国现代产业体系建设中重要的基础力量、战略力量和引领力量。

(资料来源:"智慧物流"时代,你的快递怎样送,https://baijiahao.baidu.com/s?id=1769217880420466256&wfr=spider&for=pc。)

1.1 新一代信息技术赋能下的智慧快递物流运营场景

随着以大数据、人工智能、移动互联网、云计算、物联网、区块链等为核心的新一代信息技术的快速发展,以及不断与各产业的深度融合,人类社会将进入万物智联的数字经济时代,现代邮政业将通过新一代信息技术赋能实现订单获取、订单下达、生产、运输、仓储、分拣、配送等全链条串联起来的全面智能化。智慧快递物流运营场景如图1-1所示。

全链条串联起来、全面智能化的快递物流业支撑下的未来典型的生产、生活场景如下。

1. 智能化、网络化、个性化的订单生成

方式1:消费者通过虚拟现实设备、增强现实设备、裸眼3D等元宇宙设备,随时随地、身临其境般地畅游元宇宙虚拟商店,体验、挑选世界各地独具特色的商品。

方式2:电子商务平台通过大数据预测,洞察顾客的消费习惯,适时推送顾客心仪的商品。

方式3:用户通过智能终端(智能手机、平板电脑、智能手表、笔记本计算机、电视、触摸屏设备等)登录电子商务网站,设计或者配置个性化商品或者选择个性化服务。

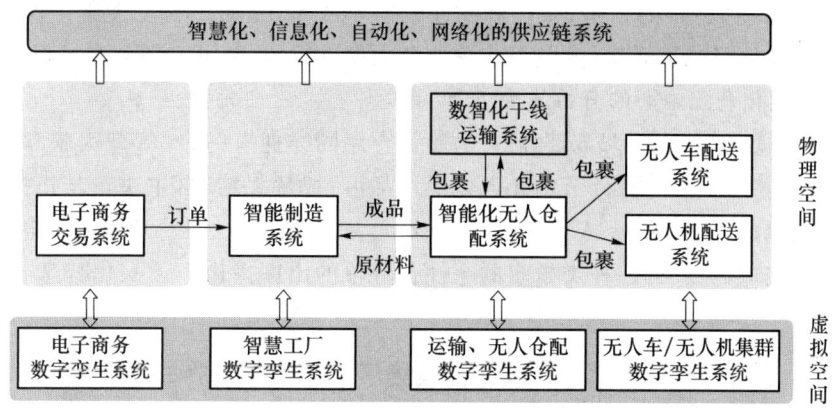

图 1-1 智慧快递物流运营场景

方式 4:用户向聊天机器人描述所需个性化商品或者个性化服务。

方式 5:数字化、网络化、智能化的产品自主感知、自主学习、自主决策形成订单,如新一代电冰箱随时监测冰箱内消耗的食品或者食材,按照家庭的营养需求自主决策,生成个性化补货订单,并发送至后台的电子商务平台的智慧仓库或者智慧工厂。

2. 智慧工厂按照订单排产、高效运作、匹配供需

来自世界各地的所有个性化订单都传送到智能工厂的"智慧大脑","智慧大脑"按照订单的送货时间、订货数量、产品规格,计算出需要在什么时间、采购多少原料、生产多少配件或组件,形成"采购指令""生产指令"。智慧工厂体系架构如图 1-2 所示。

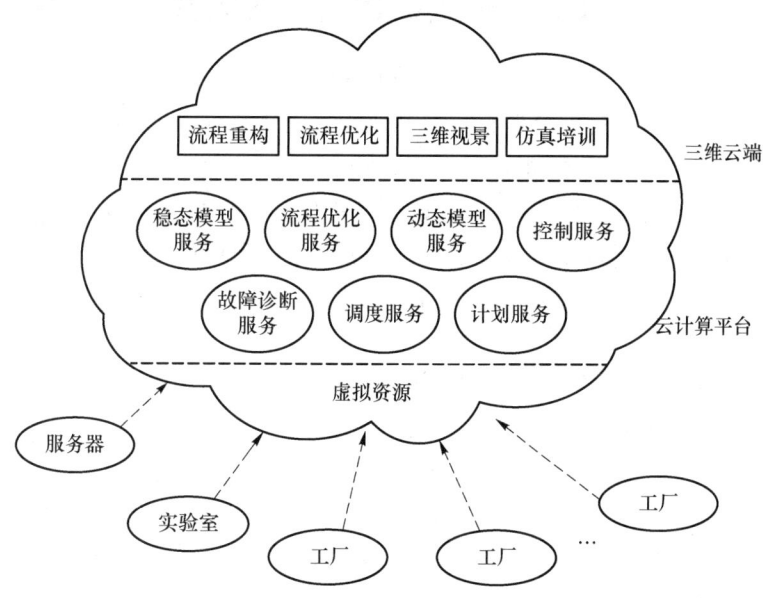

图 1-2 智慧工厂体系架构

"采购指令"自动发送到上游供货商的供应链系统,通知供货商按时按量送货。

"生产指令"则直接下达给智慧工厂的各个岗位、各个类型的智能机器人,机器人按照"生产指令"要求,相互配合,按时、按质、按量完成生产任务。其中,物流机器人实时感知生产线物流的变化,自主决策,精确地从与工厂配套的无人化智慧仓库取用原料、运送成品。

智慧工厂"智慧大脑"的采购、生产和物流的科学决策,是通过自动搜集生产过程中的设计、工艺、制造、仓储、物流、质量、人员等相关业务数据进行的,并可实现生产过程的全程追溯。

3. 基于智能化仓配中心的分拣出库

与智慧工厂类似,位于某城市的无人化智慧仓库同样拥有一个"智慧大脑",从仓储到拣货、打包,再到分拣、出仓,所有环节的无人化操作都由"智慧大脑"自主决策与指挥,高效调配自动化立体库、机械臂 AGV、无人叉车、分拣机器人、搬运机器人、堆垛机器人等各类机器人的协同运作,高效完成数量巨大、种类繁多的个性化订单的出库操作。无人化智慧仓库如图 1-3 所示。

图 1-3 无人化智慧仓库

所有的客户订单都被发送到分布在全国各地的智能化仓配中心的"智慧大脑"。"智慧大脑"进行订单处理、整合,形成出库指令,并发送给搬运机器人。

出库:搬运机器人(智慧穿梭车)综合考虑货品货位、库存量、当前线路上其他车辆的状态等海量数据,自主决策前进路线,从货位取货并将货物搬运到拣选区,从而完成出库任务。

拣选:拣选区域的拣选机器人按照客户的订单从出库的各个物料箱中识别、挑选出每一个订单中的所有物品,并由输送机传送到包装区域。

包装:"智慧大脑"根据每个订单包含的物品的尺寸、类型,计算、选择最省料的包装材料,辅助包装机器人自主决策完成订单的包装、面单粘贴,形成快递包裹。面单类似于快递包裹的"身份证",是记录发件人、收件人,以及货物品种、数量、重量、价格等相关信息的单据。

分拣:数量巨大、种类繁多的快递包裹完成包装后,由输送机运送到分拣区,数量众多的分拣机器人并行作业、实时交互、协调配合,按照包裹的目的地,各自选择优化的搬运路线,不断地将包裹搬运到相应的集货格口,自动完成包裹的分类、封发,并将包裹搬运至干线运输货车的装车点。智能分拣中心如图 1-4 所示。

分拣机器人拥有各自的"大脑"和"眼睛",能够自主决策搬运路线和行为调整,避免撞车。

图 1-4　智能分拣中心

4. 基于无人驾驶的干线运输

在智能化仓配中心的装车点，封发完成的快递包裹将由自动化设备装运到一辆无人驾驶的重型卡车上，重型卡车基于人工智能、深度学习、激光雷达等技术和装备，拥有超越人类的超强视力和动态路线优选能力，以最佳路线前往另一个城市的分拨中心/智能化仓配中心，完成物流的干线运输。无人驾驶运输重卡如图 1-5 所示。

图 1-5　无人驾驶运输重卡

5. 无人化配送

到达分拣中心/智能化仓配中心的快递包裹，将由肩负"最后一公里"运送的无人车或者无人机完成配送。无人车根据包裹的目的地自主规划配送路线，并基于 GPS（全球定位系统）导航信息，以及所搭载的人工智能芯片自主分析出所在位置以及目的地方位，实时调整路线，以最佳路线将包裹配送至无人配送站的智能柜。无人配送车如图 1-6 所示。

图 1-6　无人配送车

6．客户取件

如图 1-7 所示，无人配送站基于一个云端服务器、智能存储柜、配送机器人和 IOT 设备联合运作，实现接收暂存、分拣、递送、提货等功能。

无人配送站配备一个高大的智能柜，智能柜内部结构和仓库里的自动立体货架相似，存取货物、分拣都靠三轴机械臂实现。

当用户需要机器人配送时，可以通过云端调度预约送货时间，然后货物在智能柜由机械臂分拣出来，放置在与柜子对接的配送机器人体内，配送机器人再进行配送。

图 1-7　无人配送站

如图 1-8 所示，配送机器人能够轻松判断路面环境，根据规划路径自主移动。

无人配送站和机器人之间、机器人与机器人之间都能够实现实时交互。配送机器人还能够自主呼叫电梯，上楼送货。货物到达目的地之后，机器人会呼叫用户取件，然后完成配送，如图 1-9 所示。

图 1-8 配送机器人

图 1-9 基于配送机器人的取件

1.2 邮政业与智慧物流

传统邮政业的收寄、分拣、运输、投递过程大多依赖于人工操作和手工处理,邮件的分类、分拣和投递都需要人手参与,而智慧物流时代,邮政业则通过信息化、自动化、智能化等技术和装备,实现物流快递全流程全链条的全面智能化。

智慧物流的概念于 2009 年被提出,随即专家学者就围绕智慧物流的概念、特征、体系结构、实施路径及发展趋势等方面展开研究。根据 2013 年中国物联网校企联盟给出的定义,智慧物流是指借助于集成智能化技术,让物流系统能够模仿人的智能,具备思维、学习、感知、推理判断、解决问题等的能力,以对物流过程中出现的各种难题自行解决。可以说智慧物流是更高形态的物流系统。

2015年国务院出台《关于积极推进"互联网+"行动的指导意见》，提出加快建设跨行业、跨区域的物流信息服务平台，提高物流供需信息对接和使用效率。鼓励大数据、云计算在物流领域的应用，建设智能仓储体系，优化物流运作流程，提升物流仓储的自动化、智能化水平和运转效率，降低物流成本。2016年国务院办公厅出台《"互联网+"高效物流实施意见》，明确智慧物流对国民经济发展的重要意义。2017年，国务院发布《新一代人工智能发展规划》，再次强调以人工智能为代表的智慧物流将成为新一轮产业变革和经济发展的新动力，并提出到2020年，人工智能产业成为新的重要经济增长点，人工智能技术应用成为改善民生的新途径；到2025年，人工智能成为带动我国产业升级和经济转型的主要动力，智能社会建设取得积极进展；到2030年，人工智能理论、技术与应用总体达到世界领先水平，成为世界主要人工智能创新中心，我国人工智能核心产业规模超过1万亿元。目前，越来越多的企业在物流技术的应用上朝着机械化、智能化、无人化方向发展。比如截至2024年5月31日，智能快递柜头部企业丰巢投放的智能快递柜达33万组，共计约2990万个格口，服务范围覆盖中国31个省份的约20.9万个社区。此外，到2023年年底，已有4万多辆邮政快递干线车辆安装北斗应用终端，促进了邮政快递物流体系的信息化、智能化发展。有一些物流理念先进的企业也在人工智能领域不断进行尝试。"菜鸟"在广东物流园投入的自动化分拣系统，拣货准确率接近100%；2018年苏宁物流的5G无人车"5G卧龙"完成首次实景路测，5G技术从实验阶段走向商业化应用。2024年7月1日，中国邮政南京邮区中心与智加科技有限公司正式签订合作协议，开启邮政EMS首批量产自动驾驶重卡运营专线，该常态化运营专线全长超过1000千米，联通国内经济最为发达、货物运输最为频繁的"京津冀"、"长三角"和厦门经济特区三个大型经济圈，服务场景覆盖邮政普邮、EMS（邮政特快专递服务）快递快运业务。据统计，我国智能物流设备市场容量以年均20%的速度增长。

学术界的密切关注、政府的高度重视以及企业界的积极推动，使得智慧物流迎来了高速发展，邮政快递业开始进入智慧物流时代，实现人工智能赋能邮政快递业；与制造业深度融合，实现邮政快递全链条的全面智能化。

1.3 人工智能技术在邮政行业的典型应用

1. 图像处理

通过综合运用图像识别技术，实现单据数据的实时处理和应用，优化单据系统业务处理流程，大幅降低纸质单据信息获取的成本。目前，快递物流企业通过手写汉字运单的机器图像识别，大幅节约了纸质运单的输单人力；在印刷体识别方面，整体准确率已经非常高，未来将取代人工录入发票、营业执照和身份证等信息的工作。

2. 自然语言处理

依托呼叫中心海量的话务数据，基于庞大的数据样本，通过语音语义分析等技术，实现智能客服的高效学习和训练，智能客服在客户下单环节及其他客服场景均能实时地识别客户语音，分析其意图，并针对客户的问题进行标准答复或辅助客服工作，不仅能给客户带来更智能、人性化的服务体验，也能提升人工效能，降低服务成本。目前多家快递企业已经上线智能客服产品。

3. 数字地图应用

以GIS（地理信息系统）技术为基础，融合大数据和人工智能等技术，面向未来智慧邮政的数字地图,能够提供高精度定位、精准地址匹配和路径规划等专业服务,为物流决策提供基础支撑。

目前,快递企业智能地址输入服务已在全国上线,该服务能根据用户输入的关键词智能推荐、匹配标准地址,提升了客户的地址输入体验,规范了地址数据的质量。路由分单产品已在多地上线,统一收派地址库和单元区域数据保证了实时性和精准性,减少了人工审核的工作量。

4. 线路规划与仓储优化

线路规划是快递物流行业的核心技术问题,应用机器学习、强化学习等人工智能技术,结合传统的运筹学优化算法、近似求解算法,构建线路规划算法和系统,为未来更大范围地去中心化的动态路径优化提供了解决方案。

除了线路规划,还可利用人工智能技术的相关算法将中转场的流向与分区的配载优化、仓库的库存优化等问题组合在一起,应用于仓库内拣货最优路径规划,有助于提升运输时效,降低运输成本,优化中转场负载与仓库库存。

5. 智能装备

① 无人机。当前国内无人机的应用主要面向偏远地区的配送业务,"京东""顺丰""中国邮政"较早开展相关应用。其中京东和中国邮政均有常态化运营,顺丰则是国内唯一按照军民航要求申报物流无人机飞行的企业。

② 无人仓。无人仓储结合人工智能、大数据和工业机器人等技术,实现定制化、系统化整体物流解决方案。无人仓在控制算法、工业设计、机械结构、电气设计、应用场景等方面取得了大量的技术突破与创新。目前,京东和顺丰等多家企业均大力发展无人仓储项目,布局人工智能与智慧物流发展平台。

③ 无人车。利用无人驾驶技术,研制无人配送车辆,解决城市配送的"最后一公里"问题。

1.4 全流程智能化的邮政企业实践

1. 收寄环节

收寄环节是邮政生产的第一步,也是客户感知邮政企业的第一个环节。

为提高收寄效率,中国邮政的24小时"寄件+取件"的邮政智慧自助驿站开始上线。例如,中国邮政武汉市分公司白沙四路网点正式"上线"运行了湖北省首个邮政智慧自助驿站。该驿站以"全天候寄取自由、全过程智能操作、全环节保障安全"为特色,以数字化技术为支撑,以智能化服务为路径,进一步提升了快递末端服务水平,让"寄件+取件"不再受限于工作时间,满足了市民群众多元化的用邮需求,带来更加安全、便捷、高效的服务体验。该驿站面积共24平方米,分为邮件查询区、邮件码放区、自助寄件区、智能出库区、鞋服试穿区等5个功能分区,一次性可存放400余个包裹。

2024年EMS试点推行"室外无人车+室内机器人"寄递新方案,即室外无人车对接室内机器人,在大型办公园区、高校等场所,客户在寄快递时可以通过EMS小程序下单召唤机器人上门取件,由对接的室外无人车将快递运送至相应网点。而派件时则相反,即由快递员操作无人车将快递运送至楼下,室内机器人自动"接力"分发至户。"机器人+"室内外一体化的AI寄递解决方案比传统配送方式效率提升50%以上,除了收寄快递,外卖等未来都可以直接配送上门。图1-10展示了"室外无人车+室内机器人"寄递新方案。

图 1-10 "室外无人车＋室内机器人"寄递新方案

2. 分拣封发环节

分拣封发环节是邮政生产的内部处理环节。从2017年"双11"期间开始，中国邮政就开始使用AGV分拣机器人进行邮件分拣。目前，上岗的分拣机器人分为"小黄人"和"橙色金刚"，前者针对5 kg以下的小包裹，后者针对大件包裹，最高可承重100 kg，解决了大件、重件不能上机分拣的问题，有效释放了人力；分拣小件的机器人则通过贴在地面的二维码自动识别、规划路线，时间复杂度与空间复杂度优化的算法使邮件分拣过程通过"步步最优"达到"总体最优"，而且遇到"堵车"时机器人还能自动识别对方状况，让有货的分拣机器人先行通过。此外，分拣机器人还能根据自身电源情况，寻找充电桩充电。分拣机器人等设备的投入，有助于缓解高峰期的邮件处理压力，提高邮政物流的智能化、信息化生产能力和水平。中国邮政在线下各大仓库除了启用全自动分拣处理，还实施智能无人仓技术。仓配一体，自动化存取、分拣、拣货，在提高效率的同时实现了电商大规模订单的运输及交付。

3. 运输环节

运输环节是邮政生产至为重要的环节，也是邮政智慧物流发展的攻坚重点。早在2017年，中国邮政就启动了邮政车辆北斗系统升级改造工程，在干线车辆上安装使用北斗车载终端，并采用邮政私有云、移动互联网、大数据、可视化等先进技术，设计与开发运力身份认证、智能精准定位、全程视频监控、紧急安全报警、驾驶行为感知、运行成本管控等多项功能，对邮件运输和车辆运行进行全方位安全管理，构建了实时高效、智能感知、全程监管、透明管控的邮政车辆运行管控平台。截至2020年6月，已有5.1万辆邮政快递运输车辆使用北斗系统。未来，中国邮政将持续加快北斗系统的应用实践，不断进行系统迭代，提升邮政运输的信息化智能化水平。2024年7月1日，中国邮政南京邮区中心与智加科技有限公司正式签订合作协议。智加科技有限公司首批量产自动驾驶重卡将服务于邮政EMS运营专线。这是自动驾驶一次重大的场景化落地，将引领物流行业的新变革。

4. 投递环节

投递环节是邮政生产的最后一个环节,也是客户感知邮政企业的一个关键环节。中国邮政通过在城镇社区普及智能快递柜、无人车,在郊区及农村等地区使用无人机投递代替人工投递等,发展智慧物流,显著地改善了用户体验。

智能快递柜作为一种联网的储物系统,能够实现快递包裹的自动收发和远程查询及控制,有助于显著提高投递效率和用户体验。截至2024年5月,中国邮政参股的丰巢智能快递柜累计布放超33万台,网点布设已实现一线城市全覆盖,二三线重点城市覆盖,在网点规模、柜体数量、入柜量、日均投件量等方面继续保持行业领先地位。

中国邮政还在北京、南京、嘉兴、毕节等全国多地上线无人车,实现了包裹配送的全流程智能化操作。例如从2024年5月开始,中国邮政北京市分公司在顺义区尝试使用无人配送车辆进行邮件盘驳,主要负责网格区域内营业部和驿站、代投点之间的邮件运输,往返距离约30 km,单次装载量可达5 m^3,最多可装500多个包裹。这标志着中国邮政在物流技术领域的又一次重大突破,不仅提升了配送效率,还大幅降低了人力成本。中国邮政此次推广的无人车,在硬件和软件方面都有显著升级。车身装备了多传感器融合系统,包括激光雷达、摄像头和超声波雷达,可以实时监控周围环境并做出决策。同时,车辆采用高精度地图和定位系统,确保了运行的高效性和安全性。这些无人车不仅能够自主避障,还能根据交通状况动态优化行驶路径,最大限度地提高配送速度。

另外,中国邮政还积极响应政府号召,发展无人机低空物流配送,在浙江省湖州市安吉县、贵州省贵阳市、四川省凉山彝族自治州等地试点使用无人机进行末端投递,充分发挥无人机空中直线运输的优势,翻山越岭、跨越地形地貌的阻隔,将邮件更快地送到消费者手中。在2024年中国国际服务贸易交易会供应链交通专题展上,中国邮政展出了邮政T100中型无人机和M10型号无人机。其中,邮政T100中型无人机相比于小型无人机具有长航时、大载重优势,具备更长滞空时间,可实现更多种类、更高性能的任务及飞行载荷挂载,可满足更加严苛的物资运输场景需求。比如,中国邮政速递物流将清脆可口、汁多味香的巫山脆李由过去陆空联运的方式(用邮车将巫山脆李从山上运到机场)改为应用无人机运输的方式,让脆李实现了空空联运,使得消费者可以在24小时内吃上新鲜的巫山脆李。图1-11所示为中国邮政的无人机。

图1-11 中国邮政的无人机

1.5 邮政快递业与现代制造业深度融合的企业实践

《"十四五"邮政业发展规划》明确提出："以快递'进村进厂出海'为重要抓手,统筹发展和安全,推进高效能治理,健全畅通高效、普惠便捷的国内寄递物流服务体系,打造开放共享、安全可靠的国际寄递物流服务体系,实现邮政事业和邮政产业协同发展,实现发展质量、结构、规模、速度、效益、安全相统一,为建设人民满意、保障有力、世界前列的邮政强国开好局、起好步,为建设现代化经济体系、构建新发展格局提供有力支撑。"

《"十四五"邮政业发展规划》专栏4的快递进厂工程明确要求:"加快拓展快递服务制造业范围,发展入厂物流、线边物流、逆向物流、国际供应链等融合发展新模式。培育100个快递业与制造业深度融合典型项目和20个深度融合发展先行区。推动配套建设公共仓储和寄递服务设施,适应大中型制造业工厂、园区的供应链服务需求。"

【同步案例"快递进厂"智慧物流实践案例】

2022年"双11"未到,老板电器位于杭州临平大道的7万平方米厂房内已早早地忙开了。高速运转的传输带上,一件件货物争分夺秒地"奔走";身着不同颜色制服的快递小哥,与厂家工作人员一起根据订单快速分发、贴单、装车,配合紧密,犹如一个整体。

这一现场,正是浙江实施的"快递进厂"工程中的一个典型速写。

党的二十大报告提出,要"建设高效顺畅的流通体系,降低物流成本。"

"随着产业变革和消费升级新趋势的发展,尤其是网络经济的迅速发展,制造业企业特别是中小企业对快递物流的需求愈发突出。可以说,谁掌握了物流,谁就掌握了市场主动权。"省邮政管理局办公室主任魏国林说。

自2019年10月在全国首批开展快递业"两进一出"(进村、进厂、出海)工程试点以来,浙江"快递进厂"已因地制宜创新了"仓储＋配送"一体化、"订单末端"配送、"区域性供应链"等服务新模式,构建了一张高效快捷的工业互联快递服务网络,也给制造业"递"来发展新空间。

2022年前三季度,浙江"快递进厂"工程已培育重点服务项目16个、协作企业1892家,支撑制造业产值878亿元。

"快递进厂"到底是怎么一回事?破解了哪些难题?

多方期待"快递进厂",新需求催生"新订单"

10月31日晚8时,2022年"双11"第一轮大规模预售订单进入付尾款、发货阶段。

台州温岭市,浙江最大的电商产业园之一浙江汇富春天电商产业园内灯火通明、一片忙碌:前方直播间主播卖力吆喝,订单一经成交,后方仓库迅速打包。每栋楼内,长达2000余米的快递传送带纵横交错,传输着大大小小的各色包裹……

"每个包裹从揽收到发出,现在平均只需20分钟。但在快递公司进园区前,当天的订单经常要拖到第二天发货。""好娃娃童鞋"工作人员杨波说,那时,常有顾客等不及选择退货,店里因此损失不小。

这几乎是浙江中小制造业企业共同的痛点。省邮政管理局曾组织专家赴杭甬温台丽等地调研,发现随着以消费为主导的C2M(顾客到工厂)等新模式的兴起,生产与消费的衔接日趋紧密,但普遍存在企业数量多而集聚效应不强、产品种类多而时效需求不一等短板,很多中小企业不仅享受不到新红利,甚至有被淘汰的风险。

"一家小作坊一样的厂,以前靠着'前店后厂'的模式不愁出货;现在新冠疫情等多种因素叠加,市场不再主动来'敲门',但企业想要组建自己的物流团队又没实力。怎么办?"省邮政管理局市场处二级主任科员丁锋说,尤其是小微园区、工业园区,对快递的需求更加急迫。

即便是老板电器这种国内行业市场份额很大的老牌企业,也有自己的考量。

"我们要考虑有没有快递企业进来,以及怎样很好地融合起来。靠企业自己,成本还是很高的。尤其是前期,光砸钱不见效果。"老板电器物流部部长盛永良告诉记者,组建物流团队要人、地、车、资金,七七八八加起来,将极大地压缩利润空间。

多家企业负责人表示,人、车相对还好处理,地是一大难题,"老仓库改造成适应快递的格局,要一大笔钱;购地建新仓,有没有地且不说,有了地建仓库更得一大笔钱。"

丽水一家装备制造企业的负责人则担心,自家产品有一定的周期性和季节性,如果组建物流团队,遇到淡季时成本开支又该如何承担?

一边是快递物流不畅导致机会成本加大,一边是自建物流要承担不小的实际成本,很多制造业企业陷入两难,于是把目光投向快递物流企业——能不能让专业的人来做专业的事?

其实,快递业对这份"新订单"也盼了很久。

在汇富春天电商产业园某快递网点负责人小陈的记忆中,以前为了抢"蛋糕",几家快递公司有时会狂打价格战,甚至"亏本赚吆喝"。小陈感叹:"原来传统的市场已成了'红海'。谁不想有更大的市场、更稳定的货源?"

温岭快递协会秘书长张雨直言:"快递业需要找到新的增长点,要找到低物流成本和优质服务之间的'最大公约数',要高质量发展。"

浙江省城乡规划设计研究院城建分院副院长薛锋长期关注"快递进厂",他告诉记者,当下,百年变局和世纪疫情交织,全球产业链供应链安全稳定面临挑战,"'快递进厂'是固链补链强链的重要抓手。"

在薛锋看来,我国制造业正迈入高质量发展新阶段,产业升级加快,柔性生产流通规模在逐渐扩大,而邮政快递业的快速响应能力及其灵活多变的"打法",正符合这类生产流通方式。尤其是大数据、人工智能等技术被广泛应用于邮政快递业,将推动采购、制造、销售"提挡加速",同时也可以发挥其"穿针引线"的作用,构建高效的信息互通网络,使产业间的合作更加深入。

2021年3月,浙江邮政业发展"十四五"规划印发。该规划提出,到2035年,建成工业互联寄递服务网,"快递进厂"引领浙江智造。

快递与制造业深入融合,让消费者尽早收货

"不要问我们是哪家公司的。不管邮政,还是老板电器,我们的目标一致,就是让消费者早日收到包裹。"老板电器厂房内一角,身着中国邮政绿色工作服的快递员小徐正在一台电脑前快速开单。如今,跟他一样的20名邮政工作人员驻点厂里。2022年1月至9月,他们协调老板电器相关部门,在杭州总仓发货40.81万件。

"事实证明,邮政快递业对制造业上下游关联产业的贡献度日益提高,对区域产业支撑更加有力。两者可以融合得很好。"省邮政管理局相关负责人说。

2020年7月,浙江专门印发"快递进厂"工程全国试点方案。方案提出探索快递分类"进厂"路径、打造现代供应链体系、实施快递"进园"行动。两年来,各地应不同行业的不同需求,已探索培育出仓配一体化、入厂物流、国际供应链、海外协同等融合发展的成熟模式。

"我们现在是楼上楼下、系统内外,都亲如一家。"汇富春天电商产业园,张雨打开电脑一边演示一边说，现在快递仓储管理系统和企业订单系统已无缝连接。

产业园二三楼是仓储中心，记者跟着快递传送带走了一圈。只见巨大的传送带连接每个楼层，各家企业仓管人员只需将产品贴上二维码，放入自动打包机，30秒便可完成打包。淘宝、拼多多等不同商业平台，邮政、中通、圆通等不同物流公司，各家单子无须人工区别，整个系统都能顺畅对接。包裹打包完毕，直接放上传送带即可。

包裹会被统一传往分拣中心，自动化分拣设备将对包裹进行智能化分拣，经过智能分拣，包裹被直接传送到一楼，送入相应的快递车，然后快速起运。从揽收到发出，最快只需15分钟，物流信息就会显示在顾客手机中。

"3年前我们还是纯人工操作，要挨家挨户上门揽件，一家公司一天十二三万的订单量就到顶了，分拣误差率也很难降下来。现在这些问题都没有了，日均订单量达到20多万。"张雨以自己所在的中通快递为例介绍。

随着邮政快递业供给结构的逐步优化，要素资源流动更加活跃，"快递进厂"已被列为邮政快递业更高水平产业协同的突破口。

在雅戈尔集团这样的大企业，快递公司探索的是"点对点"这类更考验综合实力的"个性化服务"。

"我们把智能仓搬进了雅戈尔，又搬到全国各地。"宁波邮政雅戈尔项目部经理徐斌说。眼前高度自动化、智能化、平均每分钟有10个快件整装待发的仓库，是宁波邮政以仓配一体化承包的方式为雅戈尔"量身定制"的智能云仓。它已跟雅戈尔的供应链体系融为一体，可以提供物流分析、仓储规划、智能化物资运输、调拨以及全环节信息共享支撑。

说话间，徐斌演示了一个新订单的配送过程。一名杭州的消费者在线上下单，订单被分配到雅戈尔的国内总仓，系统根据消费者所需款式，自动将订单就近分配到杭州一家线下门店进行配送。整个过程完成得十分流畅。

而此前，宁波邮政早已根据雅戈尔在全国范围的子公司分布及营销数据，在宁波总仓的基础上规划华北、华南、中西部3个区域分仓，利用"智慧中台"，实时引导物资在全国各生产基地、云仓、门店等的调拨。

按照徐斌的说法，这相当于原本远离消费者的仓储，都成了"前置仓"。

"快递的加入，相当于将企业送到了消费者身边。企业可以根据市场环境变化，及时作出调整，进一步降低经营、库存等各方面的压力，提升与消费者的黏合度。"薛锋说，销售数据往往是企业的核心信息，能够让快递企业参与，说明双方的融合确实很深入。

据省邮政管理局统计，从2020年年初至今年三季度，浙江"快递进厂"工程已累计支撑制造业产值1770亿元，并保持较高速度增长。

大件包安装、无人机送货，出新招服务无止境

采访中，问起"快递进厂"最明显的成效，大多数企业提到的是降本增效。

老板电器如今在全国建了15个云仓，北到黑龙江南到海南岛、西至新疆东到浙江的客户，基本可实现当天下单最快当天收货，并能为客户节约物流成本70%左右。

雅戈尔自2017年与宁波邮政合作以来，线上电商业务发件量年均增长超过50%，日单量从800单增至2500单。特别是在"双11"旺季生产期间，通过将爆款产品提前分流至区域分仓，实现订单的快速响应，24小时投递率超过30%、48小时投递率超过70%。

在汇富春天电商产业园，张雨以往在9月初就要开始为"双11"抢人。如今，尽管日均订单量提高了不止一倍，原来那批小哥还是干得游刃有余。他仔细算了一笔账，降下来的各项成本让利给那些做鞋子生意的电商和厂家,每一双鞋子的成本能再降两毛钱……

多位专家表示,流通成本显著降低,进一步提高了产业链条的核心竞争力,大量低货值的产品如今也可以通过快递渠道销往全国,制造业供应链组织效率、市场竞争力显著提升。

最近,国家邮政局发展研究中心的一份调研显示,"快递进厂"至少可为制造企业节约1/5的流通成本。

"'快递进厂'一方面为入驻企业降低成本,另一方面也在不断优化行业服务供给结构,提高了快递业对上下游关联产业的支撑力和贡献度,实现了合作互利共赢。"温岭邮政管理局党组书记、局长戴伟伟说。

"85后"童鞋供应商小蔡入驻过不少电商产业园,最后还是决定选择汇富春天电商产业园,"原因主要有两条:一是生产、销售、仓储、物流等都近在咫尺,省了很多'路上'的成本;二是这么多上下游企业在,有品牌聚集效应,有利于及时交流信息、更新产品款式、提升质量。"

除了上述成效,"快递进厂"还有不少新招式。

"您购买的跑步机有安装服务,您看跑步机放在家里哪个位置比较合适?"11月5日上午,永康市区,顺丰快递小哥贾鹏鹏把一台跑步机配送到客户家中,待客户确认货品完好后,他又化身安装小哥,熟练地帮客户装好跑步机。

这一项新增服务,杭州骏驰电子商务有限公司供应链经理肖榆夕期待已久。

2020年,受新冠疫情影响,健身器材行业迎来爆发式增长。但客户对物流时效、服务水平也提出了更高的要求。杭州骏驰电子商务有限公司当时找了一家第三方安装公司,却发现配送速度慢不说,每单价格还比一般快递公司贵了20%。

"专业的人做专业的事。事实证明,怎样安装培训一下快递小哥就行,物流速度却培训不出来。"肖榆夕笑着说,与顺丰合作后,产业链两端都在提升——前端通过自动化仓储管理和自动化分拣设备,提升了原材料等的运输效率;后端在配送基础上配套安装服务,提升了客户的满意率。

顺丰等快递企业也在进一步"发掘"到家服务项目的市场。顺丰金华区大件部负责人赵雷雷介绍,他们目前已承接健身器材、课桌椅、指纹锁等行业近20家企业的宅配延伸服务,去年宅配延伸服务单量超过51.68万件,宅配延伸服务快递业务收入超4 000万元。

服务无止境。浙江省的"快递进厂"还在不断创新模式,寻求更大的突破。

省内一家大型制药企业表示,其生产的药品对时间要求非常高,可能接到订单后半小时内就要送到指定医院。企业正在与快递物流企业合作,尝试利用无人机运送。

也有一些快递企业在积极与制造业企业合作,探索运用无人车承担相关运输任务。

省邮政管理局则聚焦信息家电、医药、汽配、服装和快消品等对周转速度、路上时间、运送时的温度等有特别需求的领域,指导地方企业培育相应的示范项目……

"快递进厂",正在打开一扇新的大门。

(资料来源:浙江日报百家号。https://baijiahao.baidu.com/s?id=1749063550538628561&wfr=spider&for=pc。)

本章小结

随着以大数据、人工智能、移动互联网、云计算、物联网、区块链等为核心的新一代信息技术的快速发展,现代邮政业将进入智慧物流时代,并不断与其他产业、行业深度融合,特别是快递"进村进厂出海"等国家战略的实施,现代邮政业将从订单获取、订单下达、生产、运输、仓储、分拣、配送等多个环节实现全链条串联起来的全面智能化,从而使得人类社会进入万物智联的数字经济时代,将极大地提高人们生产、生活的效率。

参 考 文 献

[1] 金春华,谢丹颖,赵静,等.快递发货更快了!浙江这项工程给制造业"递"来发展新空间[N/OL].浙江日报,[2022-11-10].https://baijiahao.baidu.com/s?id=17490635550538628561&wfr=spider&for=pc.

[2] 冯维健."智慧物流"时代,你的快递怎样送?[EB/OL].[2023-06-20].https://baijiahao.baidu.com/s?id=1769217880420466256&wfr=spider&for=pc.

[3] 中共中央关于制定国民经济和社会发展第十四个五年规划和二〇三五年远景目标的建议[EB/OL].(2020-11-03)[2024-05-20].http://www.gov.cn/zhengce/2020/11/03/content_5556991.htm.

[4] 中华人民共和国中央人民政府."十四五"邮政业发展规划[EB/OL].(2021-12-29)[2024-05-20].http://www.gov.cn/xinwen/2021/12/29/content_5665087.htm.

[5] 物流技术与应用.「案例」中国邮政速递物流武汉邮件处理中心智能机器人分拣系统[EB/OL].(2018-01-18)[2024-05-20].https://baijiahao.baidu.com/s?id=15899102343298920621&wfr=spider&for=pc.

[6] 国内首个机器人群组建的无人配送站!末端配送七大环节全自动![EB/OL].(2019-02-16)[2024-05-20].https://www.sohu.com/a/295137928_168370.

[7] 中国邮政.我选"机器人上门"![EB/OL].[2024-03-30].https://mp.weixin.qq.com/s?__biz=MzAxMTAzMTg4Nw==&mid=2651415664&idx=1&sn=e6655f75c4b4b8b8cd86d405cef259be.

[8] 环球网科技.中国邮政全国多地上线无人车,最多可装500余个包裹[EB/OL].[2024-08-17].https://baijiahao.baidu.com/s?id=18076137758168103784&wfr=spider&for=pc.

[9] 中国交通新闻网.邮政无人机"上新"[EB/OL].[2024-09-13].https://www.mot.gov.cn/jiaotongyaowen/202409/t20240913_4152176.html?from=timeline.

第2章 智慧物流概论

2.1 智慧物流综述

2.1.1 智慧物流的定义

"智慧物流"的概念自提出以来,受到了专家和学者的高度关注,"智慧物流"入选2010年物流行业十大关键词,但目前企业界与学术界对智慧物流的概念并未达成共识。

国内较早关于"智慧物流"的说法是由王继祥教授于2009年在《物联网技术及其在现代物流行业应用》研究报告中提出的,他认为,智慧物流是利用集成智能化技术,使物流系统能模仿人的智能,具有思维、感知、学习、推理判断和自行解决物流中的某些问题的能力,它包含了智能运输、智能仓储、智能配送、智能包装、智能装卸及智能信息的获取、加工和处理等多项基本活动。

2011年,国家发展和改革委员会综合运输研究所所长汪鸣认为,智慧物流是指在物流业领域广泛应用信息化技术、物联网技术和智能技术,在匹配的管理和服务技术的支撑下,使物流业具有整体智能特征、服务对象之间具有紧密智能联系的发展状态。贺盛瑜等学者从管理视角出发,认为智慧物流是物流企业通过运用现代信息技术,实现对货物流程的控制,从而降低成本、提高效益的管理活动。

中国物联网校企联盟认为,智慧物流是利用集成智能化技术,使物流系统能模仿人的智能,具有思维、感知、学习、推理判断和自行解决物流中某些问题的能力,即在流通过程中获取信息,再通过分析信息做出决策,使货物从源头开始被实时跟踪与管理,实现信息流快于实物流,可通过RFID(射频识别)、传感器、移动通信技术等让配送货物自动化、信息化和网络化。

《中国智慧物流2025应用展望》中将智慧物流定义为:通过大数据、云计算、智能硬件等智慧化技术与手段,提高物流系统思维、感知、学习、分析决策和智能执行的能力,提升整个物流系统的智能化、自动化水平,从而推动中国物流的发展,降低社会物流成本,提高效率。

总体而言,智慧物流综合利用互联网、云计算、大数据、区块链、移动互联网、人工智能等新一代信息技术,将揽收拣选、运输配送、装卸搬运、存储输送、包装加工、信息处理等物流过程各个环节的智慧物流单元有机集成,使得物流系统具备状态感知、实时分析、智慧决策和精确执行的功能,从而实现整个物流系统的智能化、自动化、网络化、绿色化运作和高效率管理,显著降低系统成本,以及自然资源和社会资源耗费。

2.1.2 智慧物流系统及其特征

智慧物流系统是以智慧交通系统(Smart Transportation System,STS)和相关信息技术为基础,在集成环境下进行物流作业信息采集、传输、分析和处理,提供高效物流运作和详尽信息服务的现代物流系统。

在新一代信息技术赋能下,邮政业将进入智慧物流时代,邮政快递系统将成为智慧物流系统,显著改变传统邮政业的运作模式、服务模式和业务形态。

物流过程数智化、网络协同化和决策智慧化是智慧物流区别于传统邮政快递和物流的基本特征。智慧物流系统的总体效果是能够使物流各项资源发挥最大效能,为客户提供便捷、及时、准确的服务。区别于传统的物流系统,智慧物流技术赋予了智慧物流系统以下新的特征。

1. 智能化

智慧物流系统的核心特征是智能化,主要表现为物流管理智能化和物流作业智能化,即物流管理智能化是模拟人的思维进行感知、学习、推理判断和自主解决物流管理问题,如车辆智能优化调度、分拣机器人任务调度等;而物流作业智能化是在物流管理智能化决策的基础上,采用智能化技术(智能控制、计算机视觉等),使物流作业的智慧物流硬件单元(如自动分拣设备、自动引导车、智能机器人等)自主决策、高效协作。

2. 集成化

智慧物流系统是新一代信息技术、物流技术、管理技术的有机集成,是分拣、运输、存储、包装、装卸、搬运、配送等物流各环节及其涉及的智慧物流单元有机集成、高效协作的一体化系统,以实现高效、便捷、可靠、精益的智慧物流系统服务。

3. 自动化

自动化是指物流作业过程中的设备和设施自动化,包括分拣、包装、装卸搬运、运输、配送、识别作业过程的自动化,其基础是物流信息化,核心是机电一体化,其外在表现是无人化。

4. 信息化

信息是任何物流装备和设备相互协作的基础,是智慧物流系统的核心要素。物流信息化表现在物流商品本身的信息化,物流信息收集的数据库化和代码化,物流信息处理的电子化,物流信息传递的网络化、标准化和实时化以及物流信息存储的数字化等方面。

5. 网络化

智慧物流系统的网络化表现为:①物流设施、业务的网络化,跨地域、跨组织、跨系统、跨行业的分布;②跨供应链的物流整合,企业内部、企业间业务集成,信息流集成、业务集成以及全面物流服务链的集成;③智能设备、智能系统的跨地域跨组织分布、系统集成,形成多个智能体相互协同的复杂系统,具有极为复杂的系统行为和特性。

6. 柔性化

柔性化是指智慧物流系统具有随需应变的能力,能根据消费者需求的变化来灵活调节物流服务,低成本、高效率地为顾客提供个性化物流服务。

7. 绿色化

智慧物流系统采用科技手段降低整个物流过程的碳排放,形成环境友好、可持续发展的绿色产业体系,包括智能物流设备绿色化、物流自动化系统绿色化、物流决策"大脑"绿色化、物流信息网络绿色化等;将涉及电机节能驱动系统技术、自动化系统能量回收与利用技术、物流全链路能源管理技术、无人仓节能降耗技术等。

2.1.3 智慧物流系统的技术架构

智慧物流是基于物联网技术在物流业的应用而提出的。物联网的技术架构一般分为感知层、网络层和应用层三个层次。感知层负责信息的采集和初步处理;网络层负责信息的可靠传输;应用层负责数据的统计分析与应用。因此,从智慧物流领域应用的角度来看,智慧物流系统的技术架构遵循物联网的三层技术架构,如图2-1所示。

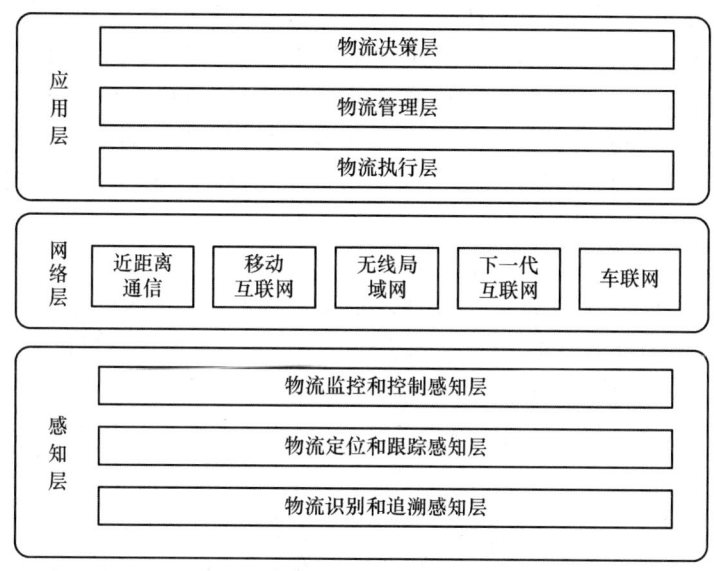

图 2-1 智慧物流系统的技术架构

1. 感知层

感知层是智慧物流系统实现对货物、运行环境、物流设施设备感知的基础,是智慧物流的起点,通常可划分为物流识别和追溯感知层,物流定位和跟踪感知层、物流监控和控制感知层三个层次。

物流识别和追溯感知层主要解决货物信息的数字化管理问题,涉及条码、RFID、区块链等技术。

物流定位和跟踪感知层主要解决货物运输过程的透明化问题,基于物资位置进行物流调度,采用的主要技术包括GPS室外定位技术、北斗室外定位技术以及Wi-Fi室内定位、UWB室内定位、RFID定位等室内定位技术。

物流监控和控制感知层为智慧物流过程中的安全提供了有效的支撑手段,涉及实时视频、实时数据采集等技术。

2. 网络层

网络层是智慧物流系统的神经网络,连接着感知层和应用层,其功能为"传送",即通过通信网络进行信息传输。比较广泛的通信和网络技术主要有4G/5G移动通信网络、IPv6、车联网、Wi-Fi和WiMAX、蓝牙、ZigBee等。

3. 应用层

应用层是智慧物流的应用系统,借助于物联网感知技术,感知到前端的物流运行状态,在应用层执行物流操作或产生决策指令。根据物流作业层次,应用层可划分为决策层、管理层和执行层三个层次。

决策层面向物流高层决策人员,主要以物流系统为应用背景,对物流系统进行智能化整合,为物流决策者提供有力支持。

管理层由物流管理信息系统组成,主要针对具体的物流活动进行管理和控制,包括仓储管理系统、分拣管理系统、运输管理系统等,管理层具有承上启下的作用。该层通过应用流程集成平台与上层决策管理系统进行集成,通过数据集成平台与各种物流设备控制器进行数据交换,从而对具体的物流活动进行管理和控制。

执行层由物流执行系统组成,主要通过传输层与物流感知设备进行数据接收和控制。该层通过数据集成平台接收来自物流管理层的调度控制指令,并及时反馈物流设备的指令执行情况和设备故障信息;在物流设备的支持下,通过控制总线连接各种物流设备控制器,提供与物流设备集成的基础界面。一些物流设备可以通过专有的或标准的设备总线同设备控制器进行连接。

4. 从技术进步的角度看智慧物流系统

从2015年开始,大数据、物联网、云计算、机器人、AR/VR、区块链等新技术驱动物流技术在模块化、自动化、信息化等方向持续、快速变化。这些新技术驱动物流技术变化的结果,主要体现在3个方面:一是感应,使物流整个场景数字化;二是互联,使整个供应链内的所有元素相互连接;三是智能,供应链相关的决策将更加自主、智能。各类技术对物流技术变化的影响如图2-2所示。

技术的影响结果	云计算和存储	物联网	库存和网络优化工具	自动化和机器人	可穿戴和移动设备	预测性大数据分析	3D打印	无人驾驶车和无人机	AR/VR	区块链
感应		✓	✓	✓	✓			✓	✓	
互联	✓	✓	✓	✓	✓			✓		✓
智能	✓		✓		✓	✓	✓			

图2-2 各类技术对物流技术变化的影响

2.1.4 智慧物流系统的功能结构

智慧物流系统从物流功能而言,可分解成智慧物流信息系统、智慧运输系统、智慧仓储系统、智慧配送系统、智慧流通加工系统、智慧包装系统和智慧装卸搬运系统等七大系统(图2-3)。这7个系统高效互联、相互协作,实现了采购、入库、出库、调拨、装配、运输等多个物流环节的无缝衔接。

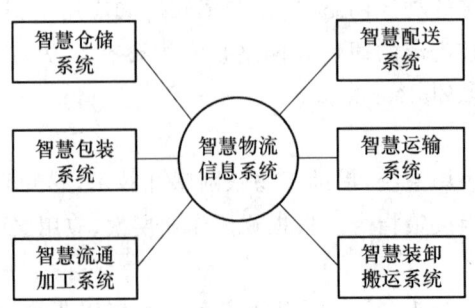

图2-3 智慧物流系统的功能模块

1. 智慧物流信息系统

智慧物流信息系统是智慧物流系统的重要组成部分,在智慧物流系统中处于核心地位,其作用类似于整个物流大系统的具有智能意义的神经系统。智慧物流信息系统通过区块链、RFID技术、条码技术等对各个物流作业环节进行信息采集,通过互联网、物联网进行信息传递,并基于人工智能技术进行信息处理、科学决策。同时,由于区块链等新一代信息技术的集成应用,智慧物流信息系统可以对产品从生产到消费进行全过程监控,从源头开始对供应链各节点的信息进行控制,实现供应链各环节的信息溯源服务。显然,智慧物流信息系统支持着物流的各项业务活动,能够将储存、分拣、包装、配送、运输等物流全过程的活动无缝衔接,并且能够对所获取的信息和知识进行加工、处理,实现业务优化和智能决策,如图2-3所示。

2. 智慧运输系统

运输服务是物流核心业务之一,其主要任务是在物流节点之间进行长距离物料空间移动,从而创造物流的场所效用。通常有公路、铁路、航空、水路和管道运输等5种运输服务方式。智慧运输系统的目标是降低货物运输成本,缩短货物送达时间。其核心是集成各种运输方式,应用车辆定位、车辆识别及通信与网络技术、人工智能等新技术,实现运输过程的自动化、可视化、可控化、智能化、网络化,显著提高运输效率和精度。相较于传统运输系统,智慧运输系统通过在运输工具和货物上安装追踪识别装置,实时采集车辆位置及货物状态信息,实现最优路线规划,并向客户提供车辆预计到达时间,为物流中心配送计划、仓库存货战略决策提供依据。智慧运输系统通常包括交通信息服务、交通管理、公共交通管理、车辆控制、货运管理、电子收费和紧急救援管理等模块。

3. 智慧配送系统

配送服务是基于客户订单在物流节点完成理货、配货工作,并将配备好的货物交付客户的物流服务活动。配送服务是小批量、多品种、高频率、短距离的货物运输服务,是物流活动的最末端,可以看作运输服务的延伸。

智慧配送系统由配送信息管理、配载及送货路径规划、配送车辆追踪、客户管理等模块构成,其基本过程如下:配送信息管理模块的"取货信息、送货信息、配送信息"等信息经处理后,分发到配载及送货路径规划模块,规划出最优的车辆配送路线、车辆货物配载;基于GPRS系统、地面信息系统整合实时路面信息、车辆行驶信息,实时优化车辆行驶路线;客户信息及配送信息则被不断地纳入数据库,以便事后优化作业流程、提高顾客满意度。

4. 智慧仓储系统

仓储业务主要包括对物流系统中的物料进行堆存、发货、保管、保养、维护等一系列活动。随着大规模客户定制时代的到来,小批量、多批次的物流使得仓储业务日趋复杂,智慧仓储系统应运而生。智慧仓储系统是指利用物联网、机器人技术、自动化设备等先进技术和装备,对仓储环节进行智能化管理和操作的系统。它能够通过无线通信、感知设备等手段,实现对仓储环境的实时监控、数据采集和分析,并通过智能化、自动化设备实现货物的存储、搬运和分拣等操作。智慧仓储系统的核心是通过自动化和智能化技术,提高仓储的效率和准确性,降低成本和错误率,提升物流配送的速度和可靠性。

智慧仓储系统包括仓储设备(货架、叉车、输送带、码垛机器人等)、数据采集设备(RFID标签、传感器等)、智能搬运设备(AGV、搬运机器人)、智能识别设备(视觉识别系统、激光导航系统等)、智能仓储管理系统(仓储流程的智能化控制和优化)等。

5. 智慧流通加工系统

流通加工是指物品在从生产地到使用地的过程中,根据需要施加包装、切割、计量、分拣、刷标志、拴标签、组装等简单作业的总称,其目的是促进销售、维护产品质量或提高物流效率。

它有助于满足用户的个性化需求,更好地衔接生产/需求环节,合理化流通过程,属于物流活动的增值服务。智慧流通加工系统则基于物联网以及设备监控技术对流通加工过程进行信息管理和服务创新,实时准确地采集加工生产线的数据,监控加工流程,实现加工过程的可视化、自动化、智能化,并科学制订流通加工计划、管控加工进度。

6. 智慧包装系统

包装服务是指为了在流通过程中保护商品、促进销售、方便储运,在搬运、运输、配送以及仓储等服务活动过程中,采用合适的材料或容器来保护物品所进行的工作的总称。智慧包装系统的主要功能是基于新材料、新技术在包装上的集成应用,使得包装具有自诊断、自感知、自适应、自修复等智能性能,保证商品的质量安全,满足企业对包装产品监控、管理、信息采集等功能的需要,实现人与包装、科技与包装的相互连接。该系统可以提高包装物的溯源性,管理被包装物的生产和销售信息,使得客户能够及时掌握商品的使用性能及其流动过程,而制造商则可以基于销售信息及时调整生产、库存策略,缩短整个供应链周期,节约成本。

7. 智慧装卸搬运系统

装卸搬运是伴随着仓储、运输而产生的必要物流活动,是衔接仓储、包装、流通加工、运输等物流活动的中间环节。实际上,装卸搬运是物流全过程中出现频率最高的物流活动,也是货物破损、散失、损耗的主要环节。智慧装卸搬运系统主要由输送机、智能穿梭车、智能装卸搬运信息系统、通信系统、控制系统和计算机管理监控系统等部分组成。其主要功能是收集将装卸货物、存储上架、拆垛补货、单件分拣、集成化物品等任务信息,并基于任务信息进行智能决策,形成装卸搬运计划,优选与配置装卸搬运方式、装卸搬运设备,减少装卸搬运次数和时长,最小化物流费用。

2.2 智能制造与物流系统智慧化

在智能制造大发展的背景下,智慧物流是制造业物流发展的新方向,而智慧物流系统则成为智能制造系统的重要组成部分。实际上,《2016年智能制造综合标准化与新模式应用项目指南》首次将"智能物流与仓储系统"作为五大核心智能制造装备之一。显然,智慧物流在制造业中被赋予了新的也更为重要的使命,即基于互联网和物联网,通过物流资源整合,达成将生产者和消费者直接连接的目标。因此,智能制造大环境对物流系统智慧化提出了新的要求。

1. 高度智能化

在智能制造大背景下,智慧物流系统最重要的特征是高度智能化,即在新一代信息技术的赋能下,制造业中的智慧物流系统不再局限于分拣、存储、输送等单一作业环节的智能化、自动化,而是有机集成物流机器人、制造执行系统、仓储管理系统、激光扫描设备等相关智慧物流单元、设计及系统,融合物联网、人工智能、计算机、大数据、区块链等新一代信息技术,实现整个物流全过程的信息化、自动化、智能化,进而达成智能制造和智慧物流的深度融合。

2. 全流程数字化

智能制造系统的智慧物流系统能够将制造企业内外部物流环节涉及的设备、系统有机集成在一起,从而对物流全过程进行实时控制。因此,物流全过程的数字化是实现物流系统智慧化的关键。实际上,智能制造背景下所有的物流活动将是智能、联通、透明、快速、高效的,其实现需要全流程数字化作支撑,而大数据、云计算、区块链等信息技术将发挥重要作用,是实现个性化、高端化、较强参与感、快速响应的智能制造体系下智慧物流的根本保障。

3. 信息系统互联互通

信息系统的互联互通是智能制造的关键。一方面,智能制造系统要与物流信息系统高效互联、有机融合,例如为保障供应链物流的高效、流畅,仓库管理系统与制造执行系统需要无缝衔接;另一方面,物流信息系统需要基于互联网、物联网、人工智能、区块链、大数据、信息-物理系统等新一代技术,达成整个物流网络全程透明、实时控制的目标,从而保证数据的安全性和准确性,使整个智慧物流系统高效运行。

4. 网络化布局

网络化布局强调的是跨地域、跨系统、跨企业的物流系统中分布式的物流资源的无缝连接,实现从原材料到最终产品交付的整个物流活动过程的智能化。

智慧物流系统中的各种智能物流设施/设备基于物联网和互联网技术形成一个智能互联、高效协作的网状结构,可快速、高效地交换信息、自主决策。这种网状结构的构建不但有助于实现透明、高效的物流系统,而且有助于每台设施/设备最大限度地发挥作用。

5. 满足柔性化生产需要

智慧物流系统需要保证生产制造企业的高度灵活、柔性化的生产,以满足市场和客户的个性化需求,在保证一定服务水平的同时最小化成本。这是因为智能制造最显著的特征是大规模客户定制,即客户决定生产什么、生产多少,同时生产成本与大规模、标准化产品的生产成本相当或者更低。显然,这种需求高度个性化、产品创新周期持续缩短、生产节奏不断加快、生产成本持续改善的要求是智慧物流系统必须面对的挑战。

2.3 智慧供应链、智能制造与智慧物流

供应链的发展历程基本上可以分为五个阶段:初级供应链、响应型供应链、可靠供应链、柔性供应链和智慧供应链。国内较早提出"智慧供应链"概念的是复旦大学的罗钢博士,他在2009年提出,智慧供应链是一种结合了物联网技术,以及现代供应链管理理论、方法和技术,在企业以及企业间构建的,能够实现供应链智能化、网络化和自动化的技术与管理综合集成系统。

近年来,随着大数据、人工智能、移动互联网、云计算、区块链、工业机器人等新一代信息技术的迅速发展,商流、信息流、资金流和物流等"四流"实现了高效的连接。同时,在"工业4.0"以及"中国制造2025"相关国家政策和战略规划的推动下,制造业供应链智慧化建设大力推进,已成为制造企业实现智能制造的关键,为企业打造核心竞争力提供了有力的支撑。基于智慧供应链的支持,生产制造企业的生产系统与智慧供应链无缝衔接,提供智能虚拟仓库和精准物流配送等供应链服务,从根本上改变制造业的运作流程,使得生产企业聚焦制造,不再需要实体仓库,从而显著地提高了管理和生产效率。实际上,在智能制造大背景下,智慧、高效的供应链已成为制造企业获得市场竞争优势的关键。

智慧供应链在产品研发管理、需求与计划管理、采购管理、生产管理以及仓储管理、供应链协同管理等方面对智能制造有显著的支撑作用,有助于全方位提升企业快速响应订单的能力。

① 在产品研发管理方面,可以帮助构建企业的协同产品开发体系,并实现产品开发过程的客户参与;

② 在需求与计划管理方面,可以实现企业的智能需求预测和计划制订;

③ 在采购管理方面,则可建立智能化采购平台,实现企业数字化、智能化物料采购,实现

流程优化，显著降低成本和改善效率；

④ 在生产管理方面，通过智能化生产与调度管理可实现快速、合理地排产及有效控制生产进度；

⑤ 在仓储管理方面，可通过智能化仓储管理系统快速进行物料的智能识别、定位、分拣、配送，显著减少企业库存和降低运作成本；

⑥ 在供应链协同管理方面，智慧供应链能够有效实现物流与信息流的协同互动，基于供应链计划形成的信息流和供应链执行形成的实物流共同构建智慧供应链的价值流，所以构建智能化的物流系统能够有效实现供应链上下游企业流程的无缝衔接，真正显著地提高运营效率。

相对于传统供应链，智慧供应链具有如下特点。

1. 强调对客户需求全过程的精准分析与有效管理

在智慧供应链环境下，物联网、互联网、大数据、人工智能等现代技术赋能智慧供应链，可以从源头获取需求信息，感知和预测用户需求习惯、兴趣，经过深入分析后，进行详细的客户画像与分类，并为其量身定做产品，同时指导产业链上游的采购、制造、定价、库存以及下游的销售、仓储、物流和配送。同时，也邀请客户参与开发，测试客户要求，进行符合客户个性化的产品和服务模式整合，以保证产品服务的客户黏性，从而反过来促进产品和服务的迭代升级，即每次互动都是轻松与客户合作的机会，供应链也就能进行自我反馈、自我补偿，从而智能化迭代升级。

2. 可视化、移动化特征更明显

智慧供应链更倾向于使用可视化手段来表现数据，用移动互联网或物联网技术来收集或访问数据。这些可视化的关键数据来源于供应链所涉及的货车、码头、货架和部件及产品。这种无所不在的可视性并不增加供应链成员的负担，即信息共享更便捷，从而使得供应链规划更优也能易于实时执行。例如，智慧供应链可以监控交通情况，调整运货路线或交货方式，或者追踪金融市场和经济指标来预测劳动力、能源和消费者购买力的变化。这些工作智慧供应链都可通过使用智能建模、分析和模拟功能来实现。

3. 协同、配合更高效，供应链链主更凸显

由于集成物联网、互联网、大数据、人工智能等新一代信息技术，智慧供应链更加注重供应链各环节的协同和配合，及时地完成数据交换和共享，从而实现供应链的高效率。强大的智慧型信息系统通常由一个物流服务总包商来向供应链链主/货主直接负责，实现整个门到门的供应链物流服务，供应链链主地位凸显。

4. 更加强调以制造企业为切入点的平台功能

智慧供应链将更加强调以制造企业为切入点的平台功能，重视基于全价值链的精益制造，从精益生产开始，到精益物流、精益采购、精益配送，实现全方位的精益管理。智慧供应链不仅考虑某个企业成员的利益，也考虑整条供应链的利益，即如果没有智能化的供应链引导，智能制造仅仅是生产模式的转变，无法形成商业模式的创新和升级。

本章小结

随着新一代信息技术赋能邮政快递业，邮政快递业进入最新的发展阶段——智慧物流阶段。在这个阶段，快递物流过程中运输、存储、包装、装卸、分拣、配送等各个环节涉及的智慧物流单元将互联互通、高效协作,邮政快递业将实现全链条串联起来的全面智能化。本章主要介绍了智慧物流的概念、智慧物流的特征、技术架构、功能构成,以及智慧物流与智能制造、智慧供应链等的联系。

参 考 文 献

[1] 李文峰,贺利军. 智慧物流[M]. 武汉:华中科技大学出版社,2022.
[2] 霍艳芳,齐二石. 智慧物流与智慧供应链[M]. 北京:清华大学出版社,2020.
[3] 刘伟华,李波,彭岩. 智慧物流与供应链管理[M]. 北京:中国人民大学出版社,2022.
[4] 魏学将,王猛,张庆英,等. 智慧物流概论[M]. 北京:机械工业出版社,2021.
[5] 李培根,高亮. 智能制造概论[M]. 北京:清华大学出版社,2021.
[6] 王斌. 智能物流系统构成与技术应用[M]. 北京:机械工业出版社,2023.
[7] 唐隆基,潘永刚. 数字化供应链:转型升级路线与价值再造实践[M]. 北京:人民邮电出版社,2021.
[8] 王继祥. 中国智慧物流五大新发展理念[EB/OL]. [2024-03-08]. https://www.163.com/dy/article/H1U6QUSF0514DCU1.html.
[9] 王继祥. 信息化、数字化、智能化、数智化等概念内涵深度辨析[EB/OL]. [2024-03-31]. https://www.sohu.com/a/458252337_808311.

第3章 邮政工程专业概述

3.1 邮政工程专业的简介

邮政业是国家重要的社会公用事业,是服务生产、促进消费、畅通循环的现代化先导性产业。在以深化邮政业供给侧结构性改革为主线,以创新为第一动力,推动行业发展质量变革、效率变革和动力变革的政策和制度的指引下,邮政快递业发展取得令人瞩目的成就。在新一代信息技术赋能下,"互联网+"时代、"智能+"时代到来,传统邮政业焕发了新的生机与活力,快递行业突飞猛进地发展,邮政快递所代表的现代邮政业成为我国经济发展的一匹黑马,在充分吸纳就业、降低企业成本、方便群众生活方面发挥着基础性的作用,同时也成为发展新经济、提升传统经济的现代服务业关键产业。

"十三五"时期(2016—2020年),随着邮政业改革的深化,邮政业的行业规模、创新活力、服务能力、综合实力跃上新台阶,基础性、战略性、先导性作用显著增强,对第一、二、三产业的支撑和赋能力度更加凸显。现代邮政业的迅猛发展,促进了技术的创新,深刻改变了传统邮政业,即"线上线下销售"促进了互联网、云计算、大数据、区块链、移动互联网、人工智能等新一代信息技术的发展和应用,行业通过科技驱动实现跨越式发展,智能分拣、智能仓储、智能安检、智能语音申投诉处理、智能视频监控、通用寄递地址编码等新技术,以及无人仓、无人车、无人机等设施装备逐渐普及应用。同时,现代邮政业向制造业延伸,也促进了传统制造业的变革,制造业开始进入智能制造时代,而现代邮政业与制造业将深度融合。

在新一代信息技术赋能下,快递物流过程中运输、存储、包装、装卸、分拣、配送等各个环节涉及的智慧物流单元(物流智能硬件/智能物流系统)将互联互通、高效协作,邮政业全链条串联起来的全面智能化逐步实现,直接促进新一代信息技术、智慧物流、智能制造以及智能管理等科学技术的深度交叉与融合,也形成了以"智能"为特色的面向现代邮政业的新专业——邮政工程专业。但是高层次人才的严重不足与行业的迅猛发展不相匹配,并已成为严重制约行业发展的瓶颈。邮政工程专业将承担起培养适应时代和行业发展需要的高层次复合型技术人才的重任。其关键在于如何根据新一代信息技术集成应用赋能行业的特征构建邮政工程新型人才培养体系。

对此,邮政工程专业应以控制科学与技术、计算机科学与技术、机械制造科学与技术、管理科学与技术等为理论基础和技术手段,以面向现代邮政业的"智能信息""智能装备""智能管理与优化调度"交叉融合为主要特征,强调新一代信息技术在邮政行业的集成应用,培养具备智慧物流系统的分析、优化、设计和运营管理能力的高层次复合型技术人才,以最终实现邮政业的数字化、智慧化、标准化、国际化、绿色化的目标,服务人口规模巨大的现代化邮政体系的构建,服务数字经济和实体经济的深度融合,服务以现代服务业和制造业深度融合为核心的制造业数字化转型升级。

因此,邮政工程专业在新一代信息技术赋能现代邮政业的背景下逐渐形成了以下专业定位和培养目标。

1. 专业定位

邮政工程专业主要面向现代邮政业,以实现邮政业的数字化、智慧化、标准化、国际化、绿色化为目标,通过传授控制科学与工程、计算机科学与技术、机械工程、管理科学与工程等学科与邮政快递领域交叉融合的技术理论知识,培养掌握邮政工程领域"智能信息""智能装备""智能管理与优化调度"等方面的技术知识,具备智慧物流系统分析、优化、设计及开发能力的高层次复合型专业技术人才。

2. 培养目标

邮政工程专业旨在培养具备对邮政快递系统等典型智慧物流系统进行分析、设计、开发和运营管理能力的卓越拔尖物流技术人才,服务数字经济和实体经济的深度融合,服务以现代服务业和制造业深度融合为核心的制造业数字化转型升级。邮政工程专业毕业生应具有坚实的数理基础、优秀的计算机相关知识和外语能力,富有创新精神和实践能力,应是拥有现代信息技术、智慧物流、智能制造和管理科学的深度交叉与融合的知识体系的高层次复合型专业技术人才。

3.2 邮政工程专业的理论基础

邮政工程专业脱胎于物流学科,是在多学科基础上发展起来的综合性学科,在内容上具有综合性和应用性,在结构上具有渗透性和交叉性。在智慧物流时代,大数据、云计算、移动互联网、物联网、人工智能、区块链等新一代信息技术,以及移动机器人等智能化设备不断集成应用到物流的各个环节,实现了现代邮政物流业全流程的智能化,也加速了其与制造业、农业、金融业、现代服务业等千行百业的协同与融合发展。与传统的物流不同,在新技术的支撑下,智慧物流及其相关生态不断发展、演化,表现为一个动态的、系统的自组织发展过程。因此,智慧物流时代邮政工程专业的理论基础需要建立在系统论、控制论、信息论和运筹学之上。

1. 系统论

系统论是研究系统的结构、特点、行为、动态、原则、规律以及系统间的联系,并对其功能进行数学描述的新兴学科。系统论相关的概念和思想源远流长,"系统(system)"一词来源于古希腊语,其含义为由部分构成整体。不过,系统论真正作为一门学科为世人所认可,却始于1937年美籍理论生物学家贝塔朗菲(L. V. Bertalanffy)提出的一般系统论原理,该原理奠定了这门学科的理论基础。系统论这门学科的特点是它不仅是反映客观规律的科学理论,也具有科学方法论的意涵,主要体现在系统论认为所有系统具有一些共同的基本特征,即复杂性、整体性、关联性、开放性、时序性、自组织性、等级结构性、动态平衡性等特征。

以整体系统来对待研究和处理的对象是系统论的基本思想。系统论认为系统具有整体性、动态性和目的性等三大基本特征,强调研究系统要从整体与局部、局部与局部、整体与外部环境之间的相互联系出发。系统论研究适用于一切综合系统或子系统的模式、原则和规律,运用一些基本概念,如集中性、完整性、终极性、等级结构、逻辑同构等,致力于采用数学工具描述系统的结构和功能。

2. 控制论

控制论的建立是20世纪的伟大科学成就之一。"控制(cybernetics)"一词最早源于古希腊语,原意为"掌舵人",转意为"管理人的艺术"。控制论诞生的一个标志是1948年出版的美国数学家诺伯特·维纳(Norbert Wiener)的奠基性著作《控制论》。维纳把这本书的副标题取为"关于在动物和机器中控制与通信的科学",为控制论在当时的研究状况下提供了一个科学的定义。控制论与现代社会的许多新概念和新技术有紧密的联系,已成为研究各类系统中共同的控制规律的一门科学,其应用涵盖了工程、生物、经济、社会、人口等众多领域。

控制论的核心问题是从一般意义上研究信息提取、信息传播、信息处理、信息存储和信息利用等问题。控制论的核心问题涉及5个基本方面:

① 通信与控制之间的关系;
② 适应性与信息和反馈的关系;
③ 学习与信息和反馈的关系;
④ 进化与信息和反馈的关系;
⑤ 自组织与信息和反馈的关系。

主要通过研究系统的状态、功能和行为来调节和控制系统,达成控制目标。

控制论与随后形成的信息论有着基本的区别。控制论用抽象的方式揭示包括生命系统、工程系统、经济系统和社会系统等在内的一切控制系统的信息传输和信息处理的特性和规律,研究用不同的控制方式达到不同控制目的的可能性和途径,而不涉及具体信号的传输和处理。信息论则偏于研究信息的测度理论和方法,并在此基础上研究实际系统中信息的有效传输和有效处理的相关方法和技术问题,如编码、译码、滤波、信道容量和传输速率等。

3. 信息论

信息论是一门用数理统计方法来研究信息的度量、传递和变换规律的科学。它主要是研究通信和控制系统中普遍存在的信息传递的共同规律以及研究解决信息的获取、度量、变换、储存和传递等问题的基础理论。

信息(information)是客观事物状态和运动特征的一种普遍形式,客观世界中大量地存在、产生和传递着以这些方式表示的各种各样的信息。信息具有客观性、广泛性、完整性、专一性等性质。信息论是20世纪40年代后期从长期的通信实践中总结出来的一门学科,是专门研究信息的有效处理和可靠传输的一般规律的科学。克劳德·香农(Claude Shannon)于1948年10月基于哈里·奈奎斯特(Harry Nyquist)和拉尔夫·哈特莱(Ralph Hartley)先前的部分研究成果,发表了论文"A Mathematical Theory of Communication"(通信的数学理论)。这被视为现代信息论研究的开端,故而香农也被称为"信息论之父"。

随着现代通信技术的飞速发展以及与其他学科的交叉融合、相互渗透,香农仅限于通信系统数学理论的狭义信息论研究,已经发展成现在称为信息科学的庞大体系。实际上,信息论的研究已与很多近代科学密切相关,如通信、雷达、声呐、导航、遥测、遥控、遥感、计算机、信息处理技术、物理学、生物学、仿生学等。在技术应用上,信息论对现代信息技术更是贡献巨大。如果没有信息论的支撑,无线电技术与电视接收系统、网络通信、远距离控制、蓝牙技术、移动通信、卫星导航等将不会出现,更遑论会有互联网和无线通信网络发端。目前,以信息论为核心基础理论的信息产业已成为当今社会重要的支柱产业之一,其发展之快速、潜力之巨大、影响之广泛,无出其右。

4. 运筹学

运筹学(Operational Research,OR)是发展于20世纪30年代初的一门新兴学科,可以认为是近代应用数学的一个分支。它应用于数学和形式科学的跨领域研究,利用统计学、数学模型和算法等方法,去寻找复杂问题中的最优或近似最优的解答,有助于在管理人员决策时提供科学依据，是实现有效管理、正确决策和现代化管理的重要方法之一。实际上，运筹学是软科学中"硬度"较大的一门学科，是系统工程学和现代管理科学中的一种基础理论和不可缺少的方法、手段和工具。

运筹学作为一门现代科学，是在第二次世界大战期间首先在英美两国发展起来的。1938年英国军方采用运筹学来解决雷达站合理配置、空军作战系统协调配合的问题，以便有效地防御德国飞机入侵。"运筹学（Operational Research）"一词最早出现在该项研究当中。此后的20世纪40年代，英国、美国、加拿大相继建立军事运筹学小组，第二次世界大战后相关运筹学小组的科学家开始了运筹学方法在民用部门应用的研究，极大地促进了运筹学的发展。而运筹学这一学科基本形成的标志，则是1951年美国学者莫尔斯（P. M. Morse）和金博尔（G. E. Kimball）合著的《运筹学方法》的正式出版。电子计算机的问世，大大促进了运筹学的发展，多个国家先后创办了运筹学会与期刊，如美国于1952年成立了运筹学会，并创立期刊《运筹学》；1959年，国际运筹学协会（International Federation of Operations Research Societies，IFORS）成立。

1955年，我国则从《史记》"夫运筹策帷帐之中，决胜于千里之外"这句话中摘取"运筹"二字，将Operational Research译作运筹学。

随着现代科学技术的发展，运筹学发展日益完善，涵盖线性规划、非线性规划、整数规划、组合规划、图论、网络流、决策分析、排队论、可靠性数学理论、库存论、博弈论、搜索论以及模拟等多个分支，并在众多应用领域，包括服务、搜索、人口、对抗、控制、时间表、资源分配、厂址定位、能源、设计、生产、可靠性等多个领域发挥着重要的作用。实际上，运筹学的应用不受行业、部门之限制，广泛应用于工商企业、军事部门、民政事业等组织、部门内的统筹协调问题。

3.3 智慧物流视角下邮政工程专业的内涵和特征

1. 从教学和研究对象看邮政工程专业的内涵和特征

邮政工程专业应该以智慧物流系统和智慧供应链系统为教学和研究对象，因为我国现代邮政业已经呈现与原来传统邮政业甚至与5年前的邮政业完全不同的业务体系、技术体系和战略目标（进村进厂出海）。实际上，随着技术的进步和国家战略的变化，邮政快递系统已经逐渐演化为智慧物流系统。

现代邮政业可以认为是广义的邮政业（邮政快递和邮政物流），是新一代信息技术赋能下的现代邮政业，是以邮政快递系统这样典型的智慧物流系统为基础，逐渐扩展到其他行业或者领域的智慧物流系统（应急物流、冷链物流、军事物流、生产物流等），乃至类似于智慧地球、智慧城市这样社会化的智慧物流系统，即邮政工程专业要瞄准未来智慧物流的高级发展阶段来进行人才的培养，也就是培养以智能技术和创新协作模式实现跨供应链的物流整合的智慧物流阶段的高层次智慧物流人才。

2. 从专业建设目标看邮政工程专业的内涵和特征

由于邮政业升级为现代邮政业，邮政工程专业的研究对象为智慧物流系统，因此，专业建设的目标也将变成实现"现代物流和供应链的数字化、智能化、智慧化、网络化、标准化、国际化、绿色化"。

1) 数字化内涵

智慧物流中数字化的目的是使所有物流要素实现互联互通，物流全过程的业务活动数化,物流系统全过程透明、可追溯,并实现基于数据驱动的科学决策和执行。

物流数字化技术涉及计算机硬件、软件、信息存储、通信协议、互联网络以及相关设备等技术和工具,需要信息描述、采集、存储、传递、处理等相关技术集合。

物联网技术是实现数字化的前提,基于物联网技术可以实现物流全过程数据的自动化采集,采集-呈现-分析几乎可以同时完成,显著提高工作效率,更重要的是可以生成物流大数据。

物流数字化就是指对物流全过程进行数字化描述,为高效、可靠地处理复杂问题奠定基础,为实现物流服务的自动化、智能化、网络化、可视化奠定基础,达成物流系统精确、及时和高效的目标。

2) 智能化内涵

智能化物流脱胎于自动化物流,即若物流自动化系统具备状态感知、实时分析、科学决策、精准执行的能力,则可称该类物流系统具有"智能",智能化物流既可以无人化,也可以有人,即人也可以是智能物流执行系统的一个组成部分。

智能物流是物流系统向智慧物流进化的重要阶段,但是智能物流不等于智慧物流,智能物流的能力聚焦于系统的感知、分析、判断、执行形成的闭环,重点体现的是执行的能力,系统只知其然,不知其所以然,不具备智慧能力。

3) 智慧化内涵

智慧化与智能化的本质区别在于系统能否自我学习提升、不断进化和迭代升级。智慧化的本质是系统具有自我学习与提升的能力。

因此,智慧物流的发展必须要求物流系统知其然也要知其所以然,即智慧物流指的是基于物联网技术应用,实现互联网向物理世界延伸,互联网与物流实体网络融合创新,实现物流系统的状态感知、实时分析、科学决策与精准执行,进一步达到自主决策和学习提升,拥有一定智慧能力的现代物流体系。

相对于智能物流而言,智慧物流多了一项自主决策和学习提升的能力。

4) 网络化内涵

网络化意味着一体化、集成化、协同。智慧物流系统的网络化表现为:①物流设施、业务的网络化,跨地域、跨组织、跨系统、跨行业的分布;②跨供应链的物流整合,企业内部、企业间业务集成,信息流集成、业务集成以及全面物流服务链的集成;③智能设备、智能系统的跨地域、跨组织分布与系统集成,形成多个智能体相互协同的复杂系统,具有极为复杂的系统行为和特性。

5) 绿色化内涵

绿色化指的是大力推进智能物流设备绿色化、物流自动化系统绿色化、物流大脑绿色化、物流信息网络绿色化等;将涉及电机节能驱动系统技术、自动化系统能量回收与利用技术、物流全链路能源管理技术、无人仓节能降耗技术等。

(1) 智能装备绿色化

物流自动化系统是智慧物流的执行系统,也是实现绿色智慧化最重要的系统。物流自动化系统主要有自动化立体库、自动化智能分拣、穿梭车与密集货架、自动搬运与装卸等各种类型的智慧物流机器系统。节能电机、智能化电机驱动节能技术、系统集成综合节能技术的大力推广与应用将是物流自动化系统绿色化的关键。

分拣机器人、搬运机器人、料箱机器人等单体智能物流装备绿色化的关键是机器人本身节能、机器人系统调度管理节能。节能电机、电机智能驱动系统的应用是机器人本身节能;而移动路径优化、随需应变的机器人集群调度则是机器人系统调度管理节能。

无人驾驶卡车的推广与应用带来的综合节能降耗也是物流绿色化的关键,其主要涉及汽车轻量化技术、降低空气阻力技术、低阻力节能轮胎技术、电动机或发动机驱动系统的节能技术等。

(2) 物流大脑系统绿色化

物流大脑系统绿色化包括智能计算系统、数据存储系统、调度管理系统的绿色节能。智能计算系统的绿色节能涉及计算机系统绿色化技术;数据存储系统的绿色节能涉及数据中心的节能降耗;调度管理系统的节能方式包括最短路径、订单合并(减少订单配送次数)、共同配送等。

(3) 智能物流能源管理

智慧物流系统的能源主要是电力,其能源管理主要是指推进绿色办公、绿色仓储、绿色设备采购、绿色电池管理等。比如机器人电池及管理系统直接影响设备系统的节能降耗,涉及充电站/桩、电池等硬件组合,以及充电管理、电池管理、充电站/桩管理等软件应用,节能潜力巨大。

6) 数字化-智慧化的内涵——物流元宇宙

数字化技术模拟、再现现实世界,为实现虚实一体、互相映射、模拟仿真奠定了重要的基础;而智慧化技术则为描述具有感知、分析、决策和执行能力的智能单元奠定了基础。

基于物流全过程的数字化和智能单元的数字化描述,以数字孪生技术为基础,借助于增强现实(AR)、虚拟现实(VR)、互联网技术、物联网技术、数字仿真技术、区块链技术、人工智能技术、数字机器人技术、数字货币技术、信息物理系统技术,以及边缘计算、雾计算、云计算技术,智能分析技术,5G通信技术等,实时在线实体物流智慧系统与虚拟智慧物流系统的情景交融,做到实时数据分析、可视化智能调度、远程现场监测、远程实时人工介入等,颠覆性地改变物流系统的运作模式,提高物流系统的运作效率。

3. 从人才培养角度看邮政工程专业的内涵和特征

邮政工程专业的研究对象为智慧物流系统。因此,邮政工程专业的人才培养目标是培养具备进行邮政快递系统等典型智慧物流系统的分析、优化、设计、开发和运营管理的能力,以及满足行业发展的高层次复合型人才。重点聚焦以下几个方面。

1) 企业全局全网的网络及路由智能规划与调度人才

企业全局全网的网络及路由智能规划与调度人才需基于邮政快递业务每天的动态变化,进行企业网络路由的优化与调度,提高企业效率和业务送达的准确率,降低企业的运营成本。

2) 基于新一代信息技术的信息管理平台开发与维护人才

目前邮政快递业务已基于互联网、物联网、云计算、大数据、区块链等智能化、信息化管理技术,实现揽件、转运、派件全程的信息化、可视化跟踪,同时,快件快速扫描与安全确认、后台业务的大数据分析与数据挖掘等诸多环节还在不断地提升和持续改进。因此,需要培养基于新一代信息技术的信息管理平台开发与维护人才。

3) 邮政快递企业自动化、智能化装备的开发与应用人才

目前各大快递公司正面临业务量急剧上升、人力资源成本增加、人工差错率居高不下等问题,它们都在尝试采用自动化、智能化装备来代替人工操作,这些装备包括转运中心的高速交叉带分拣机、智能终端等智能设备,以及这类装备和相关配套软件系统构成的无人化转运中心、智能无人仓。因此,需要培养邮政快递企业自动化、智能化装备的开发与应用人才。

4) 邮政快递与制造业深度融合的智能制造关键智能物流装备、软件系统的开发与运营管理人才。

《邮政业"十四五"规划》指出，国家要加强邮政设施建设，实施快递"进村进厂出海"工程。邮政快递与制造业深度融合的智能制造关键智能物流装备、软件系统的开发与运营管理人才将发挥重要作用。

4. 从智慧物流技术架构看邮政工程专业的内涵和特征

如第 2 章所述，智慧物流系统的技术架构如图 2-1 所示。由于智慧物流是基于物联网技术在物流业的应用而提出的，故而其技术架构遵循物联网的三层技术架构，分为感知层、网络层和应用层三个层次。感知层负责信息的采集和初步处理；网络层负责信息的可靠传输；应用层负责数据的统计分析与应用。

显然，根据上述智慧物流系统的技术架构分析，以智慧物流系统为研究对象的邮政工程专业从学科角度看，涉及控制科学与工程、计算机科学与技术、通信工程、机械工程、管理科学与工程等多个学科的深度交叉与融合。

从技术、理论和方法角度看，邮政工程专业涉及现代信息技术（软件工程、人工智能、大数据、云计算、区块链、系统仿真、物联网）、通信技术、自动化控制技术、智慧物流装备技术、智慧物流和供应链管理理论、智能制造理论、决策论、应用数学等学科深度交叉与融合的知识体系。

因此，邮政工程专业所研究的智慧物流系统综合运用了各类信息技术、自动控制技术、计算机科学技术、机械工程技术、管理理论等技术和理论，是一个集成各类技术和理论的有机体。

3.4 邮政工程专业的知识体系简介

为了培养具备智慧物流系统的分析、优化、设计、开发和运营管理能力的高技术人才，邮政工程专业的知识体系包括三大模块：信息智能模块、装备与系统模块、管理与运营模块。

1. 信息智能模块

信息智能模块主要包括构建智慧物流系统所涉及的相关信息技术和理论，包括开发、实现智慧物流系统的管理信息系统、智能决策系统等相关的技术和理论，以及实现货物和货物、货物与智能设备、智能设备之间的互联互通的关键技术和理论等，涉及人工智能、物联网、大数据、移动互联网、区块链、数字孪生、软件工程、自动化控制、计算机网络等相关技术和理论。

2. 装备与系统模块

装备与系统模块主要介绍智慧物流系统的构成、运行原理及其关键技术，包括智慧物流信息子系统、智慧运输子系统、智慧仓储子系统、智慧配送子系统、智慧流通加工子系统、智慧包装子系统和智慧装卸搬运子系统等七大子系统的关键技术和理论，以及七大子系统所涉及的物流智能硬件单元（如 AGV、搬运机器人、配送机器人、无人叉车等）的设计和集成相关的技术和理论，从而使得学生具备智慧物流系统的分析、优化、设计、开发的能力。

3. 管理与运营模块

管理与运营模块主要涉及智慧物流系统的运营管理技术和理论，目的是实现智慧物流和供应链运营管理的信息化、智能化，强调基于人工智能技术的运营管理决策，提高库存周转和资产利用率，提高运营效率。

通过以上三个模块的学习，邮政工程专业的毕业生能够具有以下核心技能：

① 具备分析、设计、开发物流智能单元（智能物流硬件单元或系统）的能力；

② 具备将物流智能单元"组装"成物理空间中的智慧物流系统的能力；
③ 具备基于数字孪生技术构建虚拟空间中的智慧物流系统的能力；
④ 具备对现实和虚拟世界中的智慧物流系统进行运作管理的能力。

本 章 小 结

本章主要从新一代信息技术赋能现代邮政业的角度，对以"智能"为特色的面向现代邮政业的新专业——邮政工程专业——进行概述，对邮政工程专业的理论基础、专业内涵和特征、知识体系、专业定位和培养目标进行了分析、介绍，强调邮政工程专业的主要目标是培养具备对邮政快递系统等典型智慧物流系统进行分析、设计、开发和运营管理的卓越拔尖物流技术人才，以便满足智能时代飞速发展的现代邮政业急需的高层次复合型人才的要求。

参 考 文 献

[1] 李文峰,贺利军. 智慧物流[M]. 武汉:华中科技大学出版社,2022.
[2] 霍艳芳,齐二石. 智慧物流与智慧供应链[M]. 北京:清华大学出版社,2020.
[3] 刘伟华,李波,彭岩. 智慧物流与供应链管理[M]. 北京:中国人民大学出版社,2022.
[4] 魏学将,王猛,张庆英,等. 智慧物流概论[M]. 北京:机械工业出版社,2021.
[5] 李培根,高亮. 智能制造概论[M]. 北京:清华大学出版社,2021.
[6] 王斌. 智能物流系统构成与技术应用[M]. 北京:机械工业出版社,2023.
[7] 唐隆基,潘永刚. 数字化供应链:转型升级路线与价值再造实践[M]. 北京:人民邮电出版社,2021.
[8] 王继祥. 中国智慧物流五大新发展理念[EB/OL]. [2024-03-08]. https://www.163.com/dy/article/H1U6QUSF0514DCU1.html.
[9] 王继祥. 信息化、数字化、智能化、数智化等概念内涵深度辨析[EB/OL]. [2024-03-31]. https://www.sohu.com/a/458252337_808311.

技 术 篇

試 木 花

第4章 信息技术

在第1章中,我们了解到物流包含多个环节,参见图1-1,其中信息技术贯穿了其整个流程。本章主要介绍了针对环境的感知技术、针对物流对象的标识技术、针对信息互通的通信技术的相关概念和当前主要应用的工作原理及元器件等,进而介绍了信息处理与应用系统的设计、开发技术及发展趋势,更详细的理论知识与技术可在后续相关专业课中进行深入学习。

案例导入

【案例1 冷链物流智能监控】

在医药、生鲜等行业的全流程供应链系统中,为保持食品、药品的品质或效能,在加工、贮藏、运输等环节,必须采用冷链及相关监控技术,对过程中的温度(湿度、气体等)实行智能化的在线实时监控及相关管控调度等。

冷链监控系统解决方案将物联网云平台、4G/5G无线通信技术、高精度传感技术、定位等技术,与微信等移动端技术结合,实时地对环境数据严格地监控、采集、记录、分析以采用最佳的处置方案,对环境温湿度实现高效智能化管理,降低损耗,提高效益。

(1) 物流实时环境监控

利用空气温湿度传感器,实时监测冷库、链箱、冷链车等物流容器内的环境,并与室内定位、卫星定位等定位技术以及4G/5G无线通信技术结合,将相关的环境数据及定位数据传送给监控中心,并在监控中心实时显示。

(2) 大模型智能化决策

通过监控中心的大模型(最佳实时环境、最佳控制方案、最佳运输方案等)进行实时分析、决策以采用最佳的处置方案。

【案例2 贵重物品跟踪】

随着人们对贵重消费需求的增加,人们对高价值产品的寄递服务需求越来越强烈。因邮寄物品的内件价格高、价值贵重,对全程邮寄物品的安全和跟踪成为客户关心的重点。5G、物联网技术越来越多地应用在物流快递行业,实现对物品的智能化识别、定位、跟踪、监控和管理,传统的物流寄递服务与最新的技术相结合,可有效地在保证物品安全的同时,提升客户的服务体验。

(1) 安全可靠的收寄环节

在收寄环节,营业员与交寄人员核定物品后,采用防破坏、防伪的RFID标签进行包装,且全过程视频监控。

(2) 安全可靠的全物流流程监控

在运输环节采用卫星定位技术、4G/5G无线通信技术及运输路径规划与监控技术全程跟踪,在分拣中心采用全视频监控技术监控分拣作业全过程,并且保留相关的全流程作业数据。

(3) 便利可靠的跟踪查询技术

提供多种方便易得的贵重物品跟踪查询入口,方便客户以及监管单位进行物流全流程的跟踪查询。

【案例3 京东无人车】

2022年9月,京东物流第五代智能快递车(图4-1)在功能型无人车联合实验室与测试中心的见证下顺利通过检验,京东物流成为全国首批通过功能型无人车行业标准测试的功能型无人车企业。

图4-1 京东物流第五代智能快递车

该测试基于中国汽车工程学会立项在研标准 T/CSAE 31-22《功能型无人车 自动驾驶功能场地试验方法及要求》及工作组研究报告《功能型无人车测试规程及要求》,涵盖功能型无人车自动驾驶功能、云控平台、功能任务、联网通信等多方面产品技术验证。作为国内首家将自动驾驶应用到物流实际场景中的企业,京东物流从2016年开始致力于智能快递车的研发,历经了"五年五代"的更新迭代。第五代智能快递车最大可载重200 kg,可续航100 km,集成了高精地图生产、融合感知、行为预测、仿真、智能网联等10大核心技术,可以实现L4级别的自动驾驶,提供物流"最后一公里"的基础运力服务。凭借无接触配送的优势,京东物流智能快递车在抗疫保供等关键场景中也发挥了重要的作用。

物流信息技术(Logistics Information Technology)是现代信息技术在物流各个作业环节中的综合应用,是现代物流区别于传统物流的根本标志,也是物流技术中发展最快的领域,尤其是计算机网络技术的广泛应用,使物流信息技术达到了较高的应用水平。物流信息技术的发展也改变了企业应用供应链管理获得竞争优势的方式,成功的企业通过应用信息技术来支持其经营战略并选择其经营业务。

现代物流信息技术按照其应用类别可以分为如下几类。

(1) 感知技术

感知技术指物流对象对自身、对环境进行感知的技术。例如在冷链物流中,我们需要物流对象感知其所处环境的温度、湿度或者相关气体(如氧气、二氧化碳等)的浓度,并能时刻确定自己的位置以及状况。

（2）标识技术

标识技术包含两个方面的内容，即表示和识别，是指对物流对象的表示及自动识别的技术，也即如何把管理的物流对象根据管理目标进行唯一性表示，并采用设备自动化识别出来的技术的总称。

（3）通信技术

通信技术是指物流对象在感知到环境及自身状态信息后，将这些信息上报给上层管理系统，即组织这些具体感知到的信息，进行组网并采用通信协议等将这些数据可靠、稳定地上传给上层管理系统的技术。

（4）应用开发技术

应用开发技术包括物流信息系统应用以及信息系统软件设计开发技术等。

4.1 万物智能，源于感知——感知技术

万物智能从感知开始。

物流感知技术，是指利用各种传感器、通信技术和数据处理技术，实现对物流系统世界的感知、识别和理解的技术。它是现代物流信息技术的基础和核心，也是人工智能、大数据、云计算等新一代信息技术的重要支撑。

在现代物流信息技术中，感知技术可以将物流系统中的物流对象、传感器节点以及系统环境中的其他所有物体连接起来，进行拟人化的信息感知和协同交互，而且具备自我学习、处理、决策和控制的行为能力，从而完成智能化生产和服务。

感知技术的特点如下。

① 多源异构：感知技术可以集成各种类型、规模、功能和性能的传感器，形成多源异构的终端网络，实现对多维度、多层次、多粒度的信息的感知。

② 实时动态：感知技术可以实时地采集、传输、处理和响应物理世界中发生的变化，实现对动态环境的快速适应和智能控制。

③ 智能自主：感知技术可以利用人工智能、大数据、云计算等技术，实现对信息的智能分析、推理和决策，以及对终端设备的自主管理和优化。

④ 安全可靠：感知技术可以采用各种安全机制和策略，保障信息的完整性、可用性和保密性，以及终端设备的稳定性和可靠性。

4.1.1 环境感知

环境感知主要指对物流系统中物流对象所在的环境参数的感知，例如，在冷链物流系统中，需要时刻感知环境的温度、湿度（或者水分）等。

1. 冷链物流中的温度监控

在冷链物流中，温度是至关重要的因素，特别是在运输食品、药品等需要保持特定温度范围的物品时。通过在货物包装中嵌入温度传感器，物流公司可以实时监测货物的温度，并在温度异常时立即采取行动，如调整温控设备或通知相关人员。

2. 湿度检测与控制

对于一些敏感的物品，如电子产品或艺术品，湿度的变化可能对其质量产生影响。在这些情况下，物流公司可以使用湿度传感器来监测湿度水平，并在需要时进行调整，以确保货物不

受潮湿或过干环境的影响。

3. GPS 定位与地理信息

物流系统通常需要追踪物品的位置，特别是在全球范围内的运输。通过集成 GPS 定位技术，物流公司可以实时跟踪货物的位置，提供准确的物流信息，并在需要时进行路线优化以减少交通拥堵或延迟。

4. 环境振动监测

某些物品对振动非常敏感，如精密仪器、玻璃制品等。物流公司可以使用振动传感器来监测货物在运输过程中的振动情况，并确保在运输过程中最小化振动，从而保护货物的完整性。

5. 气体和化学物质检测

在一些特殊情况下，物流系统需要检测环境中的气体浓度或化学物质含量。例如，在危险品运输中，需要确保没有泄漏发生，通过气体传感器，物流公司可以实时监测空气中的化学物质，并在检测到异常情况时采取必要的安全措施。

6. 实时数据传输和警报

所有这些感知数据都应该能够实时传输到一个中央系统，并且该系统应该能够自动触发警报或通知，以便在出现任何环境问题时能够及时采取行动。这可能涉及物联网技术的应用。

4.1.2 位置感知

位置感知主要是指根据管理目标要求，随时感知物流对象的位置的技术。比较常用的技术有卫星定位技术、蜂窝定位技术、激光定位技术、Wi-Fi 定位技术等，在室外可以采用卫星定位技术，在室内可以采用激光定位技术、Wi-Fi 定位技术等。在实际使用中，定位技术往往需要和地图技术一起使用，即能在相关的地图上进行相关计算（如密度、缓冲区、流量等），并能将相关结果直观地表现出来。

1. 卫星定位技术

卫星定位技术是一项革命性的技术，在物流领域发挥着重要的作用。随着全球化的加剧和物流业的不断发展，准确、高效地确保货物在运输过程中的安全性变得愈发关键。卫星定位技术通过利用卫星信号，为物流管理者提供了一个实时、精确的方式来跟踪和监控货物的位置。本书将深入探讨卫星定位的原理、应用领域以及与地图技术的结合。

卫星定位技术主要依赖于一组卫星，它们围绕地球轨道运行，通过发射精确的信号来传递时间和位置信息。目前最为广泛使用的卫星定位系统有美国的全球定位系统（GPS）、中国的"北斗卫星定位系统"以及欧洲的伽利略卫星导航系统。卫星不断地广播信号，地面接收设备（如 GPS 接收器）能够根据接收到信号的时间和卫星位置计算出其自身的准确位置。

卫星定位技术在物流领域有着广泛的应用，涵盖了供应链管理、运输监控与安全、货物跟踪与追溯、运输成本优化等多个方面。

1）供应链管理

在供应链管理中，卫星定位技术可以帮助物流公司实时跟踪货物的运输状态和位置。通过在运输工具上安装 GPS 接收器，物流管理者可以随时了解货物的位置、运行速度以及预计到达时间。这有助于更好地规划运输路线、优化调度，从而提高供应链的效率和可靠性。

2）运输监控与安全

卫星定位技术为物流公司提供了实时的运输监控手段。无论是运输货物的卡车、船只还是飞机，都可以装备 GPS 接收器，以便物流管理者随时追踪其位置和状态。在运输途中，如果出现意外、偏离路线等情况,物流管理者可以立即采取措施,保障货物的安全和运输的顺利进行。

3) 货物跟踪与追溯

卫星定位技术使得货物的跟踪与追溯变得更加容易。对于高价值或敏感性货物,物流管理者可以利用 GPS 技术确保其运输过程的实时监控。这有助于防止货物丢失、盗窃或损坏,同时也满足了对于货物来源和去向的追溯要求。

4) 运输成本优化

卫星定位技术可以为物流公司提供数据支持,以优化运输成本。通过实时监控运输工具的位置和路线,物流管理者可以根据交通状况做出实时调整,避免拥堵,节约燃料,从而降低运输成本。

2. 蜂窝定位技术

蜂窝定位技术作为现代定位领域的重要一环,在众多领域发挥着重要的作用,尤其在物流和位置感知领域具有广泛的应用。它不仅可以在室内环境中提供精确的位置信息,还可以为物流管理者提供实时的、高精度的位置数据,以优化供应链、增强货物安全性,甚至为创新型服务和应用创造新的机会。

蜂窝网络的基础结构(图 4-2)是由一系列的蜂窝基站构成的,这些蜂窝基站把整个通信区域划分成如图所示的一个个蜂窝小区。这些小区的半径小则几十米,大则几千米。如图 4-2 所示,我们用移动设备在蜂窝网络中通信,实际上就是通过某一个蜂窝基站接入蜂窝网络,然后通过蜂窝网络进行数据(语音数据、文本数据、多媒体数据等)传输的。蜂窝定位,就是借助于这些蜂窝基站进行定位的。

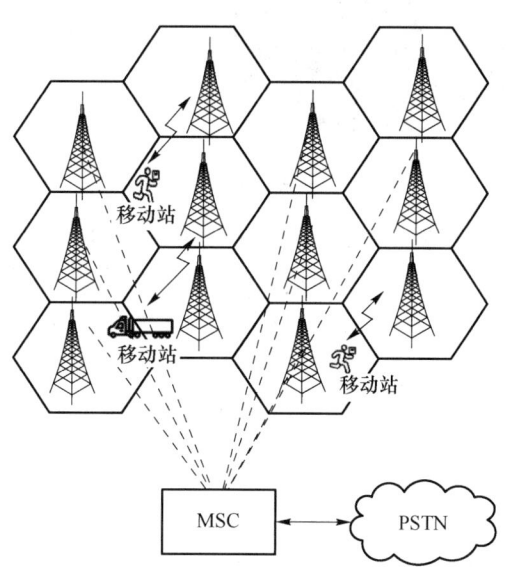

图 4-2 蜂窝网络的基础结构

随着 5G 技术的普及和应用,蜂窝定位技术将会进一步提升其精度、应用能力,扩大覆盖范围。

1) 更高的定位精度

随着 5G 技术的引入,蜂窝定位技术将迎来更高的定位精度。通过利用 5G 网络的特点,如更多的基站和更大的带宽,蜂窝定位技术可以实现厘米级的定位精度。这将使得物流管理者能够更准确地了解设备或货物的位置,从而实现更高效的供应链管理和运输监控。

2) 多模式定位

未来的蜂窝定位技术将具备多模式的能力,即在不同环境下切换不同的定位方法。例如,在室内环境下,蜂窝定位技术可以与其他定位技术(如 Wi-Fi 定位技术、蓝牙定位技术)结合,以实现更高的定位精度。在室外环境下,可以利用蜂窝网络的信号来实现高精度的定位。

3) 蜂窝定位与物联网的融合

蜂窝定位技术将与物联网(IoT)紧密结合,为智能物流和智能城市等领域提供支持。通过将各种设备连接到移动网络,物流管理者可以实时监控设备的位置、状态和运行情况,从而实现更智能的运营管理。

4) 增强现实应用

蜂窝定位技术还可以为增强现实(AR)应用提供定位支持。结合 AR 技术,物流管理者可以看到在现实场景中显示的设备或货物的位置信息,从而实现更直观的运输监控和操作指导。

3. 激光定位技术

激光定位技术作为一种高精度的定位技术,在现代的物流和位置感知领域中发挥着越来越重要的作用。其独特的原理(图 4-3)和优势使其在室内导航、仓库管理、自动驾驶以及环境感知等方面得到了广泛应用。

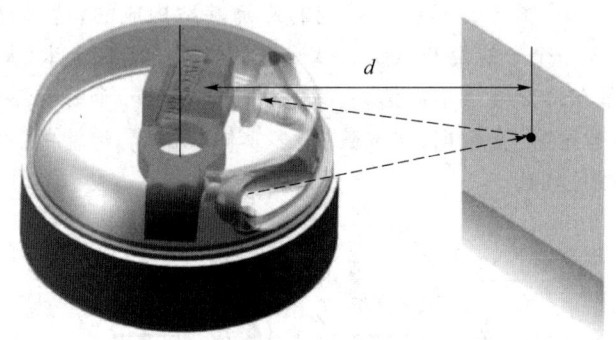

图 4-3 激光雷达工作原理图

激光定位技术是一种基于激光测距原理的定位方法,通过测量光束从激光发射器到物体再到激光接收器的时间来计算物体与激光源之间的距离。其基本原理是利用激光脉冲的反射时间来确定物体的距离,并根据多个距离信息综合计算出物体的三维坐标。

1) 激光定位的应用

激光定位技术的精度非常高,可以达到毫米级甚至亚毫米级。这使得它在需要高精度位置信息的领域中得到了广泛应用。

(1) 室内导航和仓库管理

激光定位技术在室内导航和仓库管理领域发挥着重要的作用。通过在仓库内部或室内空间安装激光雷达,可以实时获取物体的精确位置信息。这对于仓库内的货物存放、检索以及机器人自主导航等方面非常有帮助。激光定位技术可以实现高精度的仓库库存管理,提高操作效率。

(2) 自动驾驶和无人系统

在自动驾驶和无人系统领域,激光定位技术也发挥着重要的作用。自动驾驶车辆可以使用激光雷达来感知周围环境,识别障碍物和道路状况。激光定位技术的高精度使得车辆能够准确地定位和导航,从而实现安全、高效的自动驾驶。

(3) 环境感知和避障

激光定位技术被广泛应用于环境感知和避障系统。无人机、机器人和自动化设备可以使用激光雷达来扫描周围的环境,识别障碍物和地形。这使得这些设备能够在复杂的环境中进行精确的位置感知,从而实现安全的移动和操作。

(4) 三维扫描和建模

激光定位技术还可以用于进行三维扫描和建模。通过使用激光雷达扫描物体表面,可以获取其精确的三维坐标和形状信息。这在物流中的包装、装载和空间规划方面具有重要意义,可以帮助优化货物存放和装载过程。

2) 激光定位技术的发展趋势

(1) 更小、更轻、更便宜的设备

随着技术的发展,激光定位设备将变得越来越小型化、轻便化和成本效益更高。这将使得激光定位技术更易于集成到各种设备中,为更多的应用场景提供支持。

(2) 多传感器融合

未来,激光定位技术可能会与其他传感器技术(如摄像头、超声波传感器等)进行融合,以实现更全面的环境感知和位置定位。多传感器融合可以提高定位精度,并在复杂环境中提供更可靠的定位信息。

(3) 应用领域的拓展

随着激光定位技术的不断发展,其应用领域也将不断拓展。除了已经涉及的物流、自动驾驶和环境感知等领域,激光定位技术还可以在农业、建筑、医疗等领域实现更多的应用。

(4) 增强现实和虚拟现实

激光定位技术将为增强现实(AR)和虚拟现实(VR)应用提供更精确的位置信息。通过将虚拟内容与真实环境结合,可以创造出更沉浸式的体验,为用户带来全新的感知和互动方式。

4. Wi-Fi 定位技术

Wi-Fi 定位技术是一种基于无线局域网络的定位方法,通过分析移动设备与周围 Wi-Fi 信号基站之间的信号强度、延迟和分布等信息来确定设备的位置。这种技术的核心原理是根据 Wi-Fi 信号在空间传播过程中的特点来计算设备的位置。

Wi-Fi 定位技术的一个关键方面是信号强度测量和距离估计。通过分析设备与多个 Wi-Fi 信号基站之间的信号强度差异,可以估计出设备与这些基站之间的距离。这种距离估计依赖于信号传播的路径损耗模型,其中包括自由空间传播模型、衰减模型等。根据多个基站的距离估计,可以通过三角测量等方法计算出设备的位置(图 4-4)。

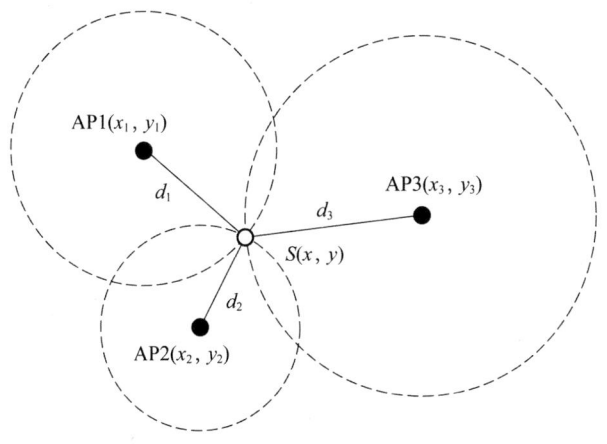

图 4-4 三角定位概念圆

在 Wi-Fi 定位技术中,通常会利用多个 Wi-Fi 信号基站来提高定位精度。通过同时测量多个基站的信号强度,可以使用多基站定位算法来计算设备的位置。

1) Wi-Fi 定位技术在室内导航中的应用

Wi-Fi 定位技术在室内导航方面具有重要的应用。由于卫星信号在室内环境中受限,传统的卫星定位技术往往无法提供足够的精度。而 Wi-Fi 定位技术通过基站的部署,可以在室内环境中实现相对较高的定位精度。这能够为商场、机场、医院等复杂的室内场所提供精准的导航服务,方便人们的出行和定位。

2) Wi-Fi 定位技术在商业营销中的应用

Wi-Fi 定位技术在商业营销方面也有广泛的应用。商家可以通过收集客户设备的 Wi-Fi 信号强度信息,了解顾客的位置和移动路径。这可以用于优化店铺布局、推送个性化广告,甚至提供定制化的购物体验。例如,在购物中心,商家可以根据顾客的位置向其推荐附近的优惠活动。

尽管 Wi-Fi 定位技术在提供定位服务方面具有巨大潜力,但也引发了隐私保护的问题。收集个人设备的信号强度信息可能暴露用户的位置、移动轨迹等敏感信息。因此,Wi-Fi 定位技术需要采取一系列的隐私保护措施,如匿名化处理、数据加密等,以确保用户信息的安全。

尽管 Wi-Fi 定位技术在室内定位和商业应用方面取得了显著进展,但仍然面临一些挑战。例如,信号受干扰和衰减可能影响定位精度;多路径效应可能导致距离估计的不准确性。此外,Wi-Fi 定位技术在室外环境中的应用相对有限,需要进一步解决。

未来,Wi-Fi 定位技术有望继续发展。随着 Wi-Fi 技术的不断升级,其定位精度将会进一步提高。同时,与其他传感器技术(如惯性导航、地磁定位等)的融合也将增强定位的可靠性。此外,随着 5G 技术的推广,Wi-Fi 定位技术也有望在更广泛的应用场景中得到应用。

总之,Wi-Fi 定位技术作为一种基于无线网络的定位方法,在室内导航、商业应用等领域具有重要的作用。通过克服技术挑战和隐私保护问题,Wi-Fi 定位技术有望在未来继续发展,为人们的定位和导航提供更精准的解决方案。

4.1.3 属性感知

属性感知主要是指对物流对象自身的相关属性进行感知,例如对物流对象的形状参数(几何形状、尺寸)、体积重量、速度/加速度等参数进行自动感知或者自动测量。常用的技术有图像识别、传感器测量等技术。

1. 图像识别

图像识别是一项引人注目的计算机视觉技术,它在属性感知中发挥着重要的作用。通过分析物体的图像或视频,图像识别技术能够从中提取有关物体的各种属性信息,如形状参数、尺寸、颜色、纹理等。在物流领域,图像识别技术被广泛应用于货物分类、尺寸测量、定位和状态监测等方面,为物流过程的自动化和智能化提供了有力的支持。

1) 货物分类与识别

在现代物流系统中,货物的分类与识别是一个重要的任务,它直接影响物流操作的效率和准确性。图像识别技术可以通过训练模型,使计算机能够识别并区分不同种类的货物,如箱子、包裹、托盘等。通过分析物体的图像特征,例如形状、颜色、纹理等,图像识别算法可以将物体分类到正确的类别中,从而实现自动化的货物分类过程,如图 4-5 所示,该图展示了输送带上的实时图像定位与识别过程。这为物流中心的货物分拣提供了高效、准确的解决方案,降低了人工干预的需求,提高了处理速度和准确性。

图 4-5　实时货物分类

2）尺寸测量

物体的尺寸测量在物流中具有重要的意义,特别是在规划货物存储和运输的过程中。图像识别技术可以用于测量物体的长度、宽度和高度,从而计算出物体的体积。通过分析物体的图像,系统可以精确地捕捉物体的边界和轮廓,然后利用几何计算方法计算尺寸。这对于优化货物装载、运输安排以及仓库空间规划至关重要。传统的尺寸测量方法可能需要人工测量,费时费力且容易出错,而图像识别技术能够实现实时、自动化的尺寸测量,大大提高了工作效率。

3）定位和导航

在大型仓库或物流中心中,物流机器人和自动导航车辆的定位和导航是复杂而关键的任务。图像识别技术可以通过分析环境中的图像信息,确定机器人或车辆的精确位置,并规划最佳路径。机器人和车辆可以搭载摄像头,捕捉周围的场景,然后利用图像识别算法将其与地图信息进行匹配,实现实时定位。此外,图像识别技术还可以用于识别场景中的障碍物和标识,以避免碰撞和保证安全性。

4）状态监测

在物流过程中,货物的状态监测对于确保货物的完整性和质量至关重要。图像识别技术可以帮助监测货物的外观和形态,及时发现潜在的问题。例如,对于易碎货物,图像识别技术可以用来检测包装是否破损或变形,从而采取相应的保护措施。此外,图像识别技术还可以用于检查商品的标签、序列号等信息,确保货物的准确性和一致性。通过实时监测和识别,物流系统可以及早发现问题,减少损失和延误。

尽管图像识别在属性感知中有许多应用,但也面临着一些挑战。首先,不同物体的外观和环境变化可能会影响图像识别的准确性。例如,光照条件的变化、背景杂乱以及物体之间的遮挡都可能导致识别错误。为了应对这些问题,研究人员需要不断改进算法,提高图像识别对复杂场景的适应能力。其次,图像识别的性能往往依赖于大量的训练数据。在物流领域,可能需要收集和标记大量的物体图像,以用于训练模型。这需要投入人力和时间成本,并且在某些情况下可能受到隐私和数据安全问题的限制。因此,如何有效地获取和管理训练数据是一个需要解决的问题。

未来,随着深度学习和计算机视觉技术的不断发展,图像识别在物流属性感知中的应用前景仍然广阔。随着硬件设备的提升和算法的创新,图像识别的准确性和效率将得到进一步的提升。同时,图像识别技术还可以与其他感知技术,如激光扫描、声波测量等相结合,以实现更全面、精确的属性感知。这将为物流行业带来更高的自动化水平和运营效率,为客户提供更优质的物流服务。

2. 传感器测量

传感器测量是物流领域的关键技术之一,它通过使用各种传感器来感知物流对象的不同属性,如体积、重量、速度、加速度、温湿度等。这些属性信息对于物流运营、货物管理和安全性至关重要。传感器测量技术不仅能够提供实时数据,还能够自动化数据收集和分析过程,从而为物流过程的优化和决策提供有力支持。

1)体积和重量测量

物体的体积和重量是物流过程中需要准确测量的基本属性。传感器测量技术可以通过使用声波传感器、激光传感器等来实现物体的体积测量。这些传感器发射信号并测量信号返回的时间,从而计算物体到传感器的距离,然后根据不同维度的测量结果计算出物体的体积。对于重量测量,压力传感器常用于测量物体的压力或负荷,从而推断出物体的重量。这些传感器通常安装在货物搬运设备上,可以实时测量货物的重量,从而实现精确的货物管理和装载控制。

2)速度和加速度测量

物流运输中的速度和加速度信息对于实现精确的运输控制和路线规划非常重要。加速度计和陀螺仪等惯性传感器可以用于测量物体的速度和加速度。这些传感器可以安装在运输设备,如货车、船只、飞机等上,用于监测运输工具的运动状态。通过收集加速度和角速度数据,系统可以计算出运输工具的实时速度和位置信息。这对于实时监控物流运输过程,预测到达时间以及规划最优路径具有重要意义。

3)温湿度测量

温湿度是影响货物质量和安全的关键环境因素之一。特定类型的货物,如食品、药品和化学品,对温湿度非常敏感。温湿度传感器(图 4-6)可以监测货物所处环境的温度和湿度,确保货物不会受到损害。这些传感器通常放置在仓库、集装箱或运输设备中,可以实时监测环境条件并发送警报,以防止货物受潮、变质或腐坏。

图 4-6 温湿度传感器示意图

4）环境传感器

环境传感器可以用于监测物流过程中的环境条件，如气体浓度、震动、光照等。在一些特殊情况下，货物的质量和安全性可能会受到外部环境的影响。例如，危险品运输需要监测气体泄漏，以及货物是否暴露于不良气候条件下。环境传感器可以在发现异常情况时发出警报，确保采取适当的措施以保护货物和人员的安全。

5）数据融合

传感器测量所获得的数据通常需要进行整合和分析，以提取有价值的信息。传感器数据可能会变得复杂和庞大，需要采用数据处理技术来实现数据的筛选、清洗和整合。同时，数据分析技术如数据挖掘、机器学习等可以帮助发现隐藏在数据中的模式和规律，为物流决策提供帮助。例如，通过分析货物体积、重量和运输历史数据，可以优化货物装载和运输路径规划，降低运营成本，缩短运输时间。

尽管传感器测量技术在物流中具有许多优势，但也引发了一些安全性和隐私问题。传感器所获得的数据可能包含敏感信息，如货物内容、位置和行为信息。因此，确保数据的安全性和隐私性对于传感器应用的可持续发展非常重要。物流企业需要采取数据加密、访问控制等措施来保护传感器数据，防止未经授权的访问和泄露。

尽管传感器测量在属性感知中具有巨大的潜力，但仍然面临一些挑战。首先，传感器可能受到环境因素的影响，从而导致测量误差。例如，温度和湿度变化可能影响传感器的性能。其次，传感器数据的准确性和一致性对于实现精确的属性感知至关重要，传感器可能会受到校准、漂移和噪声等问题的影响，需要定期维护和校准。

未来，随着物联网（IoT）技术的不断发展，传感器测量技术将变得更加普遍和先进。物联网的概念是将各种设备、物体和传感器连接到互联网上，实现实时数据交换和远程控制。这将使物流过程更加智能化和自动化，为实时监测、决策支持和运营优化提供更多的机会。同时，随着新型传感器，如纳米传感器、柔性传感器等的出现，传感器测量技术将变得更加灵活和多样化，适用于不同的物流应用场景。

4.2 物流自动化，始于标识——标识技术

物流对象标识技术包含两个方面的内容，即编码和识别，是指对物流对象的表示及自动识别的技术，也即如何把管理的物流对象根据管理目标进行唯一性表示，并自动识别出来所表示的内容的技术。

4.2.1 编码技术

编码是指将物流对象赋予一个唯一的标识符或编码的过程。这个标识符可以是数字、字母、条形码、二维码、RFID标签等。编码的目的是确保每个物流对象都有一个独一无二的身份，以便在整个物流过程中进行跟踪和管理。编码可以包括有关物流对象的重要信息，例如生产日期、批次号、目的地等。这些信息有助于更有效地管理和控制物流对象的流动。

1. 编码原则

编码原则指在设计和实施编码系统时必须遵循的基本指导原则，以确保编码是有效、可靠和可持续的。一般认为编码需要遵循以下基本原则。

1）唯一性

编码的第一个基本原则是唯一性原则，每个信息或对象都应该有唯一的编码或标识符，确保没有两个信息具有相同的编码。唯一性有助于防止混淆和错误。唯一性的判断是根据具体的管理目标来进行的，不同的管理目标有不同的唯一性判断标准，例如：在图书馆的借阅管理系统中，由于需要管理到单本图书，则该系统针对具体的每本图书进行唯一性编码；而在图书销售配送管理系统中，由于只需管理到每个种类（如同作者、同出版社、同出版日期、同书名的图书即可认为是同一个种类）的图书即可，则可针对这个种类进行唯一性编码。

2）合理性

合理性原则表示编码应当科学、合理，既遵循信息编码的基本原理，又符合组织的实际情况；既能满足组织自身的需要，又能满足组织合作伙伴的特殊要求；既要符合国家的标准或规定，又应该尽可能地遵守国际标准或惯例；信息编码既不宜过长，也不宜过短。在许多情况下，编码应该准确地反映所表示的信息，确保编码与实际情况相符。错误的编码可能导致误解和错误决策。

3）扩展性

编码系统应该具有足够的扩展性，以容纳未来可能增加的信息或对象。编码不能仅考虑组织当前的信息状况，而且应该考虑组织未来的发展状况和需要。信息编码应该有足够的编码资源，以便满足不断增长的对信息编码的需求，这是信息编码的扩展性原则。需要设计灵活的编码方案，以适应变化的需求。

4）一致性

一致性原则的含义是，无论信息是否采取统一的编码体系，只要有了唯一性的编码，那么组织中的所有部门都应该使用这种唯一性的编码，不能出现一码多用的现象，同一种信息只能有一种信息编码。编码系统应该在整个组织或行业内保持一致性，以确保不同部门、合作伙伴或系统之间的互操作性。一致的编码规范可以避免混淆和错误，只有这样才能准确地识别信息和充分地实现信息共享。

5）不可更改性

编码是实现数字化管理的基础，是物流信息系统中各种信息最主要的标识和特征，也是组织最基础、最重要的规章制度之一。鉴于信息编码的重要性，信息编码规则确定并且信息编码使用之后，一般不允许改变。如果频繁地修改信息编码规则，那么有可能引起信息系统无法正确地识别信息和无法有效地执行管理功能，最终可能导致整个组织处于无序状态。这是信息编码不可更改性原则的要求，也可以确保信息的历史记录和溯源不受到篡改。

6）简单性

编码系统应该尽可能地简单和易于理解。复杂的编码方案可能导致混淆和错误，因此编码方案应该尽量保持简洁。信息编码的最终目的是更好地管理物流信息。即使使用基于计算机技术的物流信息系统来管理各种信息，这种管理方式也不可缺少人工的参与。因此，信息编码不宜过于复杂，应该在满足其他原则的基础上，尽可能地简单明了、容易识别、学习和使用，这样可以避免组织在采用新的编码时，组织中的各级管理人员由于不习惯、不方便等原因拒绝使用新的信息编码或者消极抵抗新的信息编码的使用，从而最终可能导致新的信息编码被放弃。这是编码简单性原则的要求。

2. 代码的种类

代码是编码技术的具体表现形式，它表述了客观存在的实体及其各种属性的符号，如数字、字母或它们的组合，主要有以下优点：

① 可使数据的表达方式标准化;
② 可减少信息量,节省存储空间;
③ 便于信息的传递和进行分类、合并、检索等处理,提高计算机处理信息的效率;
④ 标明事物所处状态。

常用代码主要包括三种类型:顺序码、区间码以及助记码。

1) 顺序码

顺序码又称系列码,是一种用连续数字代表编码对象的码(1:厂长。2:科长)。

优点:短而简单,记录定位方法简单,易管理。

缺点:没有逻辑基础,本身不能说明任何信息的特征,新加的代码只能列在最后,删除则造成空码。

顺序码通常作为其他码分类中细分类的一种补充手段。

2) 区间码

区间码:把数据项分成若干组,每一区间代表一个组,码中数字的值和位置都代表一定的意义。

例:邮政编码。

某企业的用户分类和代码,由第一位的用户类型码和第二位的该用户的采购总量码一起构成,见表4-1。

表 4-1 某企业的用户分类和代码

用户类型(第一位)		采购总量(第二位)	
码	分类	码	分类
1	批发部门	1	≤9 999元
2	零售单位	2	10 000～29 999元
3	教育界	3	30 000～49 999元
4	国防部门	4	>49 999元
5	其他部门	5	

区间码的类型有三种:多面码、上下关联区间码、十进位码。

(1) 多面码

一个数据项可以有多方面的特性。若在码的结构中为这些特性各规定一个位置,则形成多面码。例如,机制螺钉1113表示材料为不锈钢,直径为0.5 mm的圆头镀锌螺钉(表4-2)。

表 4-2 螺钉参数

材料	螺钉直径	螺钉头形状	表面处理
1. 不锈钢	1. M0.5	1. 圆头	1. 未处理
2. 黄铜	2. M1.0	2. 平头	2. 镀铬
3. 钢	3. M1.5	3. 六角形状	3. 镀锌
		4. 方形头	4. 上漆

(2) 上下关联区间码

上下关联区间码由几个以上相互有关的区间码组成,其结构一般为由左向右排列。

例:在会计核算方面,用最左位代表核算种类,下一位代表会计核算项目。

(3) 十进位码

十进位码中每一位数字代表一类(图书分类中沿用已久的十进位分类码)。

例:610.736,小数点左边的数字组合代表主要分类,右边代表子分类。

特征:分类比较清晰,但适用范围较窄,且所占位数长短不一,不适于计算机处理。但位数固定的,仍可使用计算机处理。

3. 助记码

助记码用文字、数字或文字数字结合起来描述,其特点:可通过联想帮助记忆(原封不动地表示代码化对象属性,亦记亦读)。

例:TV-B-21,TV-C-29。

助记码适用于数据项目较少的情况(一般少于 50 个),否则可能引起联想出错。另外,太长的助记码占用计算机容量太多,不宜采用。

校验码是编码技术中的一种重要元素,它用于检测和纠正数据传输或存储中的错误。校验码是附加到数据中的额外信息,以确保数据的完整性和准确性。它在数据通信、存储和处理中广泛应用。

常见的校验码类型如下。

① 奇偶校验码(Parity Check):奇偶校验码通过添加一个额外的位(奇数校验或偶数校验)来确保数据中包含的 1 位数是奇数或偶数。如果接收到的数据不满足奇偶性,就会发现错误。

② 循环冗余校验码(CRC):CRC 是一种高效的校验码,常用于数据通信。它通过多项式除法将数据编码为一个固定长度的校验值。

③ 校验和(Checksum):校验和是一种简单的校验码,它将数据的所有字节相加,并将结果的低位字节附加到数据中。接收端执行相同的操作,并将结果与发送的校验和进行比较。

④ 哈希值(HashValue):哈希函数将数据映射到一个固定长度的哈希值。如果数据被篡改,哈希值将不匹配,从而发现错误。

⑤ 汉明码(Hamming code):汉明码是一种能够检测和纠正位错误的编码方法。它通过添加冗余位来实现错误检测和纠正。

4.2.2 条码

条码从 20 世纪 70 年代开始使用到现在,从一维条码到二维条码,随着技术的不断发展,它已经在各个层面广泛使用。一维条码的发明年代和标准制订年代见表 4-3 与表 4-4。

表 4-3 一维条码的发明年代

时间	条码名称	发明人或公司	特殊意义
1942 年	Bull's Eye Code	N. Joe Woodland,Bernard Silver	第一个条码
1972 年	Codabar	Monarch Marking System	—
1973 年	UPC 码	IBM	首个大规模应用的条码
1974 年	39 码(Code 39)	David C. Allias(Intermec)	第一个商业性文、数字条码
1976 年	EAN 码	EAN 协会	—
1981 年	128 码(Code 128)	—	—
1983 年	93 码(Code 93)	—	—

表 4-4　一维条码的标准制订年代

时间	条码名称	纳入标准
1982 年	Code 39	Military Standard 1189
1983 年	Code 39,Interleaved 2 of 5,Codabar	ANSI MH10.8M
1984 年	Code 39	ANSI MH10.8M
1984 年	Code 39	AIAG 标准
1984 年	EAN 码	HIBC 标准
1981 年	128 码(Code 128)	—
1983 年	93 码(Code 93)	—

条形码的类别繁多,但可以主要分为两大类:一维条码(简称"一维码")和二维条码(简称"二维码")。

一维条码的优点:
① 可靠、准确;
② 数据输入速度快;
③ 经济便宜;
④ 灵活实用;
⑤ 自由度大;
⑥ 设备简单;
⑦ 易于操作。

一维条码的缺点:
① 信息量小;
② 易污染;
③ 易破损;
④ 需要光源环境;
⑤ 读写速度慢。

1. 一维码码制简介及应用

一维码只在一个方向(一般是水平方向)表达信息,在垂直方向不表达任何信息,其一定的高度通常是为了便于阅读器的对准。

一维码目前在国际上使用非常广泛,不同的行业根据其行业特点使用了不同类型的一维码,如超市中最常见的条码为 EAN 码、UPC 码(即商品条码,用于在世界范围内唯一标识一种商品),在管理领域中应用最广的为 Code 39 码(能够表示数字和字母),在物流管理中应用最广的为 ITF25 码,而 Codabar 码则多用于医疗和图书领域,以及 Code 93 码、Code 128 码等。常见的一维码示例如图 4-7 所示。

EAN 码已经成为电子数据交换(EDI)的基础,是当今世界上使用范围最广的商品条码之一;UPC 码主要在加拿大、美国被广泛使用;在各种各样的条形码应用系统中,Code 39 码由于可采用字母与数字混合编码,因此在各个行业的内部管理中被广泛推广和使用;Codabar 码则在照相馆、图书馆、血库等相关业务中被广泛使用。

图 4-7　常见的一维码示例

一维码的应用可以提高信息录入的速度,减少差错率,可直接显示内容为英文、数字、简单符号;储存数据不多,主要依靠计算机中的关联数据库。

一维码现在广泛地应用在我们的日常生活中,我们购买的大部分商品都有一维码。

2. 二维码码制简介及应用

在水平和垂直方向的二维空间存储信息的条码,称为二维码。二维码可直接显示英文、中文、数字、符号、图形;储存数据量大,可存放 1 kB 字符,可用扫描仪直接读取内容,无须另接数据库;保密性高(可加密);安全级别最高,污损 50% 仍可读取完整信息。图 4-8 为常见的二维码示例。

图 4-8　常见的二维码示例

二维码除了具有一维码的优点,还具有以下特点:信息量大,可靠性高,保密性、防伪性强。二维码凭借其可携带庞大的信息量的特点,能够把原来一维码存放在数据库中对应的信息囊括在其中,可以直接从条码中读出数据,不再需要依赖后台数据库,降低了对应用环境的要求,而且二维码还具备错误修正及防伪功能。

目前二维码应用较广泛,例如应用在汽车生产管理中的 PDF417,商品支付中的 QR 支付码,物流配送中的托盘码。

条码技术一直在不断发展,以满足不断变化的需求和应用。未来的条码技术可能允许实时更新信息,以适应动态变化的需求。

条码技术还可能与增强现实和虚拟现实技术相结合,以创建更具交互性和沉浸感的体验,这可以应用于教育、游戏和虚拟导航等领域;和区块链技术的结合可能用于跟踪产品的供应链,确保产品的来源和真实性。

4.2.3 射频识别

射频识别(Radio Frequency Identification,RFID)是一种非接触式的自动识别技术,识别目标的过程中无须人工干预,可工作于各种恶劣环境。RFID 技术可识别高速运动物体并可同时识别多个标签,操作快捷方便。

典型的 RFID 系统如图 4-9 所示,主要由读写器(Reader,或称阅读器、读卡器)、电子标签及应用软件系统三个部分所组成。

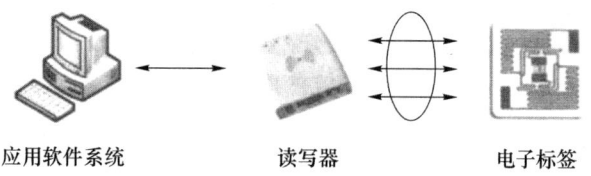

图 4-9 RFID 系统基本硬件组成

RFID 目前应用十分广泛,如物流分拣、智能化无人销售店面以及服装智能化销售门店的魔镜系统等。

1. RFID 电子标签

RFID 电子标签(Tag)也称智能标签,是指由 IC 芯片和无线通信天线组成的超微型的小标签,其内置的射频天线用于和读写器进行通信。电子标签是 RFID 系统的数据载体。

RFID 电子标签芯片的内部结构如图 4-10 所示,主要包括射频接口、调制器、解调器和电压调节器组成的射频前端,逻辑控制单元组成的数字基带处理单元及 EEPROM 和 ROM 存储单元四大部分。

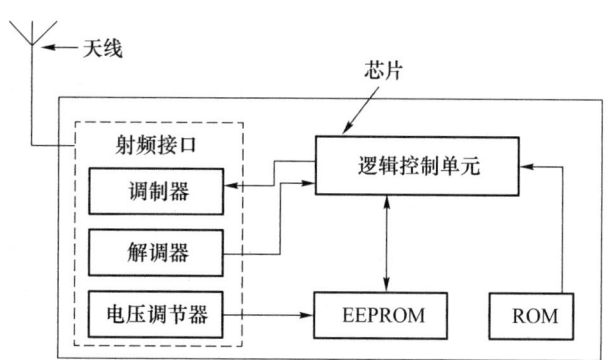

图 4-10 电子标签芯片的内部结构示意

标签是 RFID 系统的数据载体,根据其应用场合不同表现为不同的应用形态,例如在动物跟踪和追踪领域中称为动物标签或动物追踪标签、电子狗牌;在不停车收费或车辆出入管理等车辆自动识别领域中称为车辆远距离 IC 卡、车辆远距离射频标签或电子牌照;在访问控制领域中称为门禁卡或一卡通。

电子标签一般按以下几种方式进行分类。

1) 按供电方式分类

按供电方式电子标签可以分为有源电子标签和无源电子标签。有源电子标签的优点是作用距离远,可达到几十米,甚至可达到上百米。其缺点是体积大、成本高,使用时间受到电池寿命的限制。

2) 按工作模式分类

按工作模式电子标签可以分为主动式、被动式与半主动式等。主动式电子标签依靠自身的能量主动向 RFID 读写器发送数据。被动式电子标签从 RFID 读写器发送的电磁波中获取能量,激活后才能够向 RFID 读写器发送数据。半主动式电子标签自身的能量只提供给电子标签中的电路使用,并不主动向 RFID 读写器发送数据,当它接收到 RFID 读写器发送的电磁波并被激活之后,才向 RFID 读写器发送数据。

3) 按工作频率分类

按工作频率电子标签可以分为低频电子标签、中高频电子标签、超高频与微波电子标签等类型。

(1) 低频电子标签

低频电子标签的工作频率为 30～300 kHz,典型工作频率为 125 kHz 与 133 kHz。低频电子标签一般为无源电子标签,其工作能量通过电感耦合方式从读写器耦合线圈的电磁辐射近场中获得。低频电子标签的阅读距离一般情况下小于 1 m。

低频电子标签的典型应用有动物识别、容器识别、工具识别和电子闭锁防盗(带有内置应答器的汽车钥匙)等。

(2) 中高频电子标签

中频电子标签的工作频率为 3～30 MHz,典型工作频率为 13.56 MHz,采用电感耦合方式工作。此类电子标签一般也采用无源方式,其工作能量同低频电子标签一样,也通过电感(磁)耦合方式从读写器耦合线圈的辐射近场中获得。电子标签在与读写器进行数据交换时,电子标签必须位于读写器天线辐射的近场区内。中频电子标签的阅读距离一般情况下也小于 1 m(最大读取距离为 1.5 m)。

高频电子标签可以方便地做成卡状,典型应用有电子车票、电子身份证和电子闭锁防盗(电子遥控门锁控制器)等。

(3) 超高频与微波电子标签

超高频与微波电子标签,简称为微波电子标签。超高频与微波电子标签的典型工作频率为 860～960 MHz、2.45 GHz 与 5.8 GHz,欧洲、亚洲的典型工作频率为 868 MHz,北美洲的典型工作频率为 902～905 MHz。采用纽扣电池供电的有源微波电子标签的工作频率可以选择 2.45 GHz 或 5.8 GHz。工作时,电子标签位于读写器天线辐射场的远区场内,读写器天线辐射场为无源电子标签提供射频能量,或将有源电子标签唤醒。相应的 RFID 系统阅读距离一般大于 1 m,典型情况为 4～7 m,最大可达几百米。读写器天线一般为定向天线,只有在读写器天线定向波束范围内的电子标签才可被读写。

4) 按作用距离分类

按作用距离电子标签可分为密耦合卡(作用距离小于 1 cm)、近耦合卡(作用距离小于 15 cm)、疏耦合卡(作用距离约为 1 m)和远距卡(作用距离为 1～10 m,甚至更远)。

5) 按功能分类

按功能电子标签可分为只读式和读写式。只读式电子标签中的数据信息不能更改,只能被多次读取;读写式电子标签允许用户根据需要更改已经写入电子标签中的数据。

6) 按封装的形状分类

受应用场合、成本与环境等因素的影响,按封装的形状电子标签可分为以下几种:封装成能够粘贴在标识物上的薄膜型的自粘贴式标签;让用户携带的、类似于信用卡的卡式标签;能够固定在车辆或集装箱上的柱形标签;封装在塑料扣中,作为动物耳标的扣式标签;封装在钥匙扣中,作为用户随身携带的身份标识;封装在玻璃管中用于人或动物,作为植入式标签。

2. 读写器

读写器也称阅读器(Reader),主要完成与电子标签之间的通信,与计算机之间的通信,对读写器与电子标签之间传送的数据的编码、解码、加密、解密等,且具备防碰撞功能,能够实现同时与多个标签通信。在物联网中,读写器将成为同时具有通信、控制和计算功能的核心设备,是 RFID 系统中最重要的基础设施。根据使用的结构和技术不同读写器可以是读或读/写装置,它是 RFID 系统的信息控制和处理中心。读写器的频率决定了 RFID 系统工作的频段,其功率决定了 RFID 的有效距离。

RFID 标签返回的微弱电磁信号通过天线进入读写器的射频模块转换为数字信号,再经过读写器的数字信号处理单元对其进行必要的加工整形,最后从中解调出返回的信息,完成对 RFID 标签的识别或读/写操作。RFID 读写器的结构如图 4-11 所示。

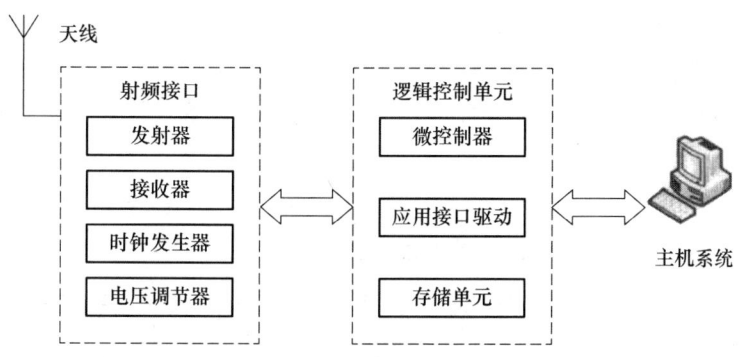

图 4-11 RFID 读写器的结构示意

1) 读写器接口方式

读写器接口方式是指读写器和应用系统计算机的接口方式。RFID 系统的接口方式非常灵活,包括 RS232、RS485、以太网(RJ45)、WLAN802.11(无线网络)、Wiegand(韦根)等接口。不同的接口具有不同的应用范围及性能特征。

2) 读写器具有的主要功能

① 读写器与电子标签之间的通信。读写器与计算机之间可以通过标准接口(如 RS232 等)进行通信。读写器可以通过标准接口与计算机网络连接,并提供相关信息(包括读写器的识别码、读写器识读电子标签的时间和读写器读出的电子标签信息),以实现多读写器在系统网络中的运行。

② 读写器可以在读/写区域内实现多标签同时识读,具备防碰撞功能。

③ 读写器适用于固定和移动电子标签识读。

④ 读写器能够校验读/写过程中的错误信息。

⑤ 对于有源电子标签,读写器能标识电池相关信息(如电量等)。

3) RFID 读写器分类

① 按通信方式分类,RFID 读写器可以分为读写器优先和标签优先两类。

② 按传送方向分类,RFID 读写器可以分为全双工和半双工两类。

③ 按应用模式分类,RFID 读写器可以分为固定式读写器、便携式读写器、一体式读写器和模块式读写器。

④ 根据数据管理系统的功能需求以及不同设备制造商的生产习惯,RFID 读写器具有各种各样的结构与外观形式。根据天线和读写器模块的分离与否,RFID 读写器可以分为分离式读写器和集成式读写器。

3. 读写器天线

读写器天线是一种能将接收到的电磁波转换为电流信号,或将电流信号转换成电磁波发射出去的装置。在 RFID 系统中,读写器必须通过天线来发射能量,形成电磁场,通过电磁场对电子标签进行识别。读写器上的天线所形成的电磁场范围就是读写器的可读区域。

4. RFID 中间件

RFID 中间件是 RFID 读写器和应用系统之间的中介,是实现 RFID 硬件设备与应用系统之间数据传输、过滤、数据格式转换的一种中间程序,屏蔽了 RFID 设备的多样性和复杂性,可以支持各种标准的协议和接口,将不同操作系统或不同应用系统的应用软件集成,能够为后台业务系统提供强大的应用支撑。

使用 RFID 中间件主要有 3 个目的:隔离应用层与设备接口;处理读写器与传感器捕获的原始数据;提供应用层接口,用于管理读写器、查询 RFID 观测数据。大多数 RFID 中间件由 5 个部分组成,包括业务整合层、服务处理层、事件处理层、数据管理层和设备管理层,如图 4-12 所示。

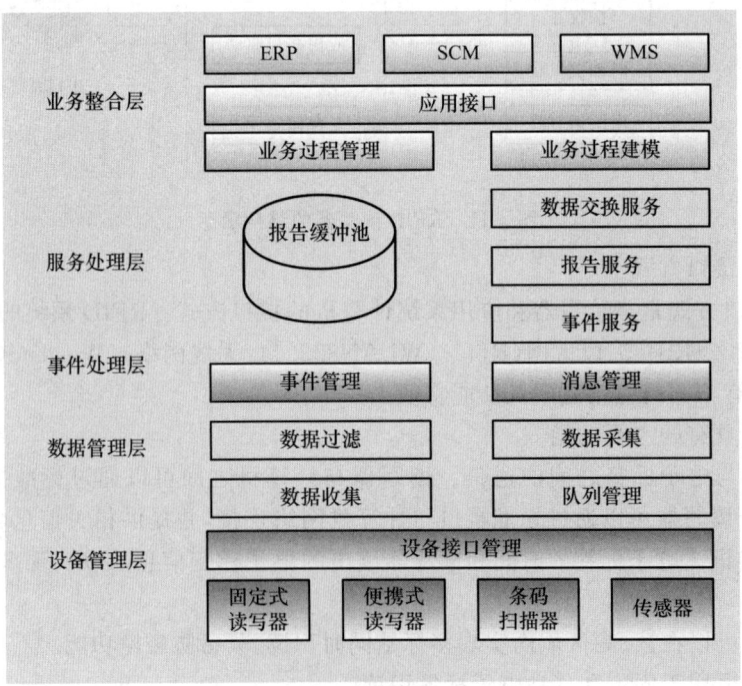

图 4-12 RFID 中间件组成示意

RFID 中间件的主要功能如下。

① 对读写器或数据采集设备进行管理、协调、控制。

② 数据过滤与数据处理。

③ 事件数据报告生成与发送。

④ 访问安全控制。

⑤ 提供符合标准的接口,集中统一的管理界面。

⑥ 进程管理与负载均衡。

⑦ 数据路由与集成。

4.2.4 OCR/OBR/图像识别/语音识别

本小节讲述已广泛应用于自动化分拣技术中的物品识别,如针对物品表面文字的光学字符识别(OCR)、条码识别(OBR)、图像识别以及针对相关操作人员的智能化语音识别等。

1. OCR

OCR 主要应用于将印刷或手写文本从图像或扫描的文档中转换为可编辑的文本数据。OCR 技术的发展对于数字化文档处理、信息检索、自动化数据输入和文本分析等领域都具有重要的意义。

根据识别场景,OCR 可以分为识别特定场景的专用 OCR 和识别多种场景的通用 OCR。证件识别和车牌识别就是专用 OCR 的典型实例。通用 OCR 可以用于更复杂的场景,如自动化分拣系统中的字符识别,经常面临低亮度、低对比度、光照不均、透视变形和残缺遮挡等问题,而且文本的布局可能存在扭曲、褶皱、换向等问题,其中的文字也可能字体多样、字号字重颜色不一。

2. OBR

OBR 是一种通过光学技术来读取和解码条形码的技术。条形码是一种包含数字和字符的图案,通常以条形和空白相间的方式表示。这些图案可以包含有关物品、产品或文档的信息,例如商品价格、批次号、序列号等。OBR 的主要任务是将这些图案转化为可读文本,以便进行进一步的处理和存储。

OBR 是一种重要的光学识别技术,广泛应用于商业、工业和医疗等各个领域。它的高速、高效和准确性使其成为自动化数据处理和管理的重要工具,但需要注意其受环境和标签等因素的限制。

3. 图像识别

图像识别技术是信息时代的一门重要技术,其产生的目的是让计算机代替人类处理大量的物理信息。随着计算机技术的发展,人类对图像识别技术的认识越来越深刻。图像识别技术的过程分为信息的获取、预处理、特征抽取和选择、分类器设计和分类决策。

图像识别是人工智能的一个重要领域。图像识别的发展经历了三个阶段:文字识别、数字图像处理与识别、物体识别。图像识别,顾名思义,就是对图像做出各种处理、分析,最终识别所要研究的目标。

图像识别技术在公共安全、农业、交通、医疗等许多领域都有应用。例如交通方面的车牌识别系统;公共安全方面的人脸识别技术、指纹识别技术;农业方面的种子识别技术、食品品质检测技术;医疗方面的心电图识别技术等。

4. 语音识别

语音识别以语音为研究对象,通过语音信号处理和模式识别让机器自动识别和理解人类口述的语言。语音识别技术就是让机器通过识别和理解过程把语音信号转变为相应的文本或命令的技术。

语音识别是一门涉及面很广的交叉学科,它与声学、语音学、语言学、信息理论、模式识别理论以及神经生物学等学科都有非常密切的关系。语音识别技术正逐步成为计算机信息处理技术中的关键技术,语音技术的应用已经成为一个具有竞争性的新兴高技术产业。

4.3 智慧物流,基于通信——通信技术

通信技术主要是指将感知技术中的传感器获取的数据上传到数据处理中心的相关技术的总称,主要包括有线通信与无线通信两大类通信技术。

4.3.1 通信媒介

通信媒介是网络中传输数据的物理介质,也叫传输介质。提供可靠的物理通道是信息能够正确、快速传递的前提。通信媒介大致分为有线媒介和无线媒介两类,有线媒介包括同轴电缆、双绞线和光纤等,无线媒介包括红外线、激光和微波等。

不同的通信媒介在传输带宽、时延、辐射及维护成本等方面均具有不同的特性,对通信媒介选择的不同,会使网络整体性能有很大的差异。

通信媒介的选择通常需要考虑的性能指标主要有传输速率、成本、可扩展性、连接性和抗噪性等 5 个方面。

① 传输速率:传输速率是指单位时间内介质能传输的数据量。每种传输介质的物理特性决定了它潜在的传输速率。传输速率通常用每秒兆位即 Mbit/s 进行度量。介质的带宽限制了它的最大传输速率,带宽越宽,传输速率就越大。

② 成本:传输介质的成本主要包括介质的购买成本、安装成本、维护和升级成本等。不同介质的购买成本差别很大。

③ 可扩展性:可扩展性是指网络介质允许的 3 种物理规格,即最大段长度、每段的最大节点数以及最大网络连接段数。一个信号能够传输并仍能被正确解释的最大距离即为最大段长度,若超过这个长度,可能会发生数据损失。每段的最大节点数也与信号的衰减有关,为了保证一个清晰的强信号,必须限制一个网络段中的节点数。一个信号从发送到最后接收之间存在一个时间上的延迟,称为时延,当连接多个网络段时,将增加网络上的时延。一般情况下,每种类型的介质都会标定一个最大网络连接段数。

④ 连接性:连接性是指介质与网络设备的连接特性。网络设备可以是一个文件服务器、工作站、交换机等。每种网络介质都对应一种特定类型的连接器,所使用的连接器的种类将影响网络安装和维护的成本以及网络升级的难易程度。

⑤ 抗噪性:噪声能使数据信号发生变形,会影响数据传输。这里噪声主要指电磁干扰和射频干扰。不同的介质受噪声的影响不同。通常情况下在进行网络布线时应远离强大的电磁源,以减少噪声的影响。如果不能避免环境对网络造成的影响,应选择一种抗噪性好的电缆。

1. 同轴电缆

同轴电缆是一种广泛应用于信号传输的传输线,其结构如图 4-13 所示。该电缆由以下几

部分按同一轴线绕制而成：数据线（内导体）、内部绝缘层、网状导体（屏蔽层）以及外部绝缘层（塑料保护外套）。内导体通常由实心铜线构成，主要负责信号的传输。屏蔽层采用网状编织结构，不仅能有效保护内部导线免受外部干扰，还能防止电磁干扰的辐射。同轴电缆因其优异的传输性能，常用于传输各种模拟信号和数字信号，包括但不限于视频信号、音频信号以及数据信号等。

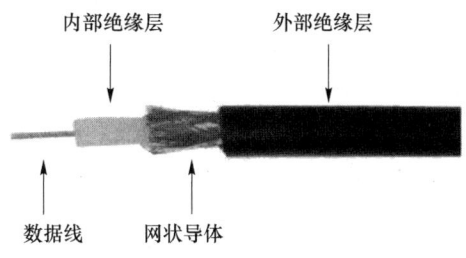

图 4-13　同轴电缆

同轴电缆被广泛用于局域网。为保持同轴电缆的正确电气特性，电缆必须接地，同时两头要有端接器来削弱信号的反射作用。同轴电缆分为基带同轴电缆（阻抗 50Ω）和宽带同轴电缆（阻抗 75Ω）。基带同轴电缆又可分为粗缆和细缆两种，都用于直接传输数字信号；宽带同轴电缆用于频分多路复用的模拟信号传输，也可用于不使用频分多路复用的高速数字信号和模拟信号传输。闭路电视所使用的 CATV 电缆就是宽带同轴电缆。

2．双绞线

双绞线是网络中最早使用的传输介质，价格便宜，性能适中。双绞线由两根带有绝缘层的铜质导线组成，导线直径约为 1 mm。为了降低传输信号时产生的干扰，将这两根导线绞合成螺旋状，线对扭在一起可以减少互相辐射的电磁干扰，提高信号传输的稳定性。

双绞线按结构分为非屏蔽双绞线（UTP，Unshielded Twisted Pair）和屏蔽双绞线（STP，Shielded Twisted Pair）。屏蔽双绞线通过在双绞线外加上一层金属屏蔽层，可有效地降低电磁干扰，具有更高的传输性能，但价格也更高。双绞线结构如图 4-14 与图 4-15 所示。

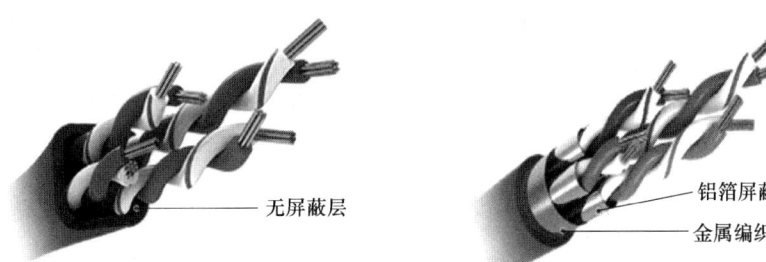

图 4-14　非屏蔽双绞线结构示意　　　图 4-15　屏蔽双绞线结构示意

双绞线早就用在电话通信模拟信号的传输中，也用于数字信号的传输，是最常用的传输介质，它既可以用于传输模拟信号也可以用于传输数字信号，实用的速度达到 9 600 bit/s。双绞线也可以发送数字信号，TI 线路的总数据传输率可达 1.54 Mbit/s。新近制定的 10BASE-T 总线局域网络标准支持通过无屏蔽双绞线实现 10 Mbit/s 的数据传输速率，并且通过采用特定的技术，可以实现高达 100 Mbit/s 的传输速率。

双绞线普遍用于近距离的点对点连接，计算机网络中最常用的是第 3 类和第 5 类非屏蔽双绞线。第3类双绞线由4组绞合在一起的铜质导线对组成,外覆一层绝缘胶管。第5类双绞线的构成与第3类双绞线相似,但具有更高的绞合度,可进一步降低干扰,提供更高质量的信号传输。双绞线的类别及说明见表4-5。

表4-5 双绞线类别

类别	说明
第1类	电话连接,不适合传输数据
第2类	数据连接,≤4 Mbit/s——令牌环网
第3类	数据连接,≤10 Mbit/s——以太网 10BaseT
第4类	数据连接,≤16 Mbit/s——令牌环网
第5类	数据连接,≤100 Mbit/s——以太网
超5类	数据连接,≤1 Gbit/s——以太网
第6类	数据连接,≥1 Gbit/s——以太网

3. 光纤

光纤是光导纤维的简称,它由能传导光波的石英玻璃纤维外加保护层构成,相对于金属导线来说具有重量轻、线径细的特点。如图4-16所示,在用光纤传输电信号时,发送端先要将其转换成光信号,接收端又要由光检测器将光信号还原成电信号。光纤具有带宽大、数据传输率高、抗干扰能力强、传输距离远等优点。按使用的波长区的不同光纤可以分为多模光纤和单模光纤,传送可见光的光纤称为多模光纤,传送激光的光纤称为单模光纤。对于高性能、高吞吐率的局域网,使用光纤是十分合适的。

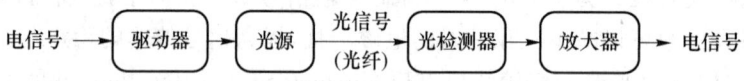

图4-16 光纤的电信号传送过程

4. 无线通信

无线通信是一种利用无线电波传输信息的通信方式。它不需要物理连接,因此可以方便地在不同地点之间进行通信。无线通信技术包括微波通信、卫星通信、红外通信和激光通信等。无线通信具有灵活、便捷和可移动等优点,但同时也存在易受干扰、信号不稳定和安全性等问题。

1) 微波通信

微波系统一般工作在较低的兆赫兹频段,载波频率为2～40 GHz,地面系统通常为4～6 GHz或21～23 GHz,星载系统通常为11～14 GHz,由于微波是沿直线传播的,故不能很好地穿过建筑物,在地面的传播距离有限,所以每隔一段距离就需要建一个中继站。微波通过抛物面天线将所有的能量集中于一小束,发射天线和接收天线必须精确地对准,这样能够获得极高的信噪比。中继站的微波塔越高,传输的距离就越远,中继站之间的距离大致与塔高的平方成正比。

2) 卫星通信

卫星通信是利用地球同步卫星作为中继来转发微波信号的一种特殊微波通信形式。在星载微波系统中,发射站和接收站设置于地面,卫星上放置转发器。地面站首先向卫星发送微波信号,卫星在接收到该信号后,由转发器将其向地面转发,供地面各站接收。卫星通信可以克服地面微波通信距离的限制,覆盖面积极大,理论上一颗同步卫星可以覆盖地球 1/3 的面积,三颗同步卫星就可以覆盖全球。用户的地面设备包括一个直径为 0.75~2.4 m 的抛物面天线、接收机和电缆等。卫星通信的优点是容量大、距离远。

3) 红外通信和激光通信

红外通信是以红外线为传输载体的一种通信方式。红外通信主要用于短距离通信,它以红外二极管或红外激光管为发射源,以光电二极管为接收设备,类似于在光纤中传输红外线的方式,和微波通信一样,有很强的方向性,都是沿直线传播的。红外通信和激光通信要把传输的信号分别转换为红外光信号和激光信号后才能直接在空间沿直线传播。

微波、红外线和激光都需要在发送端和接收端之间有一条视线通路,因此它们可以统称为视线媒体。所不同的是红外通信和激光通信把要传输的信号分别转换为红外光信号和激光信号,直接在空间传播。这三种视线媒体由于都不需要铺设电缆,对于连接不同建筑物内的局域网特别有用。

4.3.2 网络拓扑

拓扑(Topology)将各种物体的位置表示成抽象位置,是一种研究与大小、形状无关的线和面的特性的方法。拓扑不关心事物的细节,也不在乎相互的比例关系,只是将讨论范围内的事物之间的相互关系表示出来,一般用图表示。

网络的拓扑结构主要有星型拓扑、总线拓扑、环型拓扑、树型拓扑、混合拓扑及网型拓扑。网络拓扑结构还可以分为点到点式网络拓扑结构和广播式拓扑结构两大类,其中,点到点式网络拓扑结构包括星型结构、环型结构、树型结构等;广播式拓扑结构包括总线式、卫星和无线电式等。

1. 星型拓扑

星型拓扑结构是指网络中的各节点设备通过一个网络集中设备(如集线器或者交换机)连接在一起,各节点呈星状分布的网络连接方式。如图 4-17 所示,星型拓扑由中央节点集线器与各个节点连接组成,每个节点都通过一条单独的通信线路直接与中心节点连接,各个从节点间不能直接通信。星型拓扑目前在小型网络中占据较大的比例。

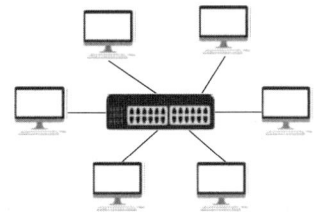

图 4-17 星型拓扑结构

星型拓扑的优点:
① 结构和控制简单;
② 故障诊断和隔离容易;
③ 建网容易、便于管理、方便服务;
④ 网络延迟时间较少,传输误差较低。

星型拓扑的缺点:
① 电缆长度和安装工作量较大;

② 中央节点负担较重,容易形成瓶颈,而且当中央节点产生故障时,全网将不能工作,对中央节点的可靠性和冗余度要求太高;
③ 各站点的分布处理能力较低;
④ 线路的利用率低,可扩充性差。

2. 总线拓扑

总线拓扑结构是指各工作站和服务器均挂在一条高速公用主干电缆上,即总线连接若干个节点而构成的网络。网络中所有的节点通过总线进行信息的传输。其中一个节点是网络服务器,它提供网络通信及资源共享服务,其他节点是网络工作站,各工作站地位平等,无中心节点控制,公用总线上的信息多以基带形式串行传递,其传递方向总是从发送信息的节点开始向两端扩散,如同广播电台发射的信息一样,因此又称广播式计算机网络,如图4-18所示。各节点在接受信息时都进行地址检查,看是否与自己的工作站地址相符,若相符则接收网上的信息。

总线拓扑的优点:
① 总线结构所需电缆数量少;
② 结构简单又是无源工作,有较高的可靠性;
③ 易于扩充,增减用户方便。

总线拓扑的缺点:
① 传输距离有限,通信范围受到限制;
② 故障诊断和隔离困难;
③ 分布式协议不保证信息及时传送,不具备实时功能,站点必须是智能的,要有媒体访问控制功能,增加了站点软件和硬件的开销。

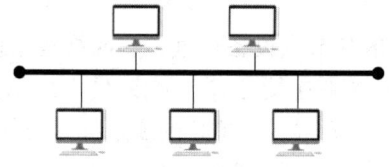

图 4-18 总线拓扑结构

3. 环型拓扑

环型拓扑结构由各节点首尾相连形成一个闭合环型线路,如图4-19所示。环型网络中传输介质从一个用户到另一个用户,直到将所有的用户连成环型,信息传送在其中是单向的,即沿着一个方向从一个节点传到另一个节点;每个节点需安装中继器,以接收、放大、发送信号。这种结构显而易见地消除了用户通信时对中心系统的依赖性。

环型拓扑的优点:
① 电缆长度短,可用光纤传输,传输速度较快;
② 增减工作站时只需简单连接;
③ 路径选择的控制简单,控制软件简单。

环型拓扑的缺点:
① 节点故障会引起全网的故障;
② 故障难检测,拓展性能差;
③ 媒体访问协议都用令牌传递方式,在负载很轻时,信道利用率较低。

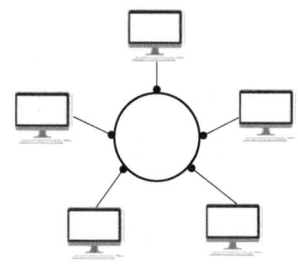

图 4-19 环型拓扑结构

4.3.3 工业现场通信

信息技术的工业现场是指涉及信息技术领域的实际工作环境和场所中的通信技术,如配送中心的各种自动化设备,智能化系统之间的相互通信所需的相关硬件、通信标准及通信协议等。

工业现场的技术人员通常需要具备一定的技术知识和技能,如计算机硬件和软件的操作和维护、网络通信和安全知识、数据库管理和数据分析等。此外,团队合作、问题解决能力和持续学习也是在这个领域中成功的重要因素。

1. 通信标准 TTL

TTL(Transistor-Transistor Logic,晶体管-晶体管逻辑)是一种数字通信逻辑,使用双极晶体管来实现逻辑门功能。它是最早的数字逻辑之一,广泛应用于电子和计算机领域,部分数据采集传感器(如陀螺仪、激光雷达)与数据集中控制主控板之间的硬件连接都采用这种低功耗的连接标准。

TTL 逻辑的特点是使用双极晶体管作为开关元件,通过控制晶体管的导通和截止状态来实现逻辑操作。具体而言,TTL 电路中的逻辑门由多个晶体管组成,晶体管的导通状态表示逻辑的"1"或"高电平",截止状态表示逻辑的"0"或者"低电平"。

TTL 逻辑家族主要包括以下几种常见的逻辑门。

TTL 非门(NOT gate):由一个晶体管构成,输出与输入信号反相。

TTL 与门(AND gate):由多个输入端和一个输出端组成,只有当所有输入信号都为"高电平"时,输出信号才为"高电平"。

TTL 或门(OR gate):由多个输入端和一个输出端组成,只要有任何一个输入信号为"高电平",输出信号就为"高电平"。

TTL 异或门(XOR gate):由两个输入端和一个输出端组成,只有当两个输入信号不相等时,输出信号才为"高电平"。

图 4-20 为 TTL 与 USB 的接线图。

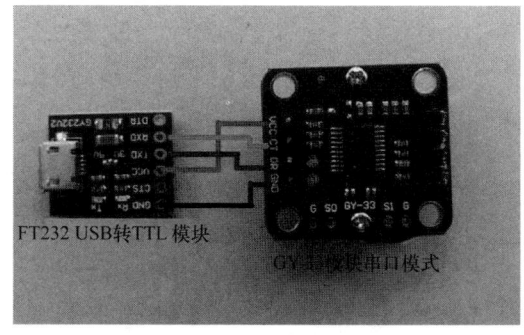

图 4-20 TTL 与 USB 的接线图

TTL逻辑的优点包括操作速度快、功耗低、稳定性好、可靠性高等。然而，TTL电路也有一些限制，如输入和输出电压级别固定、对噪声干扰较敏感等。

尽管现代数字电路中有更多的数字逻辑可供选择，但TTL仍然被广泛应用于各种电子设备、计算机接口和控制系统，尤其是在低功耗和高噪声环境下。

2. 通信标准RS232

RS232（Recommended Standard 232）是一种串行通信标准，用于在计算机和外部设备之间传输数据。它是由美国电子工业协会（EIA）制订的，旨在定义计算机和外部设备之间的数据传输规范。

RS232广泛应用于计算机和外部设备之间的数据传输，例如串行打印机、调制解调器、串行鼠标等。然而，随着技术的发展，RS232逐渐被更现代、高速的通信标准如USB、Ethernet等所取代。尽管如此，RS232仍然在一些特定的应用领域得到广泛使用，尤其是在工业自动化、通信设备和老旧设备的连接中。

RS232通信标准使用串行传输方式，即一位一位地传输数据。它使用单一的信号线传输数据，其中包括一个数据线（TXD）用于发送数据，一个数据线（RXD）用于接收数据，以及一些辅助线用于控制信号，如数据就绪（DTR）、请求发送（RTS）、数据终端就绪（DSR）等。

RS232的特点包括以下几个方面。

电压级别：RS232使用正负电压来表示数据位的逻辑状态，其中正电压表示"0"（低电平），负电压表示"1"（高电平）。通常正电压的范围为+3 V到+15 V，负电压的范围为-3 V到-15 V。

传输距离：RS232标准可支持较短的传输距离，通常在15～30 m之间，但可以通过增加线路驱动器和接收器的功率来延长传输距离。

数据速率：RS232可支持不同的数据传输速率，从低速的几十位每秒（bit/s）到高速的数百千位每秒（kbit/s）。

异步传输：RS232是一种异步传输协议，即发送方和接收方之间的数据传输没有时钟信号同步。相反，每个数据位之间有一个开始位和一个或多个停止位来标识数据的开始和结束。

3. 通信标准RS422

RS422是一种标准的串行通信协议，用于在远距离通信环境中实现高速、可靠的数据传输。它是由美国电子工业协会（EIA）制订的，旨在定义差分信号传输的规范。

RS422与RS232相比具有以下几个显著特点。

增强的抗干扰能力：RS422使用差分信号传输，其中一对信号线用来传输数据的正信号，另一对信号线用来传输数据的负信号。这种差分信号传输方式可以大大减少对干扰的敏感性，提供更高的抗噪声和抗干扰能力。

长距离传输：RS422支持较远的传输距离，通常可达1 200 m以上，这使得它非常适用于需要远距离通信的应用场景。

高速数据传输：RS422的传输速率通常可以达到10 Mbit/s，甚至更高，可以满足对高速数据传输的需求。

多点连接：RS422支持多点连接，即可以在同一总线上连接多个发送和接收设备。这使得RS422在工业自动化和控制领域中非常有用。

图4-21为RS422的接线图。

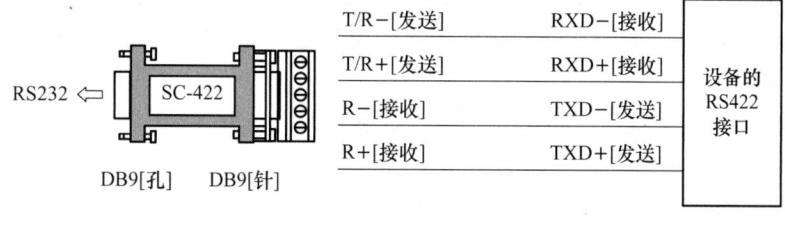

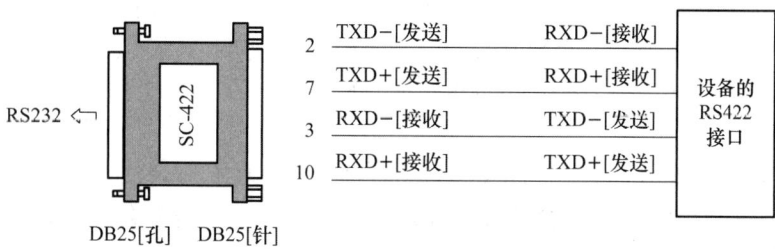

图 4-21 RS422 接线图

图 4-22 为 RS422 的电路图。

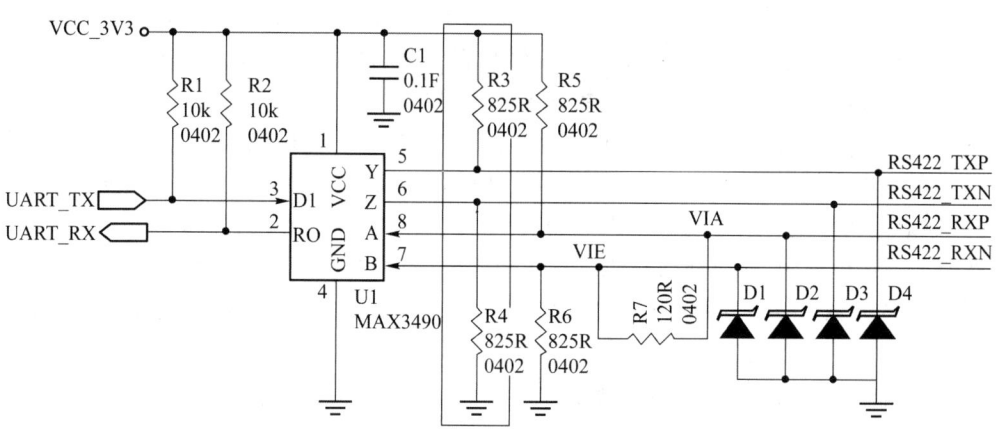

图 4-22 RS422 电路图

RS422 通信协议使用类似于 RS232 的异步传输方式,其中包括一个发送数据线(TXD+和 TXD−)和一个接收数据线(RXD+和 RXD−),以及一些辅助线用于控制信号,如数据就绪(DTR+和 DTR−)、请求发送(RTS+和 RTS−)等。

RS422 通常应用于需要长距离传输数据和具有高抗干扰能力的环境,例如工业自动化系统、仪器仪表、远程监控等。它被广泛用于传输数据和控制信号,如传感器信号、运动控制、设备监控等。它还可以与 RS485 兼容,允许在一条总线上同时连接多个设备进行通信。

需要注意的是,由于 RS422 使用差分信号传输,因此在使用 RS422 进行通信时,发送设备和接收设备之间需要使用差分驱动器和接收器来实现信号转换。

4. 进制转换

在数据通信过程中,人们往往更愿意采用二进制或者十六进制数据进行通信(主要考虑兼容支持汉字及其他大编码的字符集),但是在应用时则需要转换为文本串来使用,因此,数据的进制转换是一个很重要的内容。

进制是数学中用来表示数值的一种方法,常见的进制包括二进制、八进制、十进制和十六进制。进制转换是将一个数值从一种进制表示转换为另一种进制表示的过程。下面是常见进制之间的转换方法。

二进制(Binary)转十进制(Decimal):将二进制数每位上的数字与 2 的幂相乘,然后求和得到十进制数。

十进制(Decimal)转二进制(Binary):使用除以 2 取余法,将十进制数反复除以 2,每次记录余数,直到商为 0。然后将所有余数从最后一步开始组合,得到二进制数。

十进制(Decimal)转八进制(Octal):使用除以 8 取余法,将十进制数反复除以 8,每次记录余数,直到商为 0。然后将所有余数从最后一步开始组合,得到八进制数。

八进制(Octal)转十进制(Decimal):将八进制数每位上的数字与 8 的幂相乘,然后求和得到十进制数。

十进制(Decimal)转十六进制(Hexadecimal):使用除以 16 取余法,将十进制数反复除以 16,每次记录余数,直到商为 0。然后将所有余数从最后一步开始组合,得到十六进制数。其中 10 表示为 A,11 表示为 B,依此类推。

十六进制(Hexadecimal)转十进制(Decimal):将十六进制数每位上的数字与 16 的幂相乘,然后求和得到十进制数。

在计算机科学和电子工程中,进制转换经常用于二进制和十六进制之间的转换,因为它们可以更直观地表示二进制数据和字节。进制转换在编程、网络通信和硬件设计等领域中经常使用,并且对于理解和处理不同进制的数据至关重要。

例如网络地址转换,在互联网中,IP 地址用于唯一标识计算机或设备。IP 地址通常以点分十进制表示法(例如 192.168.0.1)表示,但在内部存储和传输时,它们使用二进制表示。因此,将点分十进制转换为二进制或十六进制是网络工程师经常进行的操作。

在数字图像处理中,颜色通常以 RGB(红绿蓝)值的形式表示。每个颜色通道的值可以是 0~255 之间的整数。这些整数可以转换为二进制或十六进制,以便更好地理解。

在数据压缩算法中,进制转换常常用于减小数据的存储空间。例如,使用十六进制表示的数据可以压缩得比使用二进制表示的数据更小。

5. 通信协议

通信协议是指在数据通信过程中,计算机系统或设备之间进行数据交换和通信的规则和约定。它定义了数据的格式、传输方式、错误检测和纠正机制、通信流程以及各种控制信号等。通信协议确保了不同设备之间能够有效地进行数据交换和交流。

通信协议可以根据应用场景和需求的不同而各不相同。在互联网领域,TCP/IP 协议是最常见的通信协议,它提供了一系列的协议和标准,用于实现互联网上的数据传输和通信。在其他领域,如工业自动化、电子设备、无线通信等,也有各种不同的通信协议被广泛应用,如 Modbus、CAN、Bluetooth、USB 等。不同的应用场景和需求可能会选择不同的通信协议来实现数据的交换和通信。

通信协议在计算机和通信领域起着至关重要的作用,它确保了设备之间能够有效地进行数据交换和通信,促进了信息的传递和共享,实现了各种应用的功能和互联互通。

6. Ethernet(UDP 和 TCP/IP)

Ethernet 是一种常见的局域网(LAN)通信协议,它定义了在计算机网络中进行数据传输的规则和标准。Ethernet 使用物理层和数据链路层协议来提供高速、可靠的数据传输。

随着各种云技术的不断发展,对网络通信的应用要求只会越来越高,因此必须掌握好网络通信技术的开发与应用,而 TCP/IP 与 UDP 则是网络通信 socket 编程开发的基础。

UDP(User Datagram Protocol)和 TCP/IP(Transmission Control Protocol/Internet Protocol)是两种在 Ethernet 上运行的传输协议。

UDP 是一种无连接的传输协议,它提供了一种简单的数据传输方式。UDP 将数据分成数据包进行传输,每个数据包都有源端口和目标端口,但不保证数据包的可靠传输。UDP 适用于需要快速传输和较低延迟的应用,如实时音频和视频流、多媒体传输等。

TCP/IP 是一组协议,被广泛用于互联网和局域网中的数据通信。它提供了可靠的、面向连接的数据传输。TCP/IP 协议使用 IP 地址来标识网络上的设备,并利用 TCP 协议建立连接,进行数据的分段、传输和重组,以确保数据的可靠性和顺序性。

Ethernet 通常作为局域网中的物理媒介和数据链路层协议使用,而 UDP 和 TCP/IP 则是在 Ethernet 上运行的传输层协议。

总的来说,Ethernet 是局域网通信协议,而 UDP 和 TCP/IP 是在 Ethernet 上运行的传输协议,UDP 提供快速传输和低延迟的无连接通信,而 TCP/IP 提供可靠的面向连接的数据传输。

7. Modbus

Modbus 是一种常见的通信协议,用于在工业领域中的设备之间进行数据传输和通信。它是一种简单、可靠且可扩展的协议,广泛应用于自动化控制系统。

Modbus 协议由 Modicon(一家现在属于施耐德电气公司的公司)于 1979 年开发,并逐渐成为工业自动化领域中的标准通信协议。Modbus 协议支持多种物理媒介,包括串行通信(如 RS-232、RS-485)和以太网通信。

Modbus 协议主要包含以下两种通信模式。

① Modbus ASCII:采用 ASCII 字符编码,数据以 ASCII 码形式传输,每个数据字节都以两个 ASCII 字符表示。每个数据帧包含起始字符、从设备地址、功能码、数据、校验等字段。

② Modbus RTU:采用二进制编码,数据以二进制形式传输。每个数据帧包含从设备地址、功能码、数据、校验等字段。

Modbus 指令示例如下。

读保持寄存器(Read Holding Registers):用于从设备中读取保持寄存器中的数据。示例指令:读取设备地址为 1 的保持寄存器中的第 10 个寄存器的值。

请求:01 03 00 09 00 01 C4 0B。

响应:01 03 02 CD 6B。

写单个保持寄存器(Write Single Holding Register):用于向设备写入一个值到保持寄存器中。示例指令:将值 123 写入设备地址为 2 的保持寄存器中的第 5 个寄存器。

请求:02 06 00 04 00 7B 68 C0。

响应:02 06 00 04 00 7B 68 C0。

图 4-23 为 Modbus 原理图。

Modbus 协议中使用了主-从结构的通信方式,其中一个设备充当主站(Master),其他设备充当从站(Slave)。主站通过发送请求指令来读取或写入从站的数据。

Modbus 协议支持多种功能码,用于执行不同的操作,例如读取寄存器值、写入寄存器值、读取线圈状态、写入线圈状态等。寄存器是 Modbus 协议中的基本数据单元,用于存储和传输数据。它广泛应用于工业自动化领域,包括监控和控制系统、工厂自动化、建筑自动化、能源管理等。它提供了一种简单而可靠的方式来实现不同设备之间的数据交换和通信。

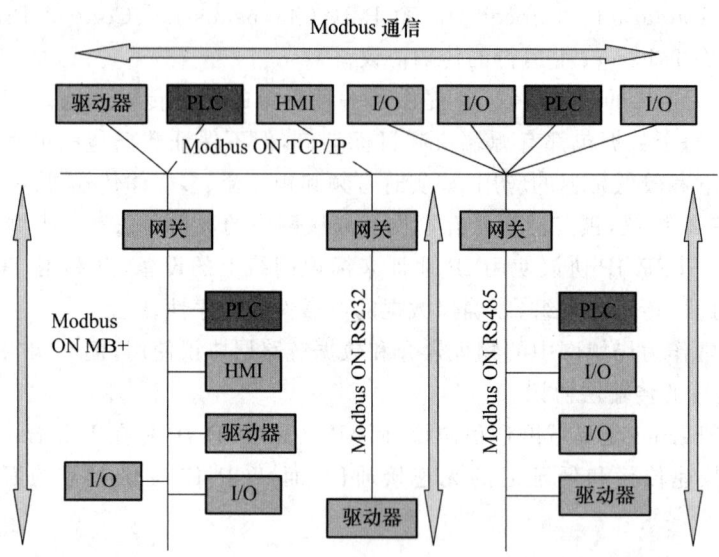

图 4-23　Modbus 原理图

8. CAN

CAN(Controller Area Network)是一种常见的总线通信协议,广泛应用于汽车、工业自动化和其他嵌入式系统。

CAN 协议最初由德国的 Bosch 公司于 1983 年开发,旨在提供高可靠性和实时性的数据通信。它是一种串行通信协议,允许多个设备在同一个总线上进行通信。

CAN 协议采用总线结构,多个设备可以通过共享同一个总线进行通信。这种结构简化了系统的布线,减少了所需的电缆数量。在信号传输时使用差分信号来传输数据,其中两个信号线(CAN_H 和 CAN_L)用于传递相对电压,以提高抗干扰和抗噪声能力。这使得 CAN 协议在嘈杂的环境中表现出较好的抗干扰能力。CAN 协议还使用了一种错误检测和纠正机制,能够检测和纠正传输中的错误。它使用循环冗余校验(CRC)来检测数据的完整性,并通过重发机制来纠正错误。CAN 协议支持多主设备,可以在同一个总线上存在多个主设备。这使得多个设备可以同时发送数据和接收数据,实现并行通信。CAN 协议还被设计用于实时应用,能够在严格的时间约束下传输数据。它具有快速的响应时间和低延迟,适用于对实时性要求较高的应用,如汽车电子系统、工业控制系统等。

CAN 协议在汽车领域得到广泛应用,用于车辆网络中的各种模块,如发动机控制单元、传感器、刹车系统、仪表盘等之间的通信。它还在工业自动化领域中被广泛使用,用于机器控制、数据采集和物联网应用等。

总之,CAN 协议是一种可靠、实时的总线通信协议,适用于汽车和工业自动化等应用领域,可提供高效的数据传输和通信能力。

9. Profibus

Profibus 是一种用于现场总线通信的工业自动化通信协议。它是一种开放标准,用于在工业控制系统中连接传感器、执行器、PLC、DCS 等设备,实现数据传输和通信。

Profibus 可以支持多种不同的通信方式,例如串行通信(RS-485)、光纤通信和无线通信。

它提供了高速、可靠和实时的数据传输,适用于各种工业环境和应用场景。Profibus 包括两个主要的变体:Profibus DP(Decentralized Periphery)和 Profibus PA(Process Automation)。

Profibus DP:用于连接控制器和现场设备,如传感器、执行器和分布式控制系统。它提供了高速数据传输和实时通信,适用于需要快速响应和高性能的应用。

图 4-24 为 Profibus DP 网络组成。

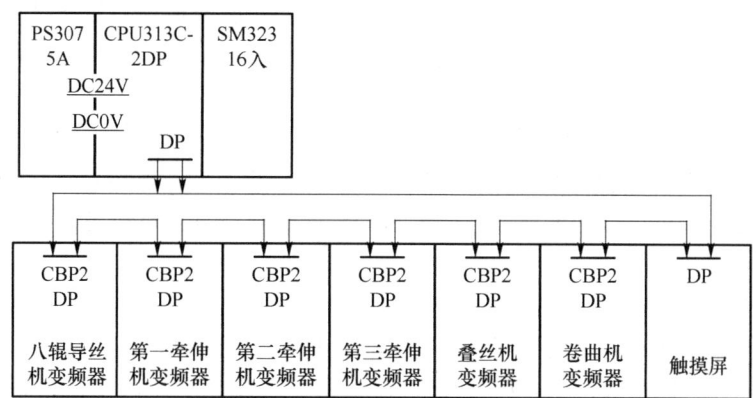

图 4-24 Profibus DP 网络组成

Profibus PA:用于连接过程自动化领域的设备,如变送器、阀门和仪表。它采用了更低的传输速率,能够在有爆炸危险的环境中工作,并提供了针对过程控制所需的特殊功能和性能。

Profibus 通过使用主从架构实现通信。主设备(如 PLC)负责发送命令和请求数据,而从设备(如传感器和执行器)则负责响应并提供所需的数据。它还支持多点通信,允许多个设备连接到同一总线上,同时它还是许多工业自动化系统中广泛使用的通信协议,它提供了可靠的数据传输和通信能力,有助于提高生产效率、降低成本并简化系统集成。

4.4 物流智慧,应用为王——系统应用/开发技术

4.4.1 系统应用

物流是物品从供应地向接收地的实体流动过程;是根据实际需要,将运输、储存、装卸、搬运、包装、流通加工、配送和信息处理等基本功能实施有机结合。

物流信息管理是对物流信息进行采集、处理、分析、应用、存储和传播的过程,也是实现物流信息从分散到集中,从无序到有序的过程。在这个过程中,通过对涉及物流信息活动的各种要素,如人员、技术及工具等进行管理,可以实现资源的合理配置。

物流系统的应用包括各种物流生产管理平台,如 WMS(仓储管理系统)、WCS(仓储设备控制系统)、TMS(运输管理系统)、ERP(企业资源计划)、MRP(物料需求计划)、CRM(客户关系管理系统)、SCM(供应链管理系统)、PHM(故障预测与健康管理)、数字孪生(Digital Twin)等。

1. PHM

PHM(Prognostics Health Management)是为满足自主保障、自主诊断的要求提出来的,是基于状态的维修 CBM(视情维修,Condition Based Maintenance)的升级发展。它强调资产

设备管理中的状态感知,监控设备健康状况、故障频发区域与周期,通过数据监控与分析,预测故障的发生,从而大幅度提高运维效率。

PHM的早期应用主要集中于航空发动机领域,例如GE的F404发动机、PW的F117发动机等。让它声名显赫的是F35联合战斗机项目的智能后勤信息系统ALIS,该系统囊括了飞机系统状态监控、健康评估、故障预测、维修计划、后勤保障等若干功能。在F-35之前,所谓的PHM技术往往仅限于简单的测试、监控或健康管理,并未真正实现PHM的核心价值。F-35战斗机项目首次将故障预测的概念付诸实践,使得PHM技术得以名副其实地应用于实际场景。

PHM的特点是必须有海量数据分析和健康判断。数据是基础,有了数据之后如何分析是一个大问题。PHM系统开发的难点就是模型,即健康模型怎么评价,而预测模型更难。

在物流系统中,PHM技术刚刚起步,例如物流配送中心的主要设备高速分拣机的PHM系统等。

2. 数字孪生

数字孪生是充分利用物理模型、传感器更新、运行历史等数据,集成多学科、多物理量、多尺度、多概率的仿真过程,在虚拟空间中完成映射,从而反映相对应的实体装备的全生命周期过程,它实现了现实物理系统向计算机空间数字化模型的反馈。

简单来说,数字孪生就是在一个设备或系统的基础上,创造一个数字版的"克隆体"。这个"克隆体"也被称为"数字孪生体",它打通了"物理世界"与"数字世界"的完全连接。它被创建在信息化平台上,是虚拟的。数字孪生技术帮助企业在实际投入生产之前即能在虚拟环境中优化、仿真和测试,在生产过程中也可同步优化整个企业流程,最终实现高效的柔性生产,快速创新及上市,锻造企业的持久竞争力。

4.4.2 系统开发

物流信息系统的开发与实施是一个复杂的系统工程,它要受到多方面条件的制约。研究这些条件无疑将有助于管理信息系统(MIS)的开发,有利于对MIS开发中涉及的有关问题的理解。在MIS建设的长期实践中,已形成了多种系统开发的方式和方法。因此,为了保证系统开发工作的顺利进行,应该根据所开发系统的规模大小、技术的复杂程度、管理水平的高低、技术人员的情况、资金与时间要求等各个方面的不同要求采用不同的开发方式与方法。

1. 开发的基本原则

1)实用性原则

系统必须满足用户管理上的要求,既保证系统功能的正确性又方便实用,需要具备友好的用户界面、灵活的功能调度、简便的操作和完善的系统维护措施。

2)系统性原则

在系统的开发过程中,必须十分注重其功能和数据上的整体性、一致性、系统性。

3)符合软件工程规范的原则

物流信息系统的开发与实施是一项复杂的应用软件工程,应该按软件工程的理论、方法和规范去组织与实施。

2. 开发的条件

① 领导重视,业务人员积极性高。

② 必须有建立信息系统的实际需求和迫切性要求。

③ 组织必须有一定科学管理的基础。
④ 有必要的投资保证(包括资金和时间),并能提供系统维护人员的费用。
⑤ 管理人员的知识结构必须满足系统建设的需要。
⑥ 基础数据要齐备规范。

3. 开发前的准备工作

① 建立领导机构及组织开发队伍。
② 借鉴同类系统的开发经验(包括成功经验与失败经验)。
③ 选择适合本企业的开发方式。
④ 确定系统开发目标、开发策略及投资策略。
⑤ 收集和整理基础数据。

4. 开发方式

开发方式的选择,对于企业而言十分重要,直接关系到今后系统开发部署的成功与失败。主要的开发方式如下。

1) 自行开发

自行开发指由用户或者企业独立完成系统开发的各项任务。

自行开发的优点:
① 开发资源压力相对较小,可以根据自己的实际情况灵活安排资金及人员;
② 比较清楚自己的需求,容易开发出适合本单位需要的系统;
③ 方便维护和扩展,有利于培养自己的系统开发人员。

自行开发的缺点:
① 容易受业务工作的限制,系统整体优化不够,开发水平较低;
② 系统开发时间可能较长,开发人员调动后,系统维护工作没有保障。

自行开发中需要注意的事项:
① 大力加强领导,实行"一把手"原则;
② 向专业开发人士或公司进行必要的技术咨询,或聘请其作为开发顾问。

自行开发的适用范围:
① 有较强的专业开发分析与设计队伍和程序设计人员;
② 有系统维护团队的组织和单位,如大学、研究所、计算机公司、高科技公司等。

2) 委托开发

委托开发指由使用单位(甲方)委托通常具有丰富开发经验的机构或专业开发人员(乙方),按照使用单位的需求承担系统开发的任务。

委托开发的优点:
① 省时、省事;
② 容易开发出技术水平较高的系统。

委托开发的缺点:
① 资金压力相对较大;
② 不利于维护和扩展,不利于培养自己的系统开发人员。

委托开发中需要注意的事项:
① 使用单位(甲方)的业务骨干要参与系统的论证工作;
② 开发过程中需要开发单位(乙方)和使用单位(甲方)双方及时沟通,并留下相关交流文

档,以进行协调和检查。

委托开发的适用范围:使用单位(甲方)没有 MIS 的系统分析、系统设计及软件开发人员或开发队伍力量较弱但资金较为充足。

3) 合作开发

合作开发指由使用单位(甲方)和有丰富开发经验的机构或专业开发人员(乙方)共同完成开发任务,双方共享开发成果,实际上是一种半委托性质的开发工作。使用单位(甲方)有一定数量的 MIS 分析、设计及软件开发人员,但开发队伍力量较弱,适用于希望通过 MIS 的开发建立、完善和提高自己的技术队伍水平,便于系统维护工作的单位。

5. 开发控制模型

软件开发的控制模型有接受式开发控制模型、直线式开发控制模型、迭代式开发控制模型、实验式开发控制模型及规划式开发控制模型。

1) 接受式开发

接受式开发认为用户对信息的需求的叙述是正确的、完全的和固定的,并且以此作为开发的根据,适用于小项目、高度结构化、用户需求明确和开发者有充分经验的情形。例如:对文件的转换、从已有文件或数据库中产生各种报表以及某些简单的、单用户的系统等。

2) 直线式开发

直线式开发指从需求说明开始到最后开发直线地进行下去,每完成一步都要进行评审,以验证是否和需求一致,适用于用户的应用需求可较好地定义且以后不需要进一步修改或只需稍作修改(如生命周期法)、系统规模较大但结构化程度高,用户任务的综合性强以及开发者具有熟练技术与丰富经验的情形。

3) 迭代式开发

迭代式开发指软件研制过程中验证需求不论是有错还是不恰当,都可以回到需求确定过程,对需求说明进行修改,如此重复进行,直到所开发的系统满足需求为止。若开发需求的不确定性比较高,直线式开发策略不能保证用户真正的信息需求,就需要对传统直线式过程加以改进,使其按迭代方式重复进行。迭代式开发比较适用于大型多用户系统、对用户或开发者来说是新的应用领域的情形。

4) 实验式开发

实验式开发采用原型法或应用的模拟,通过试验的方式去逐次近似并减少不确定信息需求,同时找出原型的缺点,直到用户对需求完全理解和需求得到保证为止。实验式开发有两种主要的模型:演化式与丢弃式模型。

若信息需求的不确定性很高,则可通过一个实际工作系统来验证需求是否得到保证,例如高层管理决策支持系统、交互预测模型及多用户的非结构化系统等。

5) 规划式开发

规划式开发从系统的战略目标、信息需求分析、资源分配和项目计划等方面进行规划,合理地设计出系统的总体结构。各个子系统的开发,则根据其信息需求的不确定性程度,选择不同的开发策略。规划式开发主要适用于软件系统的规模特别大、复杂程度特别高的情形,例如跨地区、跨部门的全国性的大系统,其信息需求的不确定性程度特别大,必须做好软件系统的总体规划。

6. 软件生命周期模型

从提出要建立一个 MIS 开始,到 MIS 完全建成的全过程,是一个连续发展的过程,即一个阶段的完成就是下一个阶段的开始,这个过程称为系统的开发生命周期(System Development Life Cycle,SDLC)。主要包含以下几个阶段:

① 系统规划阶段;
② 系统分析阶段;
③ 系统设计阶段;
④ 系统实施阶段;
⑤ 系统运行和维护阶段。

软件生命周期的特点:

① 建立面向用户的观点;
② 加强调查研究和系统分析;
③ 逻辑设计与物理设计分别进行;
④ 严格划分工作阶段;
⑤ 工作文件标准化、文献化。

1) 系统规划阶段

在系统规划阶段,对企业的环境、目标、现行系统的状况进行初步调查,根据企业目标和发展战略,确定 MIS 的发展战略,对建设新系统的需求做出分析和预测,同时考虑建设新系统所受的各种约束,研究建设新系统的必要性和可行性。

输出:可行性分析报告、系统设计任务书。

2) 系统分析阶段

系统分析阶段也称逻辑设计阶段,根据系统任务书所确定的范围,对现行系统进行详细调查,描述现行系统的业务流程,指出现行系统的局限性和不足之处,确定新系统的基本目标和逻辑功能要求,即提出新系统的逻辑模型。

输出:系统分析报告。

3) 系统设计阶段

系统设计阶段也称物理设计阶段,根据系统分析报告中规定的功能要求,考虑实际条件,具体设计实现逻辑模型的技术方案,即设计新系统的物理模型,包括总体设计和详细设计。

输出:系统设计说明书。

4) 系统实施阶段

系统实施阶段负责将设计的系统付诸实施,包括购置、安装、调试计算机等设备,编写程序,调试程序,培训人员,转换数据文件,调试系统,转换系统。

5) 系统运行和维护阶段

系统运行和维护阶段负责记录系统的运行情况,根据一定的规格对系统进行必要的修改,并评价系统的工作质量和经济效益。

4.4.3 系统分析

系统分析是指从系统的观点出发,对事务进行分析与综合,找出各种可行方案,以供决策者进行理想的选择。系统分析的主要任务是在调查研究的基础上,对新系统的各种方案和设想进行分析、研究、比较和判断,目的是获得有关合理的新系统的逻辑模型,简单而言如下。

详细调查:详细调查现行系统的情况和具体结构,并用一定的工具对现行系统进行详尽的描述,这是系统分析最基本的任务。在充分了解现行系统现状的基础上,进一步发现其存在的薄弱环节,并提出改进的设想。详细调查是新系统功能强弱、质量高低的关键所在。

分析用户需求:用户需求是指用户要求新系统具有的全部功能和特性,包括功能要求、性能要求、可靠性要求、安全、保密要求、开发费用和时间以及资源方面的限制等。

提出新系统的逻辑模型:逻辑模型是指在逻辑上确定的新系统模型,而不涉及具体的物理实现,即解决系统"干什么",而不是"如何干"。(逻辑模型由一组图表工具进行描述,用户可通过其了解未来的新系统,并进行讨论和改进。)

编写系统分析报告和系统设计任务书:对逻辑模型进行适当的文字说明,组成系统分析报告。

1. 系统分析基本原则

在系统分析过程中,要始终把握的基本原则:①"自顶向下"的工作原则;②当前利益和长远利益相结合;③局部利益和整体利益相结合;④定量分析与定性分析相结合;⑤外部条件和内部条件相结合;⑥协调性原则;⑦客观性原则。

在系统分析过程中,应始终记住以下几点:

① 系统分析工作内容涉及面广、不确定性大、难度较大,是面向组织管理问题,其主要工作是与人打交道,因此要不怕苦、不怕累,要有耐心;

② 用画图的方法,直观、易理解;

③ 强调逻辑结构而不是物理实现;

④ 追求的是有限目标。

2. 详细调查

详细调查能够深入了解企业管理工作中信息处理的全部具体情况和存在的具体问题,为提出新系统的逻辑模型提供可靠的依据。主要完成以下工作:

① 组织结构的调查与分析;

② 功能体系的调查与分析;

③ 管理业务流程的调查与分析;

④ 数据的调查与分析;

⑤ 薄弱环节的调查;

⑥ 可用资源和限制条件。

3. 面向对象需求分析

面向对象需求分析指分析新系统必须满足的所有性能和限制,包括功能要求、性能要求、可靠性要求、安全保密要求、开发费用、开发周期、可使用的资源等方面的限制。

面向对象分析设计法,即将现实世界完全模拟成计算机世界,将现实世界中的事物均视为"对象",将现实世界看作由许多不同种类的对象构成,对象之间的相互作用和相互联系构成完整的客观世界。具体而言:用面向对象方法分析问题域,建立基于对象、消息的业务模型,形成对客观世界和业务本身的正确认识,生成业务对象的动、静态模型和抽象类。面向对象分析设计法使用的可视化建模语言是 UML(Unified Modeling Language)。

1) 静态建模

静态建模是指对待分析的系统采用 UML 建模语言描述其在静止时的属性、功能,具体包括用例图、包图、部件图、类图等。

2) 动态建模

动态建模是指采用 UML 统一建模语言对系统的动态特性及功能进行建模,包括事件流图、状态图、合作图、序列图等。

4.4.4 系统设计

物流信息系统设计的主要任务是在系统分析阶段提出的逻辑模型的基础上,权衡各种技术和实施方法,合理地使用各种资源,科学合理地进行新系统的设计工作,最终规划出新系统的详细设计方案。

系统设计也称为系统的物理设计阶段,主要解决新系统具体怎么实现的问题,采用正确的方法确定新系统在计算机内部应该由哪些模块组成,它们之间用什么样的方式进行连接以构成一个最优的系统结构,并使用一定的工具将所设计的成果表达出来。

系统设计一般包括总体设计(概要设计)和详细设计两个大阶段。

总体设计又称初步设计、结构设计或概要设计。内容包括:

① 划分子系统(系统功能结构的划分);
② 模块结构图设计,即系统的逻辑结构图设计;
③ 信息系统流程图设计;
④ 系统物理配置方案设计等。

在总体设计的基础上,详细设计要确定每个模块内部的详细执行过程。内容包括:

① 代码设计(Not program coding);
② 数据存储文件设计(数据库设计);
③ 输出设计;
④ 输入设计;
⑤ 其他设计。

1. 总体设计

总体设计包含以下任务。

1) 划分子系统

物流信息系统总体设计的一个主要任务就是划分子系统,将实际对象按照信息管理的要求、环境条件的要求、开发工具的选择等方面的要求划分为若干互相独立的子系统。子系统划分为若干模块,大模块又划分为小模块。它是一种宏观的、总体的设计和规划。一般地,每个独立的业务管理部门都对应一个相应的子系统。划分的基本原则:

① 子系统或者模块之间相对独立,即高内聚低耦合;
② 减少数据依赖性和数据冗余;
③ 考虑扩展能力、实现的便利、资源利用。

2) 模块结构图设计

模块结构图设计主要是指设计并绘图表达清楚各模块之间、各子系统之间的相互关系及相关的数据接口,即描述清楚整个新系统的功能结构图和模块逻辑结构图。

功能结构图(若干子系统):从使用者的角度看,一个物流管理系统总有一个目标,具有多种功能,各种功能之间又有各种信息联系,这就构成了一个有机结合的整体,形成了一个功能结构。

3) 软件(逻辑)结构

支持物流管理信息系统的各种功能的软件系统或软件模块所组成的系统结构,构成了其软件结构,逻辑结构如图 4-25 所示。

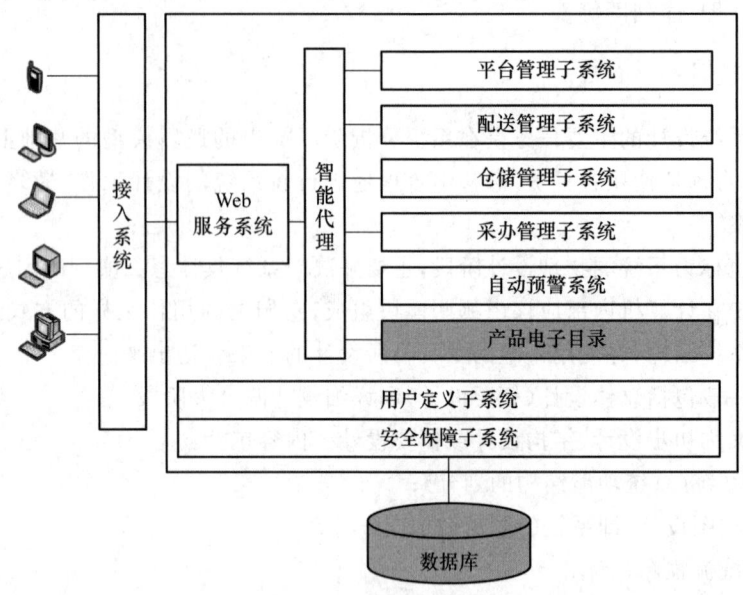

图 4-25　逻辑结构

4）物理结构设计

物理结构即整个系统部署后，各个子系统（含所有相关的硬件设施）是如何有机组织起来的，其物理拓扑结构是怎样的，各部分的硬件设备是如何部署的等，图 4-26 所示为某系统的物理结构。在进行物理结构设计时，通常需要说明硬件的组成及其连接方式，还要说明硬件所能实现的功能等。

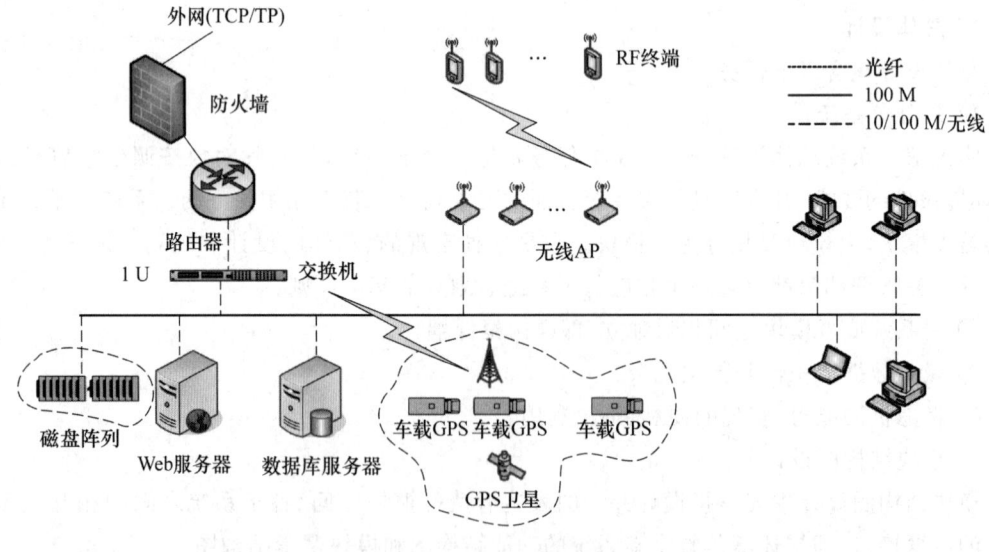

图 4-26　某系统的物理结构

2. 详细设计

系统详细设计的目标是实现所需求的系统，即经过这个阶段的设计工作得到对目标系统的精确描述。详细设计包含以下基本任务：

① 为每个模块所需要的算法进行详细设计，包括算法流程、数据、处理计算等都要详细、

明确、可视化地表示出来；

② 对模块内的数据结构进行设计。基于需求分析，对概要设计确定的概念性数据进行精确定义等；

③ 对各个模块进行输入/输出及处理过程设计，即采用何种方式、何种设备来进行数据输入/输出及其详细的处理过程设计等；

④ 进行数据库设计，包括确定数据库的物理结构等；

⑤ 确定设计、开发及相关文档管理规范；

⑥ 确定开发计划及测试计划。

4.5 相关课程学习

作为信息技术的基本介绍，本章仅从基本概念的角度进行了相关技术的基础介绍。与本章密切相关的课程有《面向对象程序设计语言》《数据库应用基础》《物流信息技术》《微机原理及自动化控制》《物流信息系统》。本章所涉及的相关内容绝大部分会在《物流信息技术》以及《物流信息系统》中进行详细阐述。

如果同学们希望自己能设计出一个现代化物流中心信息系统解决方案或者开发出相关的平台软件，还需要深入学习后续的程序设计语言类课程、数据库应用基础以及运筹学等课程，并加以实践。相信各位同学通过后续相关课程的学习，一定能够掌握相关知识与技术，实现自己的梦想。

本 章 小 结

本章针对信息技术从感知技术、标识技术、通信技术以及系统应用/开发技术等4个部分进行了阐述。对各部分涉及的技术做了基础的介绍，将相关技术在现代化物流信息化、智能化应用中的作用进行了简单描述，有助于各位同学对现代物流信息技术进行初步的认识和了解，为后续的课程学习提供了方向。

参 考 文 献

[1] 米志强.物流信息技术与应用[M].3版.北京:电子工业出版社,2021.

[2] 刘文博.物流信息技术与信息系统[M].北京:电子工业出版社,2022.

[3] 冯耕中,吴勇,石晓梅.物流信息系统[M].2版.北京:机械工业出版社,2020.

[4] 邱立新.管理信息系统[M].北京:机械工业出版社,2020.

[5] 董洁,杜利明,钟辉,等.信息系统分析与设计[M].北京:清华大学出版社,2020.

[6] 初良勇,胡美丽,邢大宁,等.物流信息技术与信息系统[M].北京:机械工业出版社,2020.

[7] 张璇.无人车、无人机5G助推物流智能化时代加速到来[J].物流科技,2019,42(7):2-3.

[8] 魏世民,苏志远,翁迅.邮政快递技术与装备[M].北京:北京邮电大学出版社,2018.

[9] 韩春阳,伍景琼,贺瑞.国内外冷链物流发展综述[J].中国物流与采购,2015(15):70-71.

[10] 侯安才,张强华,郑静,等.物流信息技术实用教程[M].北京:人民邮电出版社,2013.

第5章 装备技术

案例导入

近年来,受国民经济的高速增长和人口老龄化趋势加剧的综合影响,我国医疗卫生事业发展迅速,卫生总费用不断上升。自2001年以来,我国医药工业总产值持续保持高速增长。统计显示,2022年全国七大类医药商品销售总额为27 516亿元,销售总额为含税值。其中,药品零售市场销售额为5 990亿元,扣除不可比因素同比增长10.7%;药品批发市场销售额为21 526亿元,扣除不可比因素同比增长5.4%。我国已经成为全球最大的新兴医药市场。医药物流作为支撑医药行业高速发展的重要部分,日益为各大医药企业所重视。图5-1所示为南京医药股份有限公司中央物流中心设计图。

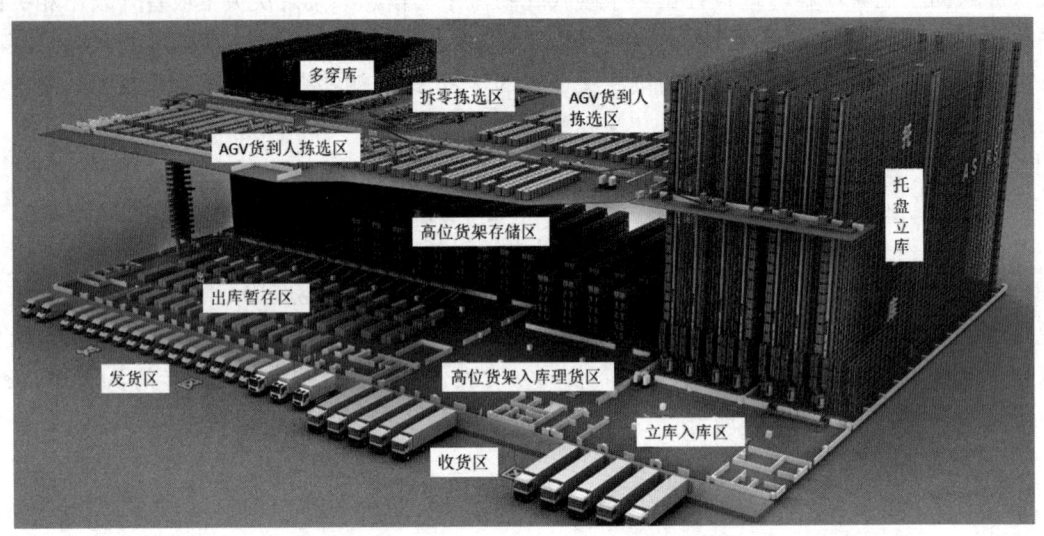

图5-1 南京医药股份有限公司中央物流中心设计图

南京医药股份有限公司中央物流中心位于江苏省南京市江北新区,占地面积约59 600 m²。物流中心主楼长约171 m,宽约117 m,总建筑面积约42 000 m²。物流中心分为AS/RS(Automated Storage/Retrieval System,自动存/取系统)自动化立体仓库区、多层穿梭车库区及货到人拆零拣选区、复核包装区、多穿系统补货换箱区、关节机器人自动拆垛补货发货区、移动机器人整箱/拆零作业区、叉车高位货架存储区、入库待检区、发货集货区、托盘地堆区、各种特殊功能存储库等。

AS/RS自动化立体仓库区和多层穿梭车库区均采用单层框架结构,西侧区域为三层楼库结构。AS/RS自动化立体仓库区建筑总高23.4 m;多层穿梭车库区层高17 m;叉车高位货架存储区层高11.5 m;三楼层高5.5 m,设置有货到人拆零拣选区、复核包装区、多穿系统补货换箱区、关节机器人自动拆垛补货发货区、移动机器人货到人整箱拣选区、移动机器人货到人拆零拣选区等;二楼层高 5.5 m,主要存储疫苗/冷链类产品,设置有机器人货到人整箱拣选区、机器人货到人拆零拣选区、机器人自动拆垛/混合码垛区等。

整托盘存储区为 AS/RS 自动化立体仓库系统,共设置 8 个巷道,配有 8 台托盘高速堆垛机(最高水平运行速度为 160 m/min)。堆垛机配合托盘输送机和 RGV 轨道小车进行托盘出入库作业。整个物流系统由计算机进行全自动控制,通过托盘输送线来实现整托盘出入库,并支持在线整箱拣选和补货作业。单台堆垛机每小时实际复合作业效率超过 45 托盘/小时,在满足库存量要求的情况下,充分响应了出入库的作业能力需求。

多层穿梭车自动化立体库借助于周转箱来实现全品规药品的存储,共设置 7 个巷道,采用 73 台多层穿梭小车配合 7 台换层提升机和 14 台双工位高速料箱式提升机,由计算机全自动控制,配合 8 个货到人拣选台(另预留 2 个货到人拣选台的空间)、8 个换箱工作台和 28 个复核包装台,实现了药品的拆零拣选、复核包装和补货作业的高度自动化。

仓库设备控制系统(WCS)是仓库管理系统(WMS)和物流设备之间的桥梁,负责读取 WMS 数据,并将数据转化为物流设备调度信息,协调、调度各种底层的物流设备,使底层物流设备可以执行 WMS 的业务流程。南京医药股份有限公司中央物流中心的 WCS 监控平台采用了图 5-2 所示的架构。在该项目的实施过程中,建设单位为使 WCS 系统设计具备"高内聚,低耦合"的特点,采用三层架构原则:应用层、业务层、数据层。其中应用层主要负责展示用户界面,并与用户交互;业务层对数据业务逻辑进行处理,包括订单处理、任务调度、故障处理等,其中订单处理和任务调度考虑了未来的订单结构变化对算法效率的影响,并充分考虑了预留接口;数据层对访问数据进行处理,包括数据库通信、设备通信等。

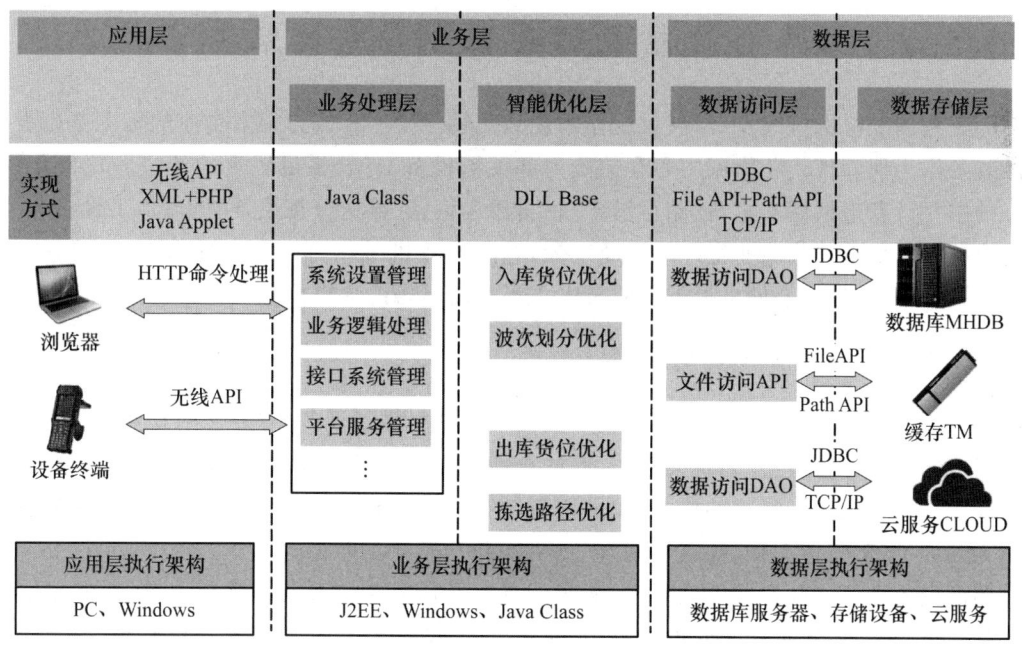

图 5-2 南京医药股份有限公司中央物流中心 WCS 监控平台系统架构

机器人货到人拣选系统借助于移动机器人实现异形品药品的整箱/零头存储,共设置机器人整箱拣选区、机器人拆零拣选区、机器人冷藏药品拣选区,总作业面积约 7 000 m²,采用 30 台机器人配合 13 个拣选工作站和 10 个自动充电站,由计算机全自动控制,实现整箱拣选、拆零拣选、冷藏药品拣选等作业。

整个项目由北京邮电大学负责物流系统工艺设计及设备选型,并提供实施过程的技术支持。项目设计指标见表 5-1。

表 5-1 项目设计指标汇总

项目		规划达产年形态	单位
订单行数		≥24 000	行/天
年周转率		12～15	次/年
物流中心储量		41～43	万箱
SKU 数		3	万个
品规数		2	
日均出货量	整箱方式出货	≥15 000	箱/天
	拆零拼箱方式出货	≥6 000	箱/天

从实际应用效果来看,多层穿梭车系统、搬运机器人系统与货到人拣货工作台的组合模式,是目前解决大批量医药拆零拣选作业的最佳方案之一,不仅可以满足医药订单作业需求,还能够节约占地面积,减少大量的操作岗位,大幅降低劳动强度。可以预测,未来随着医药政策的进一步推进和落实,订单碎片化及拆零业务的大幅增长不可避免,物流系统的作业需求也将从传统以整箱作业为主逐步向以拆零作业为主进行转变,必然要求物流系统集成商不断地提升自身的能力,采用新的技术和产品,以满足医药物流持续发展的需要。

5.1 保障仓储能力的利器——仓储装备与技术

随着我国经济的持续发展,高效运作的现代化物流中心将成为很多企业的标配基础设施。仓储装备作为保障现代化物流中心仓储能力的关键设备,有着举足轻重的地位。现代化物流中心的主要设备包括储存容器、储存设备、物料搬运设备、输送分拣设备、流通加工设备和物流周边设备等。随着现代工业生产的不断发展,仓库作业机械化、自动化、智能化越来越引起人们的重视,不断地提高仓储机械设备的技术水平也就显得尤为重要。

5.1.1 现代物流仓储设备的分类

现代物流仓储机械设备主要指在仓库内部使用的机械及设备,主要包括仓储机械、辅助设备(如托盘等)和保管设备(如货架等)。有的仓库还配有输送分拣、计量及打捆包装设备等。

仓储机械包括装卸货物的机械、库内搬运转移场地的机械以及堆码机械等。这些机械可概括为四大类,即工业车辆、输送机械、起重机械和升降设备等。

辅助设备主要指托盘及辅助装置、叉车属具以及吊具和索具等。托盘是集装单元化搬运的工具,是一种按一定尺寸制作的容器,它主要与叉车配合使用,构成托盘化作业。托盘辅助装置包括托盘框架、托盘吊具等。叉车属具是为了扩大叉车使用范围,提高叉车利用率和机械效率而设计的附属装置,如接长货叉、推挽器等。吊具、索具是在货物装卸中与装卸机具配合使用的一种专用属具,如钢板吊钩、油桶吊具等。

仓库的主要保管设备是货架。利用货架储放货物,能提高库容利用率,便于对货物进行管理和控制。货架的形式多种多样,在设计仓库时要根据库房面积、可用高度、地面负荷能力,以及所储放货物的种类、重量等因素综合考虑。

常用的物流设备与设施如下。

1. 储存设备

储存设备包括自动仓储设备(如单元负载式、水平和垂直旋转式、轻负载式等自动仓库)；重型货架(如普通重型货架、驶入式货架、托盘流利式货架等)和多品种少量储存设备(如轻型货架、轻型流利式货架和移动式货架等)。

2. 物料搬运设备

物料搬运设备包括动力型搬运设备和非动力型搬运设备。动力型搬运设备包括自动化搬运设备(如无人搬运车、轨道搬运车)、机械搬运设备(如堆垛机、液压托盘车、叉车、吊车、牵引车)、输送设备、分拣设备、托盘拆叠设备和垂直搬运设备等；非动力型搬运设备包括手推车、平板拖车、滚轮车。

3. 输送分拣设备

输送分拣设备包括一般性订单拣取设备(如计算机辅助拣货台车)、自动分类分拣设备(如滑块分拣机、交叉带分拣机、转向轮分拣机)和各种类型的输送设备(如辊筒输送机、皮带输送机)等。

4. 流通加工设备

流通加工设备是完成流通加工任务的专用机械设备,通过对流通中的商品进行改变或完善商品的原有形体,实现生产与消费的"桥梁和纽带"作用,从而提高原材料的利用率、效率,方便用户使用,减少无效运输等。流通加工设备类型很多,与配送有关的主要包括自动打包设备、外包装配合设备、印花条码标签设备、拆箱设备、称重设备等；与原材料加工有关的包括剪板机、切割机等。

5. 计量设备

计量设备是指确定货物重量、尺寸等物理特性的仓储设备,如电子秤、尺寸检测设备等。

6. 物流周边配合设备

物流周边配合设备包括装卸货平台、装卸辅助设施、容器暂存设施和废料处理设施等。此外,还包括商品保管设备、商品检验设备、仓储养护设备以及仓储安全设备等。

按照适用范围,仓储设备可分为专用机械设备和通用机械设备。为了提高仓储机械设备的作业效率,专用机械设备的应用越来越普及,如立体库专用的堆垛起重机、高密度存储的四向托盘车、AGV等。

按照作业形式,仓储装备可分为固定式机械设备、移动式机械设备和半移动式机械设备。目前,传统的固定式仓储作业正在逐步改变,移动式的仓储作业不断增加,因此,移动式机械设备的应用不断增长,比较典型的设备是移动式货架和AGV。

5.1.2 仓储货架

1. 仓储货架的概念

仓储货架是为了节省货品存放空间,增加库房利用效率,用支架、隔板或托架组成的立体储存货物的设施。

2. 仓储货架的结构

组合横梁式货架是仓储货架中最有代表性的设备。货架结构如图5-3所示。

图 5-3 货架结构示意

① 抱合横梁（主要组成部分）：连接立柱，主要用来支撑货物。
② 活动底座（主要组成部分）：连接货架与地面，使货架更稳固。
③ 立柱（主要组成部分）：用于支撑货架的全部重量。
④ L型护角（主要组成部分）：保护货架柱片不受叉车撞击。
⑤ 网层板（选配件）：支撑小件货物。
⑥ 隔撑（选配件）：用于货架与墙壁的连接，提升货架稳定性。
⑦ 木层板（选配件）：平铺在横梁之间摆放小件货物。
⑧ 钢层板（选配件）：平铺在横梁之间摆放货物。

3. 仓储货架的作用和功能

1) 可以充分利用空间，提高库容利用率

货架可以在存储高度上充分利用建筑可用空间，配合其他搬运设备实现库容能力提升。

2) 保证货物储存状态，减少货物损失

在货架上储存的货物彼此之间相对独立，各货物之间保持一定的距离，从而能有效地保持货物的储存状态，最大程度地避免货物受损的情况。

3) 有利于实现机械化、自动化管理

由于各存储单元之间彼此独立，信息系统可以按每个库位进行管理，有利于采用自动化/机械化的存取设备和拣选设备来进行存储单元对应的货物存取、拣选作业。

4. 仓储货架的分类

1) 按物品特性和流通特性分类

通道式货架：需按人工作业或机械作业方式，根据不同的机械类型预留一定宽度的通道。主要有牛腿式货架、托盘横梁货架、悬臂式货架、驶入式货架。

密集型货架：这种形式的货架可大大节省通道面积。其中常见的有移动式货架和重力式货架。这类货架间没有预留太多的设备通道，存储密度较大。

旋转式货架：常见的有水平回转货架和垂直回转货架。配合信息系统可以便于对储存货物进行选择。

2) 按发展分类

按货架的发展可分为传统货架和新型货架。传统货架包括轻型隔板式货架、抽屉式货架、组合横梁式货架、悬臂式货架、牛腿式货架、轮胎等专用货架等。新型货架包括旋转式货架、移动式货架、穿梭车货架、流利式货架、阁楼式货架、驶入式货架等。

3) 按实用性分类

按货架的实用性可以分为通用货架和专用货架。按货架的制造材料分为钢货架、钢筋混凝土货架、钢与钢筋混凝土混合式货架、木制货架、钢木合制货架等。

按货架的封闭程度分为敞开式货架、半封闭式货架、封闭式货架等。按结构特点分为层架、层格架、橱架、抽屉架、悬臂架、三脚架、栅型架等。

按货架的可动性分为固定式货架、移动式货架、旋转式货架、组合货架、可调式货架、流动储存货架等。按货架用途分为药店货架、便利店货架等。

按货架的结构分为整体结构式（货架直接支撑仓库屋顶和围棚）货架、分体结构式（货架与建筑物分为两个独立系统）货架。

4) 按载货方式分类

按货架的载货方式分为悬臂式货架、橱柜式货架、棚板式货架。

5) 按货架的构造分类

按货架的构造分为组合可拆卸式货架、固定式货架。其中组合可拆卸式货架又分为单元式货架、一般式货架、流动式货架、贯通式货架。

6) 按货架高度或货架重量分类

按货架高度分为低层货架、中层货架、高层货架。低层货架，高度在 5 m 以下；中层货架，高度为 5～15 m；高层货架，高度在 15 m 以上。

按货架重量分为重型货架、中型货架、轻型货架。重型货架，每层货架载重量在 500 kg 以上；中型货架，每层货架载重量 150～500 kg；轻型货架，每层货架载重量 150 kg 以下。

7) 按存取方式分类

货架存取的方式有人工存取和机械存取。人工存取即采用人力存取货物的方式，一般隔板式货架、层板式货架采用该存取方式。机械存取则指使用叉车、穿梭车等机械存取货物的方式，一般横梁式货架、驶入式货架、穿梭式货架等采用该存取方式。

5.1.3 自动化立体仓库

自动化立体仓库是采用高层货架储存货物，用起重、装卸和运输机械设备进行货物出库和入库作业的自动化系统，也称为自动化立体仓库系统或高层货架仓库。常见的自动化立体仓库也可以称为自动存/取系统。自动存/取系统（Automated Storage/Retrieval System，AS/

RS)是指不用人工直接处理,能自动存储和取出物料的系统。自动化仓库技术集立体仓库规划、管理于一体,集机械和电气于一体,是一门综合性的技术。自动化立体仓库具有空间利用率高、入出库能力强、无须人工处理、计算机控制生产和作业管理等特点。储存单元货物的货架一般采用几层、十几层甚至几十层,用相应的物料搬运设备进行货物出库和入库作业,充分利用空间储存货物,所以也被形象地称为立体仓库,自动化立体仓库组成部分如图 5-4 所示。常见的自动化立体仓库主要由入库站台、输送机、高层货架、巷道式堆垛起重机、升降机和出库站台构成。

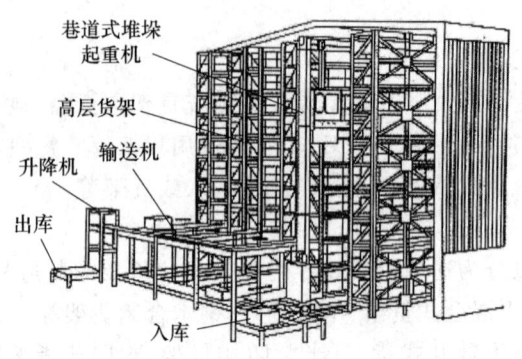

图 5-4 自动化立体仓库组成部分示意

1. 自动化立体仓库的优缺点

1) 自动化立体仓库的主要优点

(1) 由于采用自动存取的堆垛机,立体仓库可以极大地增加仓库高度,减少占地面积,整个仓储空间利用率提高。目前,世界上最高的立体仓库高度可达 40 多米,容量多达 30 万个货位。

(2) 在仓库作业过程中可以全部实现机械化和自动化,一方面能大大节省人力,减少劳动力费用的支出;另一方面能大大提高作业效率。

(3) 整个自动化立体仓库采用计算机进行储位管理,可以方便地做到"先进先出",并可防止货物自然老化、变质和生锈,也能避免货物的丢失。

(4) 通过高密度的存储,仓储货位集中,便于控制与管理,特别是使用电子计算机,不但能够实现作业的自动控制,而且能够进行信息处理。

(5) 自动化系统能更好地适应黑暗、低温和有毒等特殊环境的要求。例如,胶片厂把胶片卷轴存放在自动化立体仓库里,在完全黑暗的条件下,通过计算机控制可以实现胶片卷轴的自动出入库。

(6) 采用托盘或货箱存储货物,避免了存取设备和货物的直接接触,货物的破损率显著降低。

2) 自动化立体仓库的主要缺点

(1) 由于自动化立体仓库的结构比较复杂,地面承载能力要求高,配套设备比较多,所以需要的基建和设备的前期投资比较大。

(2) 立体仓库采用自动存取方式,对货架的安装精度要求高,施工比较困难,而且工期相应较长。

(3) 由于每个巷道常规配置一台堆垛机,作业能力的弹性较小,难以应付高峰时期的工作需求。

(4) 对可存储的货物品种有一定的限制,需要单独设立存储系统用于存放长、大、笨重的货物以及要求特殊保管条件的货物。

(5) 由于采用了自动化元器件进行控制,对操作、维护和保养要求高,仓库管理和技术人员需经过专门培训,否则系统出现故障时难以自行解决,需要供应商的技术支持,这就增强了对供应商的依赖性。

(6) 立体仓库在建设前对工艺设计要求高,在投产使用时要严格按照工艺作业。

2. 自动化立体仓库的构成

自动化立体仓库主要由以下设施设备组成。

1) 土建及公用工程设施

(1) 库房。库存容量、出入库能力指标、货架形式、托盘单元的尺寸及重量是库房设计的主要依据。

(2) 消防系统。对于自动化立体仓库而言,由于库房规模大,存储的货物和设备较多且密度大,而仓库的管理和操作人员较少,所以仓库内一般采用自动消防系统。传感器时刻监测仓库温度、湿度与烟雾,发现危险时自动发出报警信号,自动灭火,也可人工强制灭火。相关的消防系统配置应该遵循国家相关标准及法律法规的要求。

(3) 照明系统。由日常照明、维修照明和应急照明3个部分组成。

(4) 动力系统。主要设备有动力配电箱、动力电缆、控制电缆、稳压设备和隔离设备等。自动化立体仓库的能耗较高,在前期设计中,需要充分考虑电力容量的配置和未来技术改造需要的电力容量预留。

(5) 通风及采暖系统。根据储存物品要求,仓库可采用通风和采暖设备,特别是储存有害气体的仓库要安装通风机,将有害气体排出室外。对于医药等特殊行业,应该满足药品经营质量管理规范(GSP)的要求,配备温湿度控制的相关设备。

(6) 其他设施。例如排水设施、避雷接地设施和环境保护设施等。

2) 机械设备

(1) 货架。货架的材料一般选用钢材Q235B或Q345B等,钢货架的优点是构件尺寸小,制作方便,安装建设周期短,而且可以提高仓库的库容利用率。自动化立体仓库的货架一般分隔成一个个的单元格,单元格用于存放托盘或直接存放货物。目前的货架多以组合式薄壁型钢为主。

(2) 货箱与托盘。货箱和托盘的基本功能是装小件的货物,以便于叉车和堆垛机的叉取与存放作业。采用货箱和托盘存放货物可以提高货物装卸和存取的效率。

(3) 堆垛机。堆垛机是自动化立体仓库中最重要的设备,它是随着自动化立体仓库的出现而发展起来的专用起重机。堆垛机可在高层货架间的巷道内来回运动,其载货台可做上下运动,载货台上的货物存取装置可将货物存入货格或从货格中取出。

(4) 周边搬运设备。搬运设备一般由电力来驱动,由自动或手动控制,把货物从一处移到另一处。这类设备包括托盘输送机、自动导引车、轨道搬运车等,设备形式可以是单机、双轨、地面的、空中的、一维运行(即沿水平直线或垂直直线运行)、二维运行和三维运行等。其作用是配合堆垛机完成货物的输送、转移和分拣等作业。在仓库内的主要搬运系统因故停止工作时,周边搬运设备还可以发挥其作用,使作业继续进行。

3) 电气与电子设备

(1) 检测装置。检测装置用于检测各种作业设备的物理参数和相应的化学参数,通过对检测数据的判断和处理可为系统决策提供最佳依据,以保证系统安全可靠地运行。在自动化立体仓库中,最主要的检测设备是托盘单元的外形检测和重量检测设备。

（2）信息识别设备。在自动化立体仓库中,这种设备必不可少,它用于采集货物的品名、类别、货号、数量、等级、目的地、生产厂和货物地址等物流信息。这类设备通常采用条形码、磁条、光学字符和射频等识别技术;个别企业开始采用RFID模式进行信息识别。

（3）控制装置。自动化立体仓库内所配备的各种存取设备和输送设备必须具有控制装置,以实现自动化运行。这类控制装置包括普通开关、继电器、微处理器、单片机和可编程序控制器等。

（4）监控及调度设备。监控及调度设备主要负责协调系统中各部分的运行,它是自动化立体仓库的信息枢纽,在整个系统中举足轻重。

（5）计算机管理系统。计算机管理系统用于进行仓库的账目管理、作业任务管理、设备调度策略管理等,并可与企业的管理系统交换信息。

（6）数据通信设备。自动化立体仓库是一个构造复杂的自动化系统,它由众多的子系统组成。各系统、各设备之间需要进行大量的信息交换以完成规定的任务,因此需要大量的数据通信设备作为信息传递的媒介,这类设备包括电缆、远红外光、光纤和电磁波等。目前个别企业开始采用5G模块进行数据通信传递。

（7）大屏幕显示器。它是为了仓库内的工作人员操作方便,便于观察设备情况而设置的,一般放置于监控室。

5.1.4 堆垛机

巷道堆垛机可以沿货架仓库巷道内的轨道运行,提高了作业的高度;采用货叉伸缩机构,使货叉可以正反方向伸缩进行存取货作业,相关的出入库作业方式使巷道宽度可以设计得较窄,能提高仓库的利用率;巷道堆垛机一般采用半自动和自动控制装置,运行速度和生产效率都较高;由于只能在货架巷道内作业,因此在立体库端头处要配备出入库装置与巷道堆垛机进行协同作业;堆垛机的机械结构除应满足一般起重机的强度和刚度要求外,还有较高的制造与安装精度要求;采用特殊形式的伸缩货叉装置进行取放货,常用多节伸缩货叉或货板;各机构电气传动调速要求高,且要求起制动平稳,停车准确,采用安全保护装置,措施齐全。

巷道堆垛机的类型、特点和用途见表5-2。

表5-2 巷道堆垛机的类型、特点和用途

	类型	特点	用途
按结构分类	单立柱型巷道堆垛机	1. 机架结构是由1根立柱、上横梁和下横梁组成的1个矩形框架 2. 结构刚度比双立柱差	适用于起重量在2吨以下,起升高度在16米以下的仓库
	双立柱型巷道堆垛机	1. 机架结构是由2根立柱、上横梁和下横梁组成的1个矩形框架 2. 结构刚度比较好 3. 质量比单立柱大	1. 适用于各种起升高度的仓库 2. 一般起重量可达5吨,必要时还可以更大 3. 可用于高速运行

续表

类型		特点	用途
按支承方式分类	地面支承型巷道堆垛机	1. 支承在地面铺设的轨道上,用下部的车轮支承和驱动 2. 上部导轮用来防止堆垛机倾倒 3. 机械装置集中布置在下横梁,易保养和维修	1. 适用于各种高度的立体库 2. 适用于起重量较大的仓库 3. 应用广泛
	悬挂型巷道堆垛机	1. 在悬挂于库屋架下弦装设的轨道下翼沿上运行 2. 在货架下部两侧铺设下部导轨,防止堆垛机摆动	1. 适用于起重量和起升高度较小的小型立体仓库 2. 使用较少 3. 便于转巷道
	货架支承型巷道堆垛机	1. 支承在货架顶部铺设的轨道上 2. 在货架下部两侧铺设下部导轨,防止堆垛机摆动 3. 货架应具有较大的强度和刚度	1. 适用于起重量和起升高度较小的小型立体仓库 2. 使用较少
按用途分类	单元型巷道堆垛机	1. 以托盘单元或货箱单元进行出入库作业 2. 自动控制时,堆垛机上无司机	1. 适用于各种控制方式,应用最广 2. 可用于"货到人"式拣选作业
	拣选型巷道堆垛机	1. 在堆垛机上的操作人员从货架内的托盘单元或货物单元中取少量货物,进行出库作业 2. 堆垛机上装有司机室	1. 一般为手动或半自动控制 2. 用于"人到货"式拣选作业

巷道式堆垛机的结构如图 5-5 所示。其中载货台通过货叉实现货物的出入作业,起升机构通过卷扬机构和滑轮组的配合实现载货台的垂直运动,运行机构通过走轮箱驱动主动轮实现巷道式堆垛机在巷道内的水平运动。

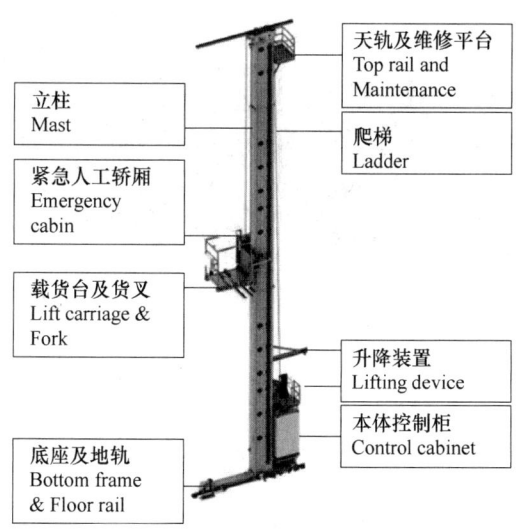

图 5-5 巷道堆垛机的结构示意

5.1.5 智能仓储设备

1. 多层穿梭车系统

"多穿"一词源于对"Multi-Level Shuttle"的直译,意思即"多层穿梭车",后被业界简称为"Multi-Shuttle"或"多穿"。早在 2003 年,德国物流研究院(IML)就研制出了全球首台轻型高速多层穿梭车,随即各大欧洲知名厂商相继推出了自己的多层穿梭车技术,配合多穿技术的高效率"货到人"拣选应用方式也同时得以推广。该项技术引入国内后,国内物流技术的发展,也在近几年催生了一些国产穿梭车厂商。

多穿技术相较于之前的自动化存储系统(AS/RS),尤其是轻载料箱(Miniload)自动化立库而言,最大的优势是大幅度地提高了货物单元的存取效率,单个多穿巷道的入出库效率最高可达每小时 1 000 箱以上,是传统 Miniload 系统的 3~5 倍、托盘立库系统的 15~20 倍。多穿系统主要解决的是高速大流量料箱存储系统的瓶颈问题,能够快速地将所需物料准确地按照订单要求顺序提供至拣选或出库站台,同时可以暂时缓存发货订单物料,在集中时段做到快速出库,进而大大节省发货缓存空间,有效地提升出库发货效率。对于以存储为主的应用场景,多穿系统是相对更为昂贵的解决方案,还有其他更加经济并且高效的存储技术可与多穿系统配合使用达到存拣兼顾的功能需求。多穿在不同行业和领域的应用十分广泛。多层穿梭车也可以适用于料箱、料盘、纸箱货物的暂存解决方案,订单组装工作的暂存解决方案,货到人应用的中间暂存方案,拣选模块的自动补货解决方案等,尤其是可广泛应用于自动处理品种多或品种经常变更的行业,如零售、工业产品行业等。近些年,随着物流自动化市场的快速发展,侧重高效率拣选的多层穿梭车系统已在医药、电商、服装、图书、工业等众多领域实现应用。

多层穿梭车系统构成如图 5-6 所示,主要包括前端的出入库输送机、夹层的电控柜钢平台及电控柜本体、库端的提升机、货架系统、侧面的安全围栏、后端的维修区域、小车维修装置等。具体如下。

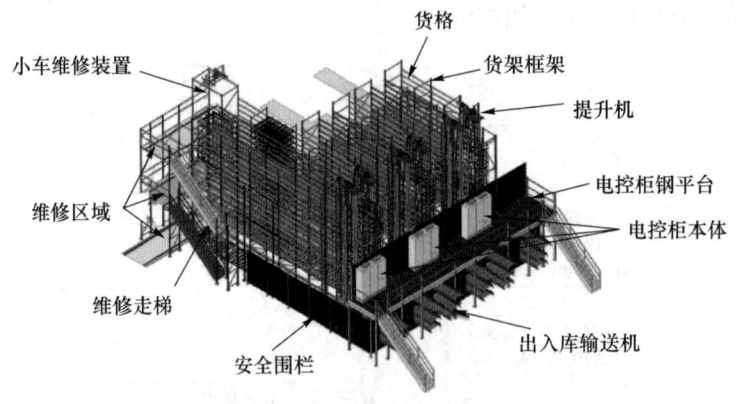

图 5-6 多层穿梭车系统构成示意

① 货架系统:主要用于存放原料箱,用来提供多层穿梭车行走轨道并符合穿梭车的相关检测需求。

② 软件系统:用于调度各执行设备进而实现整套系统的任务动作,以及提供订单任务的优化和各执行设备的运行优化,最终达到整个系统的高效运行。

③ 输送系统:主要用于对接各设备的料箱出入口,按系统的要求进行原料箱和订单箱的

排序和积放功能。

④ 电控系统:主要用于调度设备的各执行元器件,实现本机各个动作任务并提供一系列的安全保障功能。

⑤ 穿梭小车:穿梭小车用于将货架入出口的原料箱存入或者取出货架区域,它的主要作用就是运载料箱在两个工位间进行转移。

⑥ 提升机:用于将货架各层出口的原料箱送到指定的输送线口,并将需要回库的原料箱再送到各层货架的入库口。

⑦ 货到人拣选工作站:主要是用于拣选员执行从被拣选订单往拣选订单进行拣选作业的智能指示工作台。按系统指定的顺序将原料箱和订单箱排序,进入拣选员的作业区域,然后通过灯光提示拣选员进行拣选作业任务。

多层穿梭车系统(简称多穿系统)由数个单体机器设备(多层穿梭车、提升机、输送线及拣选站台等)组合而成。多穿系统结构设计非常紧凑,相比于传统的仓储解决方案,占地面积减少了30%~50%,立体结构的多层穿梭车系统可采用单/双深位布局。多穿系统运用高密度的仓储方式,大大增加了所需的存储货位,在相同空间的布局系统中,多层穿梭车系统出入库处理能力比传统仓储系统提升了5~10倍,多层穿梭车采用低电压供电方式,在相同货物处理量的情况下,相比于传统堆垛机节省电能10%以上。

多穿系统定位的主旨是高效的货到人拣选系统,而非集中存储。"货到人"系统凭借其在提高拣选效率、降低劳动强度、减少用工数量等方面的显著优势,逐渐成为行业关注的焦点。其中,穿梭车"货到人"系统以能耗低、效率高、作业灵活等突出优势成为拆零拣选的最佳方式。

首先,多穿系统中的1个巷道根据建筑高度等实际情况,可配置十几台到几十台小车,单巷道出入库处理能力远远高于Miniload轻载堆垛机系统。

其次,穿梭小车对运行轨道的精度要求非常高。系统高度越高,货架和轨道的精度累计误差将会越大,从而影响小车的运行,因此多穿系统不宜做太高。虽然多穿系统的高度可以达到20 m,但从已实施的案例来看,多穿系统的高度基本为3~15 m,而Miniload系统通常可以做到24 m。因此,如果在配送中心作业需求仅为箱式存储但出入库处理量需求不高的情况下,投资更经济的Miniload方案会更适合,而多穿系统更适合高效率的拣选需求。

在物流配送中心设备选型时,不但需要考虑不同设备的单机性能,还必须考虑设备间的能力平衡。穿梭车和料箱提升机是关键设备,在高度较低(3~5 m)的系统中,穿梭车的数量和速度是系统的瓶颈;而在高度较高(>12 m)的系统中,料箱提升机则成为瓶颈,配置过多的穿梭小车反而不能充分调动小车的能力而造成浪费。经过综合论证分析及结合实际案例的应用情况,多穿系统整体性能最优的高度为10~12 m。

多穿系统在物流中心中,最适用于对B/C类产品的拣选作业。A类产品SKU少(占5%~15%),出库量大(占40%~60%),同时补货量大。若A类产品采用多穿系统处理拣选任务,储存料箱(或纸箱)拣选完毕将产生大量的回库作业和补货作业,系统效率低下。目前处理A类品,流利架拣选并配合电子标签和料箱输送系统辅助仍然是最有效的方式之一。其固定拣选位和多深位缓存的设计理念,可减少补货频次,储存箱也无须回库;而针对B/C类产品SKU多、拣选面大的问题,多穿系统是一种比较适合的解决方案,将"人找货"转变为"货到人"的拣选方式,可以大大提高系统效率,减少人员配置。针对A类产品的流利架拣选,多穿小车也有创新的应用,它可以代替人工补货,作为自动补货设备将货物补货到流利架上,这种方式在零售、流通行业已有多个应用案例。而针对长尾的D类产品,因其出库频次非常低,采用成本更低的 Miniload 系统比较合适。

2. 箱式仓储机器人

随着国内一大批潜伏式机器人公司的出现，仓储机器人行业出现了一种新的解决思路，那就是"货箱到人"，指的是不移动货架，直接挑选货箱进行拣选工作，实现这种操作的机器人，业界称其为"箱式仓储机器人"。在仓储机器人领域，随着行业整体自动化水平的不断提高，客户对机器人又有了新的要求。在智能搬运、拣选、分拣等仓储物流的关键环节，满足多重需求的"货箱到人"的箱式仓储机器人脱颖而出。

由于箱式仓储机器人拣选搬运货箱而不是货架，所以可以把货架之间的巷道设置得更窄，存储密度更高，更节省空间，进而节省仓储租金；其"货箱到人"的特点，更适用于大部分已建仓储的情况，改造难度更低，柔性和兼容性更好。

箱式仓储机器人涉及的技术可以分为两大类，其一是机器人本体技术，其二是软件管理平台技术。机器人本体技术用来实现控制、导航、定位等功能，软件管理平台技术用于满足机器人任务分配、机器人调度、与客户对接业务等需求。软件管理平台是箱式仓储机器人系统的智慧大脑，其中包括 WMS（仓储管理系统）、ESS（设备调度管理系统）、RCS（机器人控制系统）。

WMS 的功能是采集、处理数据并以此优化业务，通过与外部管理系统对接，处理相关业务需求，进行数据分析及可视化管理，可实现业务数据管理、库内作业管理、定制化库位管理、库内设备健康监控及智能报表管理。

ESS 的功能是对多设备操作系统做统一调度管理，智能分配订单和任务，保证多台机器人及各类物流设备的实时调度。

RCS 是面向机器人的控制系统，通过对机器人进行路径规划、交通管理和充电休息管理，确保任务准确高效地执行。

箱式仓储机器人的主要特点如下。

1）货架到货箱的颗粒度升级

箱式仓储机器人作业的对象是比货架更小的单元料箱，所以更符合 SKU 更多元化、物流作业更精细化的发展趋势，近几年在电商物流和门店配送、生产制造、云仓等很多场景都得到了应用。箱式仓储机器人的产品颗粒度更细、操作单元更小，对于客户来说，方案柔性化程度更高，其能产生的价值更大。

从作业流程上来看，潜伏式机器人只需要在货架下方运行，进行顶升作业即可，但是箱式仓储机器人则需要在运行到指定位置之后，通过上层装置进行货箱取放，其中包括货架位置识别、货箱位置识别，甚至还有货箱称重等一系列操作。机器人采用自校准及视觉伺服等新技术可以做到角度的识别误差小于 0.5°。对货箱间距的要求就会更低，从而进一步增加存储密度。

针对很多客户在出入库乃至整个流通环节都使用纸箱而非料箱的情况，箱式仓储机器人在做纸箱拣选时候，采用 3D 视觉反馈技术，以高精度的误差反馈，极大地控制纸箱变形对箱间距的影响，在保证箱式仓储机器人稳定运行的同时增加了存储密度。更加精细化的颗粒度升级，不但增加了存储密度，而且在柔性化程度方面为整个仓储作业流程带来了新的变革。

2）更高的拣货效率

潜伏式机器人需要人直接在货架上拣选，人需要蹲下拣选货架最底层的货物或者爬梯子拣选货架高层的货物，拣选难度较高，且每次需要等待潜伏式机器人，无法进行连续作业，单个操作台的拣选效率一般为 200～300 件/小时。箱式仓储机器人可以与输送线进行对接，其拣货作业高度为600~750 mm,更符合人体工程学作业标准,拣选速度较快,输送料箱快速交换,减少人员等待时间,可连续作业,所以拣选效率可达400~600件/小时,是潜伏式机器人的2倍。

3) 更大的存储密度

受限于作业人员的作业高度,一般而言潜伏式机器人的货架最大高度约为2.6 m,存储库位需预留拣选口,且存在货箱掉落的风险。一旦到达一定的高度,作业人员则需爬梯存放货,实际使用中存储利用率低,总存储利用率不高于50%。箱式仓储机器人的货架堆存高度一般可达到5 m甚至更高,且所有存储空间都是最优拣选面,料箱的利用率可高达100%。所以在同等面积的仓库中,箱式仓储机器人的存储密度可以达到潜伏式机器人的2~3倍。

4) 更高的补货效率

潜伏式机器人只能补货到货架,人需要将货品一件一件地放入到货格中,单次搬运补货命中率仅为1~2行/趟,实际运行的仓库补货效率为500~800盒/小时。箱式仓储机器人支持整箱入库和补货,可人工直接上架或由输送线对接,上架效率达200箱/小时、4 000盒/小时。箱式仓储机器人的补货作业效率是潜伏式机器人的5~8倍。

目前来看,箱式仓储机器人主要有三大技术发展方向。

① 在路径导航方面,箱式仓储机器人从传统的二维码导航,发展到视觉SLAM(Simultaneous Localization and Mapping,同时定位与地图创建)导航再到激光SLAM导航,技术日趋成熟,能够有效地获取外界货物、环境信息,自动避障,适应更复杂多变的仓库作业环境。

② 借助于视觉AI技术,机器人可以准确识别目标料箱的位置与高度,在无码的情况下实现料箱精准取放,也可以灵活对接多种仓储物流设备,包含辊筒、货架、潜伏式机器人、人工工作站等作业平台,功用更加广泛。

③ 最初的箱式仓储机器人只有一个料箱位,拣选效率较低,此后许多企业研制出配置多个料箱缓存位的机器人,一次可收集多个目标料箱,以更少的机器人实现更高频的拣选搬运,大大提高了工作效率,增加了存储密度。未来在举升高度、单次搬运数量、货位深度等方向都存在较大提升和改进的空间。

5.2 作业效率提升的关键——输送分拣装备与技术

5.2.1 输送分拣装备的特点和分类

输送分拣装备是以连续的方式沿着一定的路线从装货点到卸货点均匀输送货物和成件包装货物的机械。

由于输送分拣装备在一个区间内能连续搬运大量货物,搬运成本非常低廉,搬运时间比较精确,货流稳定,因此,被广泛用于现代物流系统。从国内外大量的自动化立体仓库、物流配送中心、大型货场来看,其设备除了起重机械,大部分是由连续输送机组成的搬运系统,如进出库输送机系统、自动分拣输送机系统、自动装卸输送机系统等。整个搬运系统由中央计算机控制,形成了一整套复杂、完整的货物输送、搬运系统,大量货物或物料的进出库、装卸、分类、分拣、识别、计量等工作均由输送机系统来完成。

在现代化货物搬运系统中,输送分拣装备起着重要的作用。输送分拣装备是在生产加工中组成机械化、连续化、自动化的流水作业线不可缺少的组成部分,是自动化仓库、配送中心、大型货场的生命线。

1. 输送分拣装备的特点

具体来说,输送分拣装备有如下特点。

① 能达到较高的运动速度,且速度稳定。一般而言,托盘输送线能满足 16 米/分钟的运行速度,料箱输送线能满足 30 米/分钟的运行速度。

② 具有较高的生产率,托盘输送系统能达到 150 托/小时的水平,料箱输送系统能达到 1 500 箱/小时的水平。

③ 在同样的生产率下,采用输送分拣装备形式具有自重轻、外形尺寸小、成本低、驱动功率小等优点。

④ 传动机械的零部件负荷较低而冲击小。

⑤ 结构紧凑,制造和维修容易。

⑥ 输送货物线路固定、动作单一,便于实现自动控制。

⑦ 工作过程中负载均匀,所消耗的功率几乎不变。

⑧ 只能按照一定的路线输送,每种机型只能用于一定类型的货物,一般不适于运输重量很大的单件物品,通用性差。

⑨ 大多数连续输送分拣装备不能自行取货,因而需要采用一定的供料设备。

2. 输送分拣装备的分类

1) 按照安装方式

输送分拣装备按照安装方式可分为固定式输送机和移动式输送机。固定式输送机的整个设备固定安装在一个地方,不能移动。它主要用于固定输送场合,如专用码头、仓库中的货物移动、工厂生产工序之间的输送、原料的接收和成品的发放等。它具有输送量大、单位能耗低、作业效率高等特点。移动式输送机的整个设备安装在车轮上,可以移动。它具有机动性强、利用率高、能及时布置输送作业达到装卸要求的特点,但这类设备输送量不太大、输送距离不长,适用于中小型仓库。

2) 按照结构特点

输送分拣装备按照结构特点可分为具有挠性牵引件的输送机和无挠性牵引件的输送机。具有挠性牵引件的输送机的结构特点是被运送物料装在与牵引件连结在一起的承载构件内,或直接装在牵引件(如输送带)上,牵引件绕过各辊筒或链轮首尾相连,形成包括运送物料的有载分支和不运送物料的无载分支的闭合环路,利用牵引件的连续运动输送物料。这类输送机种类繁多,主要有带式输送机、链式输送机、板式输送机、小车式输送机、自动扶梯、自动人行道、刮板输送机、埋刮板输送机、斗式输送机、斗式提升机、悬挂输送机和架空索道等。无挠性牵引件的输送机的结构组成各不相同,用来输送物料的工作构件亦不相同。它们的结构特点是利用工作构件的旋转运动或往复运动,或利用介质在管道中的流动使物料向前输送。例如,气力输送机、螺旋输送机、振动输送机等。

3) 按照运输货物种类

输送分拣装备按照运输货物种类可分为单元物品输送机和散货输送机。

4) 按照输送货物力的形式

输送分拣装备按照输送货物力的形式可分为机械式、惯性式、气力式、液力式等几大类。

5.2.2 连续输送机械

从搬运的物料单元的角度来看,连续输送机械主要分为托盘类连续输送机械和料箱类连续输送机械。

托盘类设备的搬运能力较强,这些设备经过组合后形成托盘输送系统,能满足 150 托盘/小时以上的连续搬运能力。典型的托盘输送系统如图 5-7 所示。其中涉及的托盘类连续输送机械主要包括辊筒输送机、链式输送机、直角顶升移载机、辊道旋转台等常见的托盘水平输送机械,如图 5-8 所示。

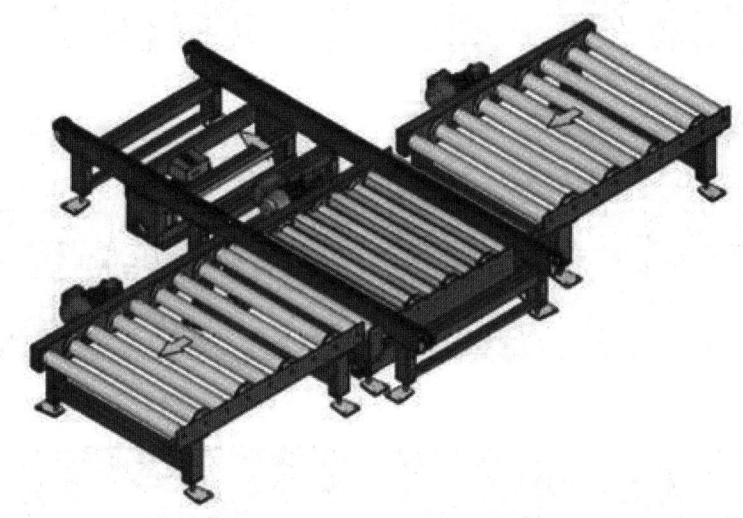

图 5-7 典型的托盘输送系统

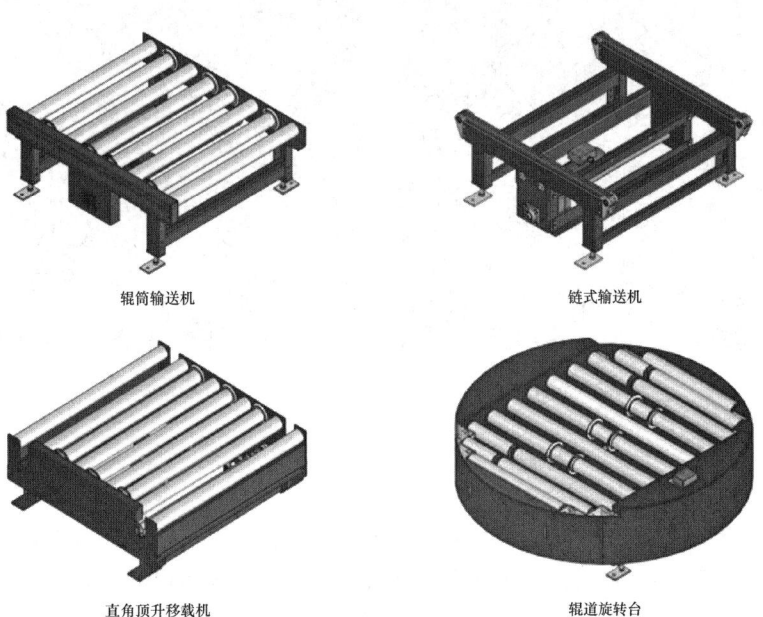

图 5-8 常见的托盘类连续输送机械

料箱类连续输送设备的种类繁多,各种类型设备的作业效率差异较大。在实际的设备选型过程中，需要根据对应的搬运流量需求和与之对应的投资成本进行综合判断。常见的料箱类连续输送机械如图 5-9 所示，包括各种角度的转弯输送机、辊筒输送机（多楔带式、O 带式）、摩擦带输送机、皮带输送机，也包括往复式料箱提升机和螺旋式料箱输送机。

图 5-9 常见的料箱类连续输送机械

转弯输送机利用皮带的摩擦力实现料箱、纸箱等沿着输送机转弯；辊筒输送机（多楔带式、O 带式）通过电辊筒带动被动辊筒，实现料箱的输送；摩擦带输送机通过电机驱动，利用摩擦力带动皮带线，实现料箱的输送；往复式料箱提升机和螺旋式料箱输送机则通过载物台带动料箱，实现垂直搬运。

5.2.3 分拣技术与设备

货物的分拣包括货物的拣选、输送、分类、混合与合流。分拣设备是物流系统货物输送过程中重要的设备。在大型的物流配送系统中,仅仅依靠人工分拣无法完成大规模的分拣工作,为了提高分拣效率和准确率,提高服务水平,节省劳力和工作时间,物流配送系统广泛采用自动分拣设备。

在自动分拣系统中,分拣的主要过程是货物通过输送设备顺序进入识别区域,经过识别后进入分离机构。根据识别信息来控制分拣机构把物品分类,并把分类后的货物输送到指定位置。

1. 分拣设备的种类

分拣设备种类繁多,在工程应用中应根据实际需要来选择。

① 按设备的智能化程度可以分为半自动分拣设备、自动分拣设备以及智能分拣设备。

② 按分拣主线的驱动方式可以分为链式分拣设备、带式分拣设备、直线电机驱动式分拣设备、气力输送分拣设备以及电池驱动智能体分拣设备,如小黄人分拣机和KIVA拣选设备等。

③ 按分拣对象的不同,可以分为托盘分拣设备、集装箱分拣设备、总包分拣设备、信盒分拣设备、扁平件分拣设备、包裹分拣设备、信函分拣设备等。托盘、集装箱以及总包由于质量大、体积大,一般分拣速度不快,主线运转速度一般为 1 m/s 以下。

④ 按物件分离方式分类有人工分离式、机械人分离式、侧推式、侧翻式(倾倒板式)、导向式、滑块式、交叉带式、摇臂式、落入式共9种类型的分拣设备。这9种不同的分拣设备可以和不同的物件输送方式组合,构成具体的分拣设备。

2. 常用自动分离机构

1) 侧推式分离机构

侧推式分离机构在分拣货物时,在分拣主线的一侧安装顶推机构去推、挡物品,强制物品离开主线进入分流输送线。常用的顶推机构有液压式和气力式顶推机构。该机构结构简单、造价便宜,但速度慢、噪声大,适用于分拣主线速度不快,且只在一边布置分拣格口的分拣设备,侧推式分离机构示意图如图 5-10 所示。

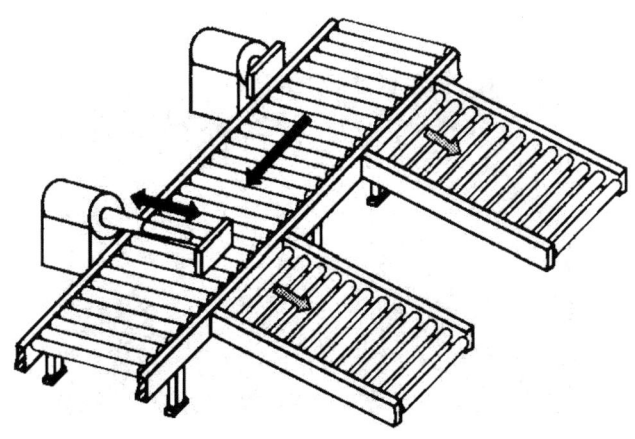

图 5-10 侧推式分离机构示意图

2）导向式分离机构

导向式分离机构如图 5-11 所示。导向式分离机构利用浮起链条、传送带、辊筒或轮子等把被分流货物抬离主线，而引导其流入分流输送系统。常用的分拣设备有浮动链式分拣设备、浮动 V 带分拣设备和轮子浮动分拣设备。当被分拣的物品进入浮动轮子时，根据分拣指令，高速旋转的浮动轮子迅速浮起，把来自主线的物品抬起来，在浮动轮子的引导下分流到分拣输送线上。另外，也有当货物接近分拣线时，浮动式分拣输送机立即向上浮起来，从而迅速改变物体的运动方向，实现物体分拣的情况。导向式分离机构的特点：

① 对商品冲击力小，分拣轻柔；

② 分拣快速准确；

③ 适用于硬纸箱、塑料箱等各类平底面商品；

④ 分拣出口数量多；

⑤ 属于纯机械式分拣机构，分拣速度不快。

图 5-11　导向式分离机构

3）滑块式分离机构

滑块式分离机构如图 5-12 所示。滑块式分离机构根据分流的路由控制道岔机构，通过滑块在输送机的滑杆上前后滑动来推移分流货物，从而达到分流的目的。滑块式分离机构可以根据物品长度来动态组合不同数量的滑块，每分钟可分流效率达 150 次，最大可推动 100 kg 的货物。

图 5-12　滑块式分离机构

4) 落入式分离机构

落入式分离机构如图 5-13 所示。落入式分离机构的分拣方式是当物品从主线来到分拣位置时,控制系统倾斜分拣设备或者打开翻转侧板,物品自然落入分流线的滑槽。

图 5-13 落入式分离机构

5) 侧翻式分离机构

侧翻式分离机构如图 5-14 所示,这种分拣设备的分拣方式是当物品到达分流位置时,载货板(台车)突然向上转动,把物品倾倒出来。这种分拣方式效率高,每分钟可达 200 次左右,但是对物品冲击大,要求物品在分拣之后没有方位要求。

图 5-14 侧翻式分离机构

6) 摇臂式分离机构

摇臂式分离机构如图 5-15 所示,当被分拣的物品被输送到分拣口时,摇臂转动,物品沿摇臂杆斜面滑到指定的目的地。这种机构的特点是结构简单、价格便宜,但是由于分拣物品在摇臂上滑动,当物品的摩擦系数较低时,容易因为打滑而造成分拣错误。

图 5-15 摇臂式分离机构

7) 交叉带式分离机构

交叉带式分离机构示意图如图 5-16 所示。交叉带式分离是指输送系统上的载货单元(也称运载小车)上装有与主输送方向相垂直的皮带,当"小车"移动到所规定的分拣位置时,转动皮带,完成把商品分离送出的任务。因为主驱动带式输送机与"小车"上的带式输送机呈交叉状,这种分拣设备也称交叉带式分拣机。

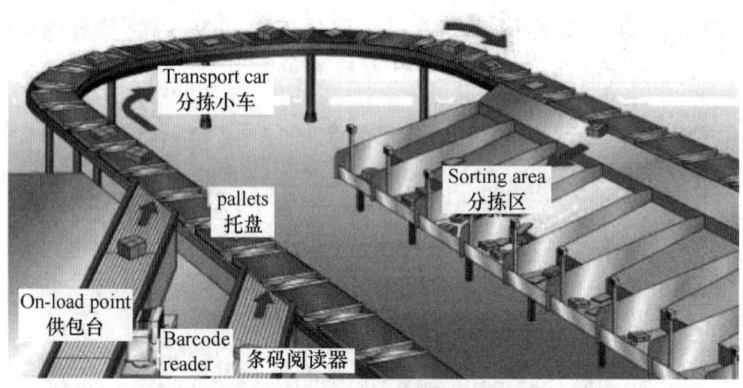

图 5-16 交叉带式分离机构示意图

交叉带式分离方式的特点:分拣动作轻柔,适宜面广,可以分拣各类小件商品,如食品、化妆品、衣物以及易碎品等;分拣出口多,可左右两侧分拣;分拣能力较强,一般为 6 000～10 800 件/时。

5.3 降低劳动强度的法宝——仓储搬运装备与技术

5.3.1 装卸搬运的作用

装卸搬运活动在整个物流过程中占有很重要的位置。一方面,物流过程各环节之间以及同一环节不同活动之间,都是通过装卸作业有机结合起来的,从而使物品在各环节、各种活动中处于连续运动;另一方面,各种不同的运输方式之所以能联合,也是由于装卸搬运才得以形成。装卸搬运是物流活动得以进行的必要条件,在全部物流活动中占有重要地位,发挥着重要的作用。

1. 装卸搬运直接影响物流质量

因为装卸搬运使货物产生垂直和水平方向上的位移,货物在移动过程中受到各种外力的作用,如振动、撞击和挤压等,货物包装和货物本身容易受损,如损坏、变形、破碎、散失和流溢等,装卸搬运损失在物流费用中占有一定的比重。

2. 装卸搬运直接影响物流效率

物流效率主要表现为运输效率和仓储效率。在货物运输过程中,对于完成一次运输循环所需的时间,在发运地的装车时间和在目的地的卸车时间占有不小的比重,特别是在短途运输中,装卸车时间所占比重更大,有时甚至超过运输工具运行时间,所以缩短装卸搬运时间,对加快货物周转具有重要的作用。在仓储活动中,装卸搬运效率对货物的收发速度和货物周转速度产生直接影响。

3. 装卸搬运直接影响物流安全

由于物流活动是物的实体的流动,在物流活动中确保劳动者、劳动手段和劳动对象安全非常重要。在装卸搬运特别是装卸作业过程中,货物要发生垂直位移,不安全因素比较多。实践表明,物流活动中的各种货物破损事故、设备损坏事故和人身伤亡事故等,相当一部分是在装卸过程中发生的。特别是一些危险品,在装卸过程中如违反操作规程进行野蛮装卸,很容易造成燃烧、爆炸等重大事故。

4. 装卸搬运直接影响物流成本

装卸搬运是劳动力借助于劳动手段作用于劳动对象的生产活动。为了进行该项活动,必须配备足够的装卸搬运人员和装卸搬运设备。由于装卸搬运作业量较大,往往是货物运量和库存量的若干倍,所以所需装卸搬运人员和设备数量也比较大,即要有较多的活动和物化劳动的投入,这些劳动消耗要计入物流成本,如能减少用于装卸搬运的劳动消耗,就可以降低物流成本。

装卸搬运常见的仓储搬运装备包括叉车、轻型装卸搬运设备、托盘搬运车、自动导引搬运车等。

5.3.2 叉车

1. 步行式叉车

步行式叉车又名"步行式堆垛机",具有门架机构,可以用来堆垛货物。常见的步行式叉车主要有4种基本的形式:步行无动力式、步行平衡重式、步行插腿式、步行前移式。

步行式叉车堆垛高度一般是5 m以下。作业区域均需装有安全架。负载的起升速度为0.1~0.2 m/s。起升速度与电瓶电压的大小、门架的型式、负载的重量及油压泵的大小有关。

1) 步行无动力式叉车

图5-17所示为步行无动力式叉车,该叉车是利用人力推拉运行,手动液压升降的简易插腿式叉车。

适用范围:出于安全性和省力性的考虑,它一般用于工厂车间、仓库内效率要求不高,需要有一定堆垛作业、装卸高度不大且单向搬运距离在100 m以内的场合。

性能参数:起重能力为0.5~1 t,起升高度为1~3 m,货叉最低离地高度为0.1 m。

2）步行平衡重式叉车

图 5-18 所示为步行平衡重式叉车,该叉车以底盘的重量来配重。该叉车具有中等程度的起升能力,起升高度为 2.7～4 m,单面、双面的托盘均可装卸。

图 5-17　步行无动力式叉车

图 5-18　步行平衡重式叉车

3）步行插腿式叉车

图 5-19 所示为步行插腿式叉车,该叉车利用跨于前端底部的支腿来达到举高重物时的支撑平衡,具有较高的稳定性及较轻的车辆自重。

4）步行前移式叉车

图 5-20 所示为步行前移式叉车,该叉车在任何高度,货叉都可伸缩以存取货物,跨于前端底部的支腿长度可达 600 mm,超过货叉收缩时货物重心的位置。当货叉前伸时,叉架刚好超过支腿（Outrigger）的位置。这决定了底盘所需的配重。每一叉架臂上装有两个较小的轮子,宽约为 10 cm,直径约为 13 cm。

图 5-19　步行插腿式叉车

图 5-20　步行前移式叉车

2. 平衡重式叉车

图 5-21 所示为平衡重式叉车,其结构特点:在取货、放货和搬运过程中,前倾角度一般为 3°,后倾角度一般在 8°~10°之间。叉车的负载能力与货物载荷中心到叉车的重心有关,当货物载荷中心距大于 0.6 m,提升高度大于 3.9 m 时,其额定负载能力减小。

图 5-21 平衡重式叉车

平衡重式叉车的应用场合:需要较大的作业空间;对叉取货物的体积一般没有要求;动力较大,底盘较高,具有较强的地面适应能力和爬坡能力,适用于室外作业。平衡重式叉车最大起升高度一般不超过 7.5 m,不能用来存取倍深式货架上的货物,其运载能力可达 4.5 t。存储通道的宽度通常需要 3.1~4.5 m。

常见的平衡重式叉车主要包括坐式平衡重叉车和立式平衡重叉车两种。

1) 坐式平衡重叉车

坐式平衡重叉车如图 5-22 所示,驾驶员坐着驾驶,通道宽度通常为 3.6~4.5 m。

图 5-22 坐式平衡重叉车

2) 立式平衡重叉车

立式平衡重叉车如图 5-23 所示,驾驶员站立在车上驾驶,车辆具有窄通道行驶能力,通道宽度通常为 3.0~3.6 m,相对于窄巷道插腿式和前移式叉车具有更快的存取速度。

3) 坐式和立式平衡重叉车选用比较

在仓库作业时,司机必须时常上下叉车,则立式平衡重叉车较为适用;对于仓库作业涉及长距离搬运的场景或者搬运的负载较重及起升较高时,则优先选择坐式平衡重叉车;由于坐式平衡重叉车有较长的轴距,因此其负载能力较立式平衡重叉车有优势;立式平衡重叉车轴距较短,比较方便于在较窄的通道内作业。所有平衡重式叉车的负载都悬吊在前轴的前端,利用底盘的重量来配重。坐式平衡重叉车有 1~5 t 及 5 t 以上的负载能力,立式平衡重叉车的负载能力一般为 1~2.5 t。

3. 插腿式叉车

插腿式叉车如图 5-24 所示,插腿式叉车(又名跨立式叉车)与立式平衡重叉车相似,但它的插腿跨在货物底部,取代平衡重支撑负载。插腿式叉车比立式平衡重叉车以及窄巷道前移式叉车价格低,通道宽度通常为 2.0~2.7 m。

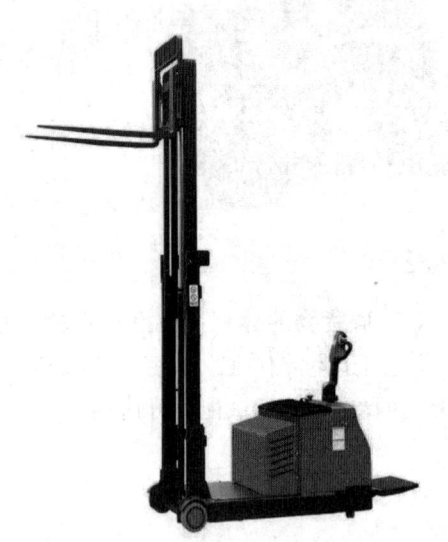 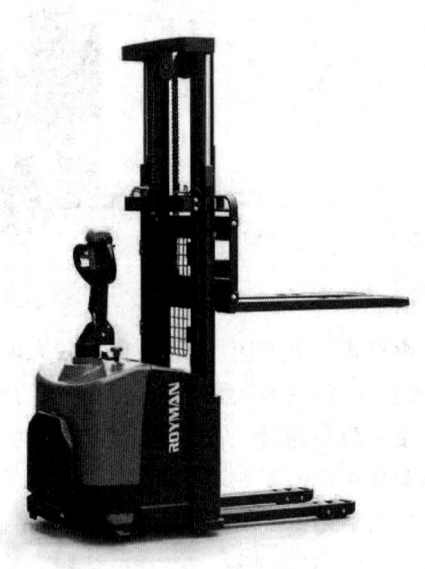

图 5-23 立式平衡重叉车 　　　　　　图 5-24 插腿式叉车

插腿式叉车(Straddle Trucks)不适合搬运太宽的负载,一般前端底部支腿的长度是 600 mm,有些长至 1.5~2 m。底部的支腿宽度不可调。双面托盘无法使用,驶入式货架无法使用。采用电动机驱动,蓄电池供电,起重量在 2 t 以下,转弯半径小,适用于在通道狭窄的仓库内作业,但速度低、行走轮直径小,对地面要求较高。座椅采用侧向布置方式,一般采用倒车行走方式。

4. 前移式叉车

前移式叉车如图 5-25 所示,前移式叉车又名直达式叉车或跨立直达式叉车,是从传统的插腿式叉车发展而来的,它缩短了支腿的长度,前轮较大、支腿较高且无须与负载一样宽,作业时支腿不能插入货物的底部,适用于车间、仓库内作业。

门架前移式叉车如图 5-26 所示,门架前移式叉车利用底部支腿内侧的滑轨,整个门架可在滑轨上移动。货叉叉取货物后稍微起升一个高度即可缩回,保证叉车运行时的稳定性。

图 5-27 所示为叉架前移式叉车,其利用剪刀式的伸缩机构,装备有一个剪刀式的伸缩装置,从而能够直接够到货物。

第5章 装备技术

图 5-25 前移式叉车

图 5-26 门架前移式叉车

图 5-27 叉架前移式叉车

叉架前移式叉车(Straddle Reach Truck)的特点如下。叉架前移式叉车支腿前端有两个轮子,宽 13 cm,直径约 30 cm。搬运收回货叉时,必须先将货物升起一定的高度。前轮较高,使叉车对地板的要求降低。通道宽度通常为 2.4～3.0 m。叉架前移式叉车较具效益的操作高度为 6～8 m,相当于建筑物高度的 10 m 左右。操作高度大于 8 m 时使用叉架前移式叉车,通常可以加装高度指示器、高度选择器或者摄像头等辅助装置。叉架前移式叉车一般由蓄电池作动力,起重量较小,在 3 t 以下。车身小,重量轻,转弯半径小,机动性好。行驶速度低,主要用于室内搬运作业,但也能在室外工作。

5. 倍深前移式叉车

伸展长度(Reach distance)及后挡板(Backrest)的尺寸决定伸缩装置动作的顺序。图 5-28 所示为倍深前移式叉车伸缩装置伸至最前端的状态。

图 5-28　倍深前移式叉车

6. 侧面叉车

图 5-29 所示为侧面叉车(Sideloading Trucks),侧面叉车的结构特点:通道宽度通常为 1.5～2.1 m,通常可以取到 9～11 m 高度的货物,多以柴油机驱动,起重量为 2.5～5 t。

图 5-29　侧面叉车

7. 转叉式叉车

图 5-30 所示为转叉式叉车,转叉式叉车的特点如下。轴距较大,稳定性好。门架的宽度加大至接近车体的宽度,刚性好。在堆垛货物过程中,驾驶员不与货物一起升降。门架不动,货叉有一个回转机构,还有一个侧移机构。在通道内旋转货物时,需要货叉的旋转与横移同时动作。转叉式叉车要求通道宽度通常为 1.5～1.8 m,相对于其他窄巷道叉车其堆垛高度更高,能达到 12 m。

8. 高架叉车

图 5-31 所示为高架叉车,又称为 VNA 叉车。高架叉车向两侧进行堆垛作业时,车身无须进行直角转弯,货叉可作三向旋转(180°回转),或直接从两侧叉取货物,在巷道中无须转弯,因此所需作业通道就可大大减少,提高了面积利用率。高架叉车采用多节门架,起升高度比一

第 5 章 装备技术

图 5-30 转叉式叉车

般叉车高,提升高度超过 14 m,巷道宽度通常在 1.6 m 左右。载重量最大为 1.5 t。高架叉车一般采用蓄电池作为电源。在通道内需要进行导引,目前有磁导和机械式导引两种导引方式。

图 5-31 高架叉车

5.3.3 轻型装卸搬运设备

工业搬运车辆指用于企业内部对成件货物进行装卸、堆垛、牵引或推顶,以及短距离运输作业的各种轮式搬运车辆,其中还包括非铁路干线使用的各种轨道式搬运车辆,分为轻负载、较短距离搬运的手推车系列和重负载、较长距离搬运的叉车系列。

1. 手推车

图 5-32 所示为手推车,它是一种以人力为主,在路面上水平输送物料的搬运车。手推车的设计以轻便易携带为主,其特点:轻巧灵活、易操作、回转半径小,适用于短距离搬运轻型物

料。手推车可广泛应用于车间、仓库、超市、食堂、办公室等,是短距离、轻小物品运输的一种方便而经济的搬运工具。手推车一般每次搬运量为 5～500 kg,水平移动 30 m 以下,搬运速度为 0.5 m/s 以下。

在选择和使用手推车时应考虑运件的形状及性质,搬运多品种还是单一品种。应考虑输送量及运距,还应该关注货物的体积、放置方式、通道条件及路面状况等。

两轮手推车(Two-Wheeled Hand Truck)又名"杠杆式手推车",可分为东方型与西方型两类。

东方型(Eastern Type)结构架呈推拔状,轮子在外侧,具有弧状或平的横板,在搬运混装的货物时非常有用,如桶子、袋子、箱子或其他等重的东西。

西方型(Western Type)结构架平行,轮子在内侧,手把呈弧状,可配合货车搬运及用于火车站。

2. 多轮手推台车

图 5-33 所示的多轮手推台车(Floor Hand Truck)是指有 4 个轮子或更多轮子,具有把手,以推动或钩拉的手推车,包括平台式台车和多层式台车等。

图 5-32 手推车

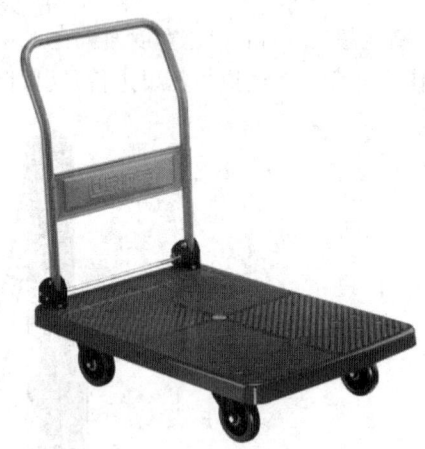

图 5-33 多轮手推台车

3. 平板式台车

多轮手推台车中的平板式台车(Dolly)如图 5-34 所示,是指没有把手推动,直接推动货物前行的台车。

图 5-34 平板式台车

4. 多层式台车

图 5-35 所示为多层式台车,常用于拣货。通常拣选所用的多层式台车都装备有为执行不同订单而设的分隔物,还有一个用于放置文件和标记工具的地方及用于在稍高地方进行拣选的步梯。

图 5-35　多层式台车

5. 折叠式台车

为了方便携带,手推车的推杆常设计成可折叠方式,如图 5-36 所示。折叠式台车因使用方便,收藏容易,所以在市场上的普及率很高。

图 5-36　折叠式台车

6. 液压升降平台车

图 5-37 所示的液压升降平台车是以手压或脚踏为动力,通过液压驱动使载重平台作升降运动的手推平台车。在某些体积较小、重量较大的金属制品或人工搬运移动吃力的搬运场合中,由于场地的限制而无法使用叉车,这时便可采用液压升降平台车,它可调整货物作业时的高度差,减轻操作人员的劳动强度。

7. 登高式台车

图 5-38 所示的登高式台车,在物流中心手推车的使用场合以拣货作业最广,拣货作业常因货架高度的限制而需要爬高取物,可以采用这种带梯子的手推车,以提高仓库的空间利用率。登高式台车适用于图书、标准件等仓库进行轻小型的物料拣选、运输作业。

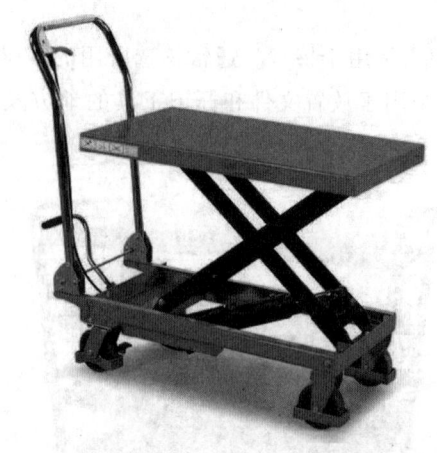

图 5-37 液压升降平台车

图 5-38 登高式台车

5.3.4 托盘搬运车

1. 手动托盘搬运车

图 5-39 所示的手动托盘搬运车又名"地牛",是一种轻小型的利用人力提升货叉的装卸、搬运设备,用于搬运装载在托盘上的货物。

手动托盘搬运车的特点如下。手动托盘搬运车是低起升车辆,起升高度为 100~150 mm,负载能力为 1 500~3 000 kg。货叉宽度适用 750~1 500 mm 宽的托盘。手动托盘搬运车的转弯半径较小,其值取决于手柄的转动中心到车头外缘的最大距离。手动托盘搬运车通常用于 15 m 左右的短距离频繁作业,尤其是装卸货区域。

2. 电动托盘搬运车

图 5-40 所示的电动托盘搬运车(Powered Pallet Jack or Truck)通常用于短距离搬运,中等负载重量,其构造与手动托盘搬运车相似,但使用电瓶动力,可达到省力的效果。当搬运距

离在 30 m 左右时,步行式的电动托盘车是最佳选择,其行驶速度通过手柄上的无级变速开关控制,根据操作人员的步行速度调整快慢,在降低人员疲劳度的同时,保证了操作的安全性。

图 5-39　手动托盘搬运车　　　　　　　图 5-40　电动托盘搬运车

当电动托盘搬运车的搬运路线距离在 30~70 m 时,可以采用立式电动托盘搬运车。驾驶员站立驾驶,最大速度可提高近 60%。电动托盘搬运车的最大速度为 2.2 m/s,其速度与电瓶的电压大小成比例关系。

3. 固定平台搬运车

固定平台搬运车的载货平台或属具为非托盘装货物提供支撑平面,一般没有装卸工作装置,主要用于货物的短距离搬运作业;具有防滑装置,在搬运时可以将刹车装置提离地面几厘米,使刹车阀(skid)离开地面。固定平台搬运车相对于叉车具有更大的提升能力,因为其平台具有更大的表面支持货物。

1) 步行式平台搬运车

如图 5-41 所示,步行式平台搬运车(Walkie Platform Truck)为非托盘化+动力式+非堆垛+步行式,操作员在车旁行进。

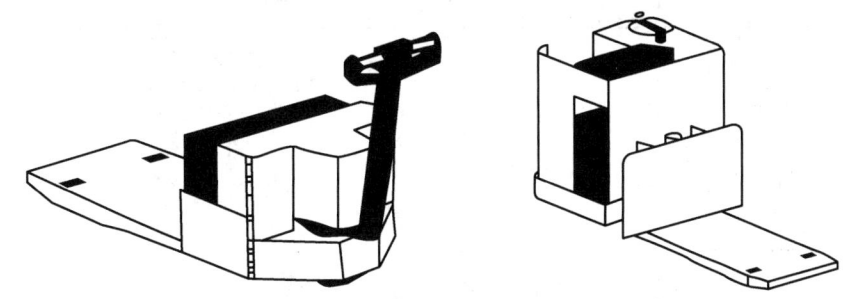

图 5-41　步行式平台搬运车示意图

2) 立式平台搬运车

立式平台搬运车(Rider Platform Truck)为非托盘化+动力式+非堆垛+驾骑式,驾驶员可以在车辆上。

3) 平板拖车

平板拖车(Tractor-Trailer)是一种在牵引车(无载货平台)后安装平板拖斗(例如,台车或手推台车)的运输车量。这种拖车可以增加台车的搬运能力,通常用于机场进行行李搬运以及订单拣选。

5.3.5 自动导引搬运车

1. AGV 的定义

AGV(Automated Guided Vehicle,自动导引搬运车)是指装备有电磁或光学导引装置,能够按照规定的导引路线行驶,具有小车运行和停车装置、安全保护装置以及具有各种移载功能的运输小车。

我国国家标准《物流术语》对 AGV 的相关定义如下。

AGV:装有自动导引装置,能够沿规定的路径行驶,在车体上具有编程和停车选择装置、安全保护装置以及各种物料移载功能的搬运车辆。

AGVS:多台 AGV 小车在控制系统的统一指挥下,组成一个柔性化的自动搬运系统,称为自动导引车系统,简称 AGVS。

AGV 具有如下典型特点:
① 机电一体化;
② 自动化;
③ 柔性化;
④ 准时化。

作为自动化仓储系统的重要组成部分,典型的潜伏式机器人系统架构示例见图 5-42。其中仓储管理系统(Warehouse Management System,简称 WMS)的功能是采集、处理数据并以此优化业务,通过与外部管理系统对接,处理相关业务需求,进行数据分析及可视化管理,可实现业务数据管理、库内作业管理、定制化库位管理、库内设备健康监控及智能报表管理。仓储设备控制系统(WCS)的功能是对多台 AGV 做统一调度管理,智能分配订单和任务,保证多台 AGV 及各类物流设备的实时调度。机器人控制系统(RCS)是面向 AGV 的控制系统,通过对 AGV 进行路径规划、交通管理和充电休息管理,确保任务准确高效地执行。

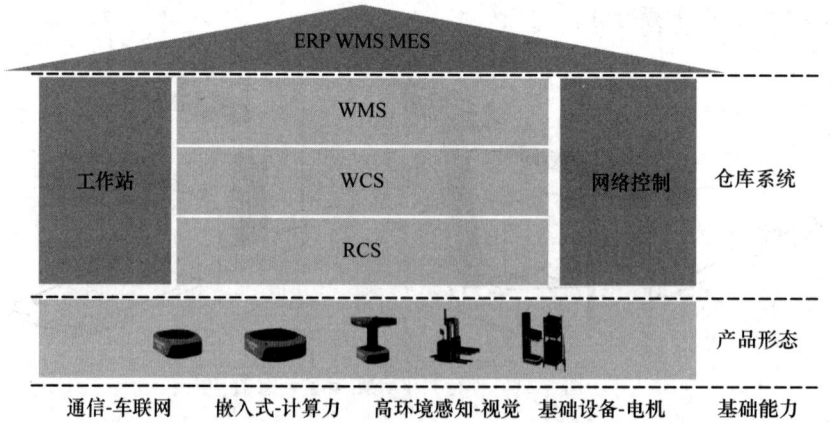

图 5-42 典型的潜伏式机器人系统架构示例

2. AGV 的分类

1) 按导航系统划分

常见的 AGV 按导航系统划分,如图 5-43 所示,可以分为固定路径导航和自由路径导航。

其中固定路径导航根据导航系统的工作原理可以分为电磁导航和磁块导航;自由路径导航根据导航系统的工作原理可以分为超声波式、激光制导和无线电遥控三大类。

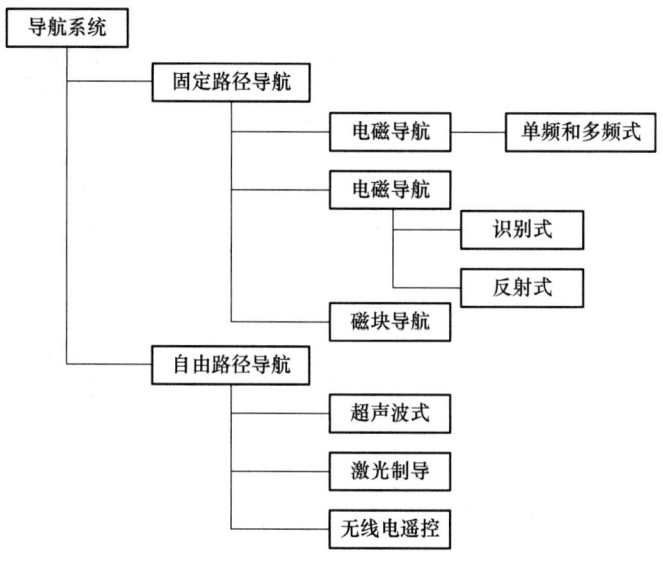

图 5-43 AGV 按导航系统的分类图

2) 按自主程度划分

按自主程度划分,AGV 可分为智能型和普通型。

智能型 AGV:每台 AGV 的控制系统中通过编程都存有全部运行路线和线路区段控制(亦即交通管理)的信息,AGV 只需知道目的地和到达目的地后要完成的任务就可以自动选择最佳路线完成规定的任务。

普通型 AGV:这种类型的 AGV 的控制系统一般比较简单,其本身的所有功能、路线规划和区段控制都由主控机进行控制。

3) 按用途和结构划分

按用途和结构划分,AGV 主要有以下几种。

承载型 AGV:这是最为通用的一种 AGV 形式,大多为平台式结构。承载型 AGV 结构紧凑,运行较灵活,一般具有双向运行能力,易于与其他自动化设备接口,可方便地实现物料搬运全过程的自动化。

牵引型 AGV:这种形式的 AGV 以主体牵引挂车进行运输,在自动方式下只能单方向运行。如需增加反方向运行功能,则必须设置专门的安全保护装置。其挂车上钩和脱钩均需人工操作。

叉车式 AGV:该类 AGV 又称自动叉车,有高度可变化的货叉,可以直接存取处于不同高度的货架和装卸站上的货物。一般需要使用辅助托盘或专用容器。出于不易定位等原因,自动叉车装卸物料的周期通常较长(性能参数见表 5-3)。

表 5-3 叉车式 AGV 性能参数

项目	参数	应用比例	使用说明
载重/kg	100~999	46%	应用于食品、电子、化工行业
	1 000~3 000	36%	汽车、拖拉机行业加工装配等
	3 000 以上	18%	大多为牵引车拖重

续表

项目	参数	应用比例	使用说明
速度/m·min^{-1}	30～49	40%	定位前行走速度一般为 3～8 m/min
	50～60	48%	此挡速度应用最多
	<30 或 >60	12%	很少应用
停位经度/mm	±1～±5	28%	一般须二次机械定位
	±10～±20	48%	为小车自定位（电气定位）精度
	±25～±30	16%	应用于定位精度要求不变的场合
	±50～±200	8%	—
制导方式	电磁	73%	应用最广，技术成熟但铺设麻烦
	光学	18%	运行精度高但对环境要求高
	其他	9%	激光制导和计算机视觉制导等方法

3. AGV 组成部件

AGV 的结构如图 5-44 所示，具体如下。

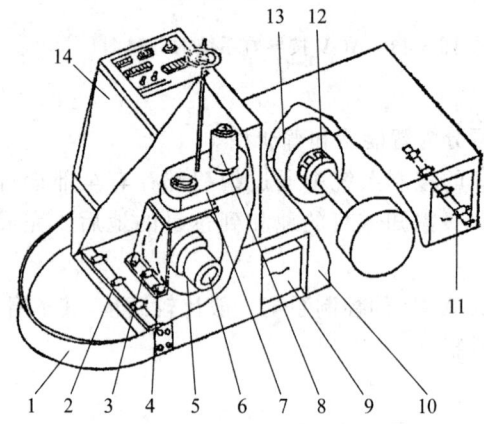

1—安全挡圈；2、11—认址线圈；3—失灵控制线圈；4—导向探测器；5—转向轮；6—驱动电机；
7—转向机构；8—导向伺服电机；9—蓄电池；10—车架；12—制动器；13—驱动车轮；14—车上控制器。

图 5-44 AGV 的结构

1) 车体

车体由车架和相应的机械装置组成，是 AGV 的基础部分，是其他总成部件的安装基础。

2) 蓄电和充电装置

AGV 常采用 24 V 或 48 V 直流蓄电池为动力。蓄电池供电一般应保证连续工作 8 小时以上。

3) 驱动装置

AGV 的驱动装置由车轮、减速器、制动器、驱动电机及速度控制器等部分组成，是控制 AGV 正常运行的装置。其运行指令由计算机或人工控制器发出，运行速度、方向、制动的调节分别由计算机控制。为了安全，在断电时制动装置能靠机械实现制动。

4) 导向装置

导向装置接收导引系统的方向信息，通过转向装置来实现转向动作。

5）车上控制器

车上控制器接收控制中心的指令并执行相应的指令,同时将本身的状态(如位置、速度等)及时反馈给控制中心。

6）通信装置

通信装置实现 AGV 与地面控制站及地面监控设备之间的信息交换。

7）安全保护装置

安全系统可实现的保护包括对 AGV 本身的保护、对人或其他设备的保护等方面。

多重安全保护：主动安全保护装置、被动安全保护装置。

8）移载装置

移载装置指与所搬运货物直接接触,实现货物转载的装置。

9）信息传输与处理装置

信息传输与处理装置的主要功能是对 AGV 进行监控,监控 AGV 所处的地面状态,并与地面控制站实时进行信息传递。

4. 潜伏式机器人系统

当前,消费升级下的市场压力、海量最小存货单位(Stock Keeping Unit,SKU)的库存管理、难以控制的人力成本,已经成为电商、零售等行业的共同困扰,以 Kiva 机器人为代表的潜伏式机器人系统横空出世,为打破行业瓶颈提供了一种灵活的选择。Kiva 系统提供了一种新型的自动化订单履行方案,能够通过使用数以百计的移动机器人、可移动的货架、工作站和复杂的控制软件,完成配送中心中的拣选、包装和输送作业。

传统的拆零拣选环节工作量最大的环节有 5 个：①拣选；②位移(包括拣选期间的位移和拣选完成后包装台的位移)；③二次分拣；④复核包装；⑤按流向分拣。其中,②和⑤可以通过传输线和高速扫码的方式自动化实现。但①、③、④由于需要手工细致地去识别和取放货物,因此一般都是人工完成,而且人工工作量很大。

如今,仓储物流已经成为机器人应用最大的市场之一。在诸多物流机器人解决方案中,最成功的莫过于被以超过 7 亿美元收购的 Kiva。Kiva 机器人应用之后,Kiva 系统以货到人的设计思路和高度灵活的自动化过程实现了对传统配送中心大量的人工拣选和分拣作业的改革。采用分布式智能的概念,通过使用数以百计的自身研发的行走机器人,将存放货物的货架运送至存储区周边相应的工作站台,工人依照软件和激光的指示拣货,将存货货架上的相应货物拣出,放入输送货架相应的订单容器,实现对所有库存货品在任意时间的简单、高效访问,最终形成一个完整的"货到人"仓储自动化系统,既节省了大量人力,又提高了作业效率、作业准确率和作业灵活性。货到人的核心思路是把拣选人员取消,直接把货架搬到复核包装人员的边上由复核打包人员完成拣选、二次分拣、打包复核三项工作,把作业人员数量压到最少,同时取消了原来输送线完成的位移动作。成千上万的 Kiva 机器人,以远高于人工的作业效率、更低的成本和错误率,可以 24 小时不间断地处理客户海量的包裹。

Kiva 系统在我国被演化改进为潜伏式机器人系统。潜伏式机器人系统是一种典型的 AGV 系统。传统的 AGV 小车的导引是指根据 AGV 导向传感器所得到的位置信息,按 AGV 的路径所提供的目标值计算出 AGV 的实际控制命令值,即给出 AGV 的设定速度和转向角,这是 AGV 控制技术的关键。简而言之,AGV 小车的导引控制就是 AGV 轨迹跟踪。AGV 导引有多种方法,比如将导向传感器的中心点作为参考点,追踪引导磁条上的虚拟点就是其中的一种。AGV 小车的控制目标就是通过检测参考点与虚拟点的相对位置,修正驱动轮的转速以改变 AGV 的行进方向,尽量让参考点位于虚拟点的上方。这样 AGV 就能始终跟踪引导线运行。潜伏式机器人系统则通过扫描二维码获得位置信息,从而实现定位和路径导航等工作。

潜伏式机器人系统的作业方式如下。当接收到物料搬运指令后,控制器系统就根据所存储的运行地图和潜伏式机器人当前位置及行驶方向进行计算、规划分析,选择最佳的行驶路线,自动控制潜伏式机器人的行驶和转向,当潜伏式机器人到达装载货物位置并准确停位后,移载机构动作,完成装货过程。然后潜伏式机器人起动,驶向目标卸货点,准确停位后,移载机构动作,完成卸货过程,并向控制系统报告其位置和状态。随之潜伏式机器人起动,驶向待命区域。等接到新的指令后再做下一次搬运任务。

潜伏式机器人主要由机械系统、动力系统和控制系统三大系统部分组成。其中,机械系统包含车体、车轮、转向装置、移载装置、安全装置,动力系统包含电池组和充电装置、移载电机、行走电机,控制系统包含信息传输与处理装置、驱动控制装置、转向控制装置、移载控制装置、安全控制装置(图 5-45)。

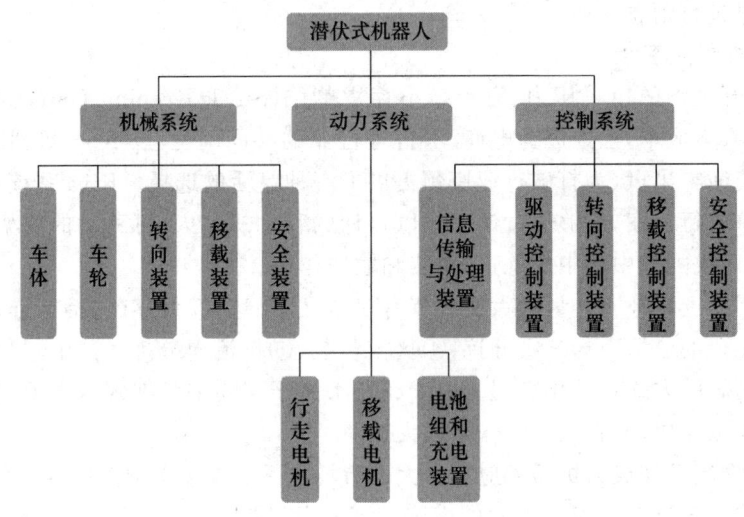

图 5-45　潜伏式机器人系统构成

1) 车体

潜伏式机器人的车体主要由车架、驱动装置和转向机构等所组成,是基础部分,是其他总成部件的安装基础。

车架通常为钢结构件,要求具有一定的强度和刚度。

驱动装置由驱动轮、减速器、制动器、驱动电机及速度控制器(调速器)等部分组成,是一个伺服驱动的速度控制系统,驱动系统可由计算机或人工控制,可驱动 AGV 正常运行并具有速度控制、方向控制和制动控制的能力。

转向机构根据潜伏式机器人运行方式的不同,有铰轴转向式、差速转向式和全轮转向式等形式。通过转向机构,潜伏式机器人可以实现向前、向后或纵向、横向、斜向及回转的全方位运动。

2) 动力装置

潜伏式机器人的动力装置一般为蓄电池及其充放电控制装置,电池为 24 V 或 48 V 的工业电池,有铅酸蓄电池、镉镍蓄电池、镍锌蓄电池、镍氢蓄电池、锂离子蓄电池等可供选用,需要考虑的因素除了功率、容量(安时数)、功率重量比、体积等,还有充电时间的长短和维护的容易性。快速充电为大电流充电，一般采用专业的充电装备，潜伏式机器人本身必须有充电限制装置和安全保护装置。

充电装置在潜伏式机器人上的布置方式有多种，一般有地面电靴式、壁挂式等，并需要结合潜伏式机器人的运行状况，综合考虑其在运行状态下可能产生的短路等因素，从而考虑配置潜伏式机器人的安全保护装置。在潜伏式机器人运行路线的充电位置上安装有自动充电机，在潜伏式机器人底部装有与之配套的充电连接器，潜伏式机器人运行到充电位置后，其充电连接器与地面充电连接器的充电滑触板连接，最大充电电流可达到 200 A。

3）控制系统（控制器）

潜伏式机器人的控制系统通常包括车上控制器和地面（车外）控制器两部分，目前均采用微型计算机，由通信系统联系，通常由地面（车外）控制器发出控制指令，经通信系统输入车上控制器控制潜伏式机器人运行。

车上控制器完成潜伏式机器人的手动控制，安全装置启动、蓄电池状态、转向极限、制动器解脱、行走灯光、驱动和转向电机控制与充电接触器的监控及行车安全监控等。地面控制器完成潜伏式机器人调度、控制指令发出和潜伏式机器人运行状态信息接收。控制系统是潜伏式机器人的核心，潜伏式机器人的运行、监测及各种智能化控制的实现，均需通过控制系统实现。

4）安全装置

潜伏式机器人的安全装置至关重要，必须确保潜伏式机器人在运行过程中的自身安全，以及现场人员与各类设备的安全。

一般情况下，潜伏式机器人都采取多级硬件和软件的安全监控措施。例如在潜伏式机器人前端设有非接触式防碰传感器和接触式防碰传感器，潜伏式机器人安装有醒目的信号灯和声音报警装置，以提醒周围的操作人员。对需要前后双向运行或有侧向移动需要的潜伏式机器人，防碰传感器则需要在潜伏式机器人的四面安装。一旦发生故障，潜伏式机器人自动进行声光报警，同时采用无线通信方式通知潜伏式机器人监控系统。

5）导引装置

导引装置通过识别地面二维码或者其他方式，接收导引系统的方向信息，通过导引+地标传感器来实现潜伏式机器人的前进、后退、进站、出站等动作。机器人小车上装有两个摄像头，一个正面朝上，位于螺旋升降机构的中心；另一个正面朝下，位于小车的底部。向上的摄像头用来读取可移动式货架底部的条形码，识别货架的信息；向下的摄像头用来读取路面上的条形码，识别地理位置信息。通过整合其他导航传感器获得的信息并分析来确定小车的导航方向。

6）通信装置

通信装置的作用是实现潜伏式机器人与地面控制站及地面监控设备之间的信息交换。

7）信息传输与处理装置

信息传输与处理装置的作用是对潜伏式机器人进行监控，监控潜伏式机器人所处的地面状态，并与地面控制站实时地进行信息传递。

8）举升装置

潜伏式机器人上装有螺旋升降机构。当潜伏式机器人到达货架底部时，螺旋升降装置可以将货架举起，离开地面 5 cm 左右。为了保证货架不随着升降机构的旋转而旋转，通过潜伏式机器人下面的轮子使潜伏式机器人进行反方向的旋转来保证货架的平滑无旋转举升。潜伏式机器人系统的潜伏式机器人是与移动式货架相互配合使用的。当潜伏式机器人需要运输货架时，它到达货架的底部，通过自身的升降设备将货架顶起离开地面，进而携带货架行驶。这样既节省了空间,也提供了更多的路径供潜伏式机器人运行。

5.4 相关课程学习

作为装备技术的基本介绍,本章仅从基本分类的角度进行了相关内容的介绍。与本章密切相关的一门课程是《邮政快递技术与装备》。本章所涉及的相关内容均会在《邮政快递技术与装备》中进行详细阐述。

如果同学们希望自己能设计出一个现代化物流中心,完成其中核心设备的选型、设计、安装调试,还需要深入学习后续的课程并加以实践。相信各位同学通过后续《智能物流技术与装备》《配送中心规划设计》《系统建模与仿真》等课程的学习,融会贯通,一定能够早日实现自己独立设计一个现代化物流中心的目标。

本章小结

本章将装备技术分为仓储装备、输送分拣装备和搬运装备3部分进行了阐述,对各种类型的设备做了基本介绍,对相关设备在现代化物流中心的作用进行了描述。通过本章的学习,同学们可以对智能化物流装备形成初步的认识和了解,可以直观地感受到智能装备所涉及的相关知识。本章为后续的课程学习提供了方向。

参考文献

[1] 翁迅,张经天.智能医药物流系统规划与设计[M].北京:北京邮电大学出版社,2022.
[2] 张经天.典型物流场景下的 AGV 系统关键技术研究[D].北京:北京邮电大学,2019.
[3] ZHANG J, YANG F, WENG X. A Building-Block-Based Genetic Algorithm for Solving the Robots Allocation Problem in a Robotic Mobile Fulfilment System[J]. Mathematical Problems in Engineering,2019(1):1-15.
[4] 王斌.智能物流:系统构成与技术应用[M].北京:机械工业出版社,2022.
[5] D'ANTONIO G, CHIABERT P. Analytical models for cycle time and throughput evaluation of multi-shuttle deep-lane AVS/RS[J]. The International Journal of Advanced Manufacturing Technology,2019,104:1919-1936.
[6] LI X W, YANG X Q, ZHANG C R, et al. A simulation study on the robotic mobile fulfillment system in high-density storage warehouses[J]. Simulation Modelling Practice and Theory,2021,112(1):102366.
[7] 徐翔斌,马中强.基于移动机器人的拣货系统研究进展[J].自动化学报,2022,48(1):1-20.
[8] 张新艳,邹亚圣.基于改进A^*算法的自动导引车无碰撞路径规划[J].系统工程理论与实践,2021,41(1):240-246.
[9] 金跃跃.现代化智能物流装备与技术[M].北京:化学工业出版社,2020.
[10] 邹霞.智能物流设施与设备[M].北京:电子工业出版社,2020.

方法篇

第 6 章　设施选址规划与布局

通过第 1 章中关于物流运营场景的描述(见图 1-1),我们应当知晓,全面智能化的物流业背后,一定离不开基础设施的保障。本章我们将结合案例,介绍物流设施选址规划与布局的基本概念、重要性、相关的方法与技术等,并对配送中心这一典型物流设施的选址与布局做较为具体的介绍,以便大家对物流设施的规划布局有更深刻的认识,为将来更加深入地学习专业课程奠定基础。

案例导入

粤伽新梅产业园

物流基础设施的建设是物流发展的前提和保障,如果没有完善的基础设施建设,物流事业的发展就会受到根本的限制,而且会影响其他产业的发展。

以新疆伽师县新梅产业为例,多年来,由于地广人稀、物流基础设施薄弱,新疆地区的物流时间长,花费高,在很多电商平台都是"不包邮区"。新梅产季短,摘下来要尽快进冷库储存,不然很容易坏掉。因为过去冷库少,物流不够通畅,新梅需求市场规模小,所以果商的收购批量都较小,剩下的新梅往往只能烂在地里,或者在当地按半价卖掉,农民的收入就少了。

2021 年 10 月,伽师县政府和广东援疆指挥部共建"粤伽新梅产业园",并将其中 4 座冷库交由京东物流运营。2022 年,京东率先引入 12 条智能分选设备,从果园采摘的新梅经过清洗、烘干、红外摄像等方式,自动区分重量、大小、外观瑕疵和内伤,随后被送到相应标准的输出框内,进行人工检验、自动化包装,通过标准化的方式,效率以肉眼可见的速度提升,实现了新梅的全流程自动化拣选,日加工峰值达 50 吨。图 6-1 所示为京东物流新疆智能供应链中心。

图 6-1　京东物流新疆智能供应链中心

有了智能供应链中心的加持,不仅是伽师县的新梅,包括樱桃、猕猴桃、苹果、香梨、冬枣、葡萄、蜜瓜等在内的其他新疆特色农产品,都可以以标准化的规格、优良的品质,在最快48小时内送到全国消费者手中,同时降低了20%的运输成本,真正让好果子卖上好价,用实际行动助力果农增收。一条"疆果出疆"产销一体的物流运输大通道就此打通。图6-2所示为京东物流新疆智能供应链中心出入口。

图6-2 京东物流新疆智能供应链中心出入口

6.1 "当日达""鲜味达"的背后——设施选址规划

6.1.1 物流设施选址概述

在物流系统中,物流设施是指物流系统中的一些关键节点,如工厂、港口、仓库、配送中心、零售点等,它是整个物流网络系统的关键节点,是连接上游和下游的重要环节,起着承上启下的作用,其选址是否科学、合理,不仅影响企业的物流能力,还影响企业的实际物流营运效率与成本。

物流设施选址(logistics facility location)是指在一个具有若干供应点及若干需求点的经济区域内,选择一个或几个地址作为物流设施的规划过程,是运用科学的方法决定设施的地理位置,使之与物流运作系统有机结合,以便有效、经济地实现系统目标。

物流设施选址包括两个层次的问题:选位,即选择什么地区(区域)设置设施,如选择在国内还是国外、发达地区还是欠发达地区、南方还是北方、沿海还是内陆等;定址,定址地区选定以后,具体选择在该地区的什么位置设置设施,也就是说,在已选定的地区内选定一个空间作为设施的具体位置,先要根据设施的要求合理选择建设区域的面积需求,然后进一步在选定区域内确定厂区的形状和位置。

具体到京东粤伽新梅产业园的合理选址,由于该产业园选址合理,从果园新摘出来的水果能够在有效时间内运往物流园区,保证了水果的新鲜和完好;水果经过园区的加工处理后,能够快速发往全国各地的需求市场,客户能够在期望时间内收到产品,真正实现了鲜果出疆。

6.1.2 是开始,也是未来——设施选址的重要性

设施一旦建成就一劳永逸了吗?并不是,如果选址不合理,后续运营中会产生诸多麻烦。

设施选址的重要性主要体现在以下几个方面。

1. 设施选址是降低成本的关键

设施选址是物流设施建立和管理的第一步,也是企业扩大的第一步。成本最小化、收益最大化始终是企业竞争的焦点。设施选址的恰当与否与成本紧密相连,与其他一些因素也密切相关,如当地工资水平、税率和汇率、运输成本、原材料价格、劳动生产力等。因此,选址不当很容易增加企业的成本。例如,如果一家企业被当地的低工资率所吸引而不在意员工生产效率低、职业道德水平低的情况,即使企业有良好的管理水平,它在竞争的开始也已经处于劣势。

2. 设施选址直接影响企业的经营

设施建成后,接下来还会有许多方面需要支出费用,例如设施布置以及投产后的生产经营费用、产品和服务质量及成本等。设施选址对上述费用有极大而长久的影响,企业的设施一旦建设竣工就无法轻易改动。因此,企业在进行设施选址时一定要科学分析,考虑自身的特点及优劣条件,不能凭主观意愿行事,需进行充分的调查研究。

3. 设施选址影响物流系统的输出输入

物流设施选址确定了所接触的外界环境,影响着物流系统的各种输入和输出。就京东粤伽新梅产业园而言,其合理选址使得果农手里的水果能够迅速转移到物流园区中,即物流系统的输入;同时物流园区通过一些智能物流技术能够将水果快速发出,使得果农手里的水果能够快速卖出,即物流系统的输出。这一流程增加了果农的经济收入,也降低了京东本身的经营管理费用,实现了双赢。

总而言之,选址是开始,也是未来。设施选址对企业无论是长期还是短期的规划均会产生比较大的影响,需要我们认真细心地去决策。就短期规划而言,主要是设施建成的成本;就长期规划而言,主要是企业的生产经营成本等,这些都与前期的设施选址有极大的关系。

6.1.3 从一般性原则来思考设施如何选址

选好设施建设地点会对企业的总投资、施工难度、后续运行等问题产生深远的影响。本小节从几个原则性方面入手阐述设施如何选址。

随着人们生活水平的日益提升,人们对快递服务质量的要求也相应地提升。"上午下单,下午收货"最受顾客喜欢。一直以来,我国对新疆地区的发展十分关注,同时给予很多照顾性政策,吸引了部分企业和人才。新疆由于面积很大,基础设施薄弱,快件实现"上午下单,下午收货"这一目标是困难的。京东及伽师县政府看准人们的需求,抓住新疆物流的痛点,于2021年建设京东粤伽新梅产业园。该产业园选址接近果园,这极大地方便了果农采摘完水果后能够在有效时间内运往园区内;同时,物流园区周围交通较为便利,能够方便水果发往全国各地。京东粤伽新梅产业园工作的大致流程如图6-3所示。物流园区引入了先进的智能物流科技,极大地提升了快件的分拣效率,有效地降低了管理成本及原料成本。快件在新疆实现"上午下单,下午收货"成为可能。

图6-3 物流园区工作大致流程

由上例可得出,京东粤伽新梅产业园选址的一般性原则大致有以下几个。

1. 成本费用原则

以最小的投入获得最大的效益。不管是营利性的企业设施选址项目还是公共服务设施选址项目,都必须尽量遵守这一原则。

2. 接近供应商/客户原则

制造业选址更多考虑的是产业聚集程度,即企业尽量靠近供应商,例如,汽车整车厂一般会选址于汽车城。日本国内丰田的零部件供应商平均每天向丰田总装厂发运零部件7次以上,每周平均42次,这跟日本丰田总装厂与零部件厂之间95.3千米的平均距离有很大关系,而其他一些与零部件供应商距离较远的汽车制造商只能实现丰田1/5~1/2的零部件配送次数,直接的影响就是丰田的关键零部件库存量及周转周期要少很多。而服务业选址,一般会遵循接近客户的原则,如银行网点、饭店、理发店、医院、零售业的所有商店等。

3. 吸引人才原则

要吸引并留住优秀人才,需要制定清晰而具体的职位描述,其中应包括该职位所负责的任务、技能要求、薪资和福利等信息。2008年以后,很多沿海的企业向内地、西部等地转移,一个重要的原因就是人才供应与人力成本的考虑。

4. 长远发展原则

面对竞争日趋激烈、瞬息万变的市场环境,企业选址应具有前瞻性。企业要充分考虑国家与地方的产业规划和政策导向、行业发展前景、供应链布局结构、市场资源范围(地区性、全国性、全球性等)等多方因素,为企业的可持续发展提供可扩展的余地。

5. 实事求是原则

实事求是是最基本的原则。但是,现实中的确存在一些并未坚持实事求是原则的情况,企业未能从自身发展的实际情况和需求出发,也不采用科学的选址方法和工具进行规范分析和评价,甚至受到一些无关因素的干扰而盲目决策。

需要说明的是,做到全部满足设施选址的上述各项要求和原则是不现实的,有时候鱼和熊掌不可兼得。但每个设施选址项目企业应根据自身具体情况,因地制宜,尽量满足对选址最有影响的原则及要求。

中国邮政集团有限公司重庆市渝北片区分公司(简称"渝北片区分公司")按照"辐射3公里、做深1公里、精耕500米"的选址建点原则,倾力打造"一点多能、一网多用,功能集约、便利高效"的综合便民服务站。遵循实事求是、便利群众、节约资源等原则,渝北片区分公司在28个城区网点周边将建起140个超越传统邮政网点服务模式的生态空间。

6.1.4 走程序才能体现标准化——设施选址的程序

办事情需要走程序,有程序意味着存在标准。特别是对于新手而言,标准化往往意味着解决方案。正因为如此,走程序才能体现标准化。经过多年的发展及应用,设施选址在我国形成了规范的程序和步骤。下面以京东粤伽新梅产业园为例,介绍物流设施选址流程的具体步骤。

1. 确定选址目标

确定选址目标需要根据对区域内供应链网络的分析,确定在拟建设施过程中需要考虑的因素和各项要求,明确建设物流配送设施的必要性、目的和意义,以及设施的潜在作用。对于京东粤伽新梅产业园而言,其选址目标包括减少企业物流成本,减少果农运输成本以及增加客户期望值等。

2. 明晰选址约束

在选址过程中,我们可以从需求条件、运输条件等方面来对决策进行约束,从而缩小选址的范围,选址范围遍布全国各地,这并不现实。对于京东粤伽新梅产业园而言,其选址要求离果园比较近,同时要求周围的交通较为便利,这些均为其选址的约束条件。

3. 勘查收集资料

收集地区选择的资料,并做出地区选择,以缩小地区选择的范围。可以先通过走访地方政府、行业主管部门和地区规划部门,收集并了解有关行业规划、地区规划对设施布点的要求和政策,报告该设施的生产性质、建设规模和选址要求,以及可能对周围环境造成的影响等,征询选址意见;对可供选择的若干地区,进行有关社会经济环境、资源条件、运输条件、气象条件、地质条件等基本情况的调查研究,收集有关资料,再对调查得到的数据进行处理,包括因素分析、定性和定量处理,特别关注关键指标和关键因素;最后,用科学的方法和手段,对备选地区方案进行分析和比较,按照方案的优劣排名,提出地区选择的初步意见。

针对可供选择的地区,需要进行调查研究和勘测,主要工作内容如下。

① 从当地城市规划部门取得备选地点的地形图和城市规划图,征询关于地点选择的意见。

② 征询周围企业的意见和建议。一般来讲,周围现有企业对当地的情况比较了解。因此,在实践过程中,要重视对周围企业的了解。

③ 到当地的人事部门、劳动力市场了解人力资源的供应情况,包括数量、质量及工资水平等。

④ 从当地气象、地质、地震等部门收集有关气温、气压、湿度、降雨及降雪量、日照、风向、风力、地质、地形、洪水、地震等的历史统计资料。

⑤ 请相关专业部门进行地质水文的初步勘察和测量,取得有关勘测资料。

⑥ 收集当地有关交通运输、供水、供电、通信、供热、排水设施的资料,并征询有关交通运输线路、公用管线的连接问题。

⑦ 收集当地有关运输费用、施工费用、建筑造价、税费等经济资料。

⑧ 对各种资料和实际情况进行核对、分析,并用科学的方法对各种数据进行计算处理。

4. 综合评价结果

设施选址情况有好有坏,需对其进行综合评价,否则有可能错过一个极好的设施选址地点。结合选址的影响因素,综合地对计算结果进行评价。评价时不应只考虑一种或几种因素,应将成本因素和非成本因素都考虑进去,对结果进行评价,看其是否具有现实意义和可行性。

5. 撰写选址报告

在完成准备工作,并获得推荐方案后,即可开始撰写选址报告。设施选址报告是项目建设前期工作的重要组成部分,它是进行可行性研究与开展设计工作的基础。

6.1.5 一个案例告诉你,设施选址的这些因素有多重要

在中国邮政(寄递)腾讯仓配中,腾讯公司主要的物流服务需求是工厂至仓库、仓库间的调拨和仓库到终端客户。其大致流程如图6-4所示。

中国邮政(寄递)腾讯仓配主要物料的供应商基本分布在北京、东莞、深圳和惠州等地,但是其终端客户主要分布在华南和华北地区。所以,为更好地体现行政区域优势、实现协同发展,项目组在东莞分公司源头仓建设的基础上,开设北京邮政分仓。项目源头仓设在东莞邮件

处理中心,仓储面积达1.6万平方米,员工80余人,日均处理订单量约3.5万单,高峰期日均生产能力达10万单;华北分仓选址北京邮区中心,仓储面积约0.5万平方米,员工30余人,日均处理订单量约1.5万单,高峰期日均生产能力达3万单。

图6-4 中国邮政(寄递)腾讯仓配大致流程

两仓全年预计发货量为1 800万单,年收入规模约5 000万元。南北两仓选址均靠近邮件处理中心,两仓做好库内前置集包后,邮件直接拉到处理中心做总包经转,大大缩短了邮件处理时间,有效地保证了客户的时效要求,特别是在生产旺季时的邮件流转和配送时效要求。

对中国邮政(寄递)腾讯仓配来说,分仓发货,通过订单数据分析,在订单来临之前,先将一部分货通过干线配送到指定分仓;当订单下达后,仓储管理系统通过分仓规则选择就近仓库发货,订单依次经过仓库处理、干线运输、揽投部妥投,整个仓配一体过程实现闭环,有效缩短中转所需时间,给客户带来更好的服务体验。

从中国邮政(寄递)腾讯仓配的案例可看出,成功的设施选址会为企业带来极大的效益。怎样才能成功地做好设施选址呢?我们就要关注设施选址需要考虑的因素。

1. 选位(地区选择)因素

地区选择主要考虑宏观因素,一般而言,地区选择主要考虑以下因素。

1)市场情况

设施的地理位置一定要与客户接近,越近越好。要考虑该地区的市场条件,对企业的产品和服务的需求情况、消费水平及与同类企业的竞争能力。要分析在相当长的时期内,企业是否有稳定的市场需求及未来市场的变化情况。

2)社会环境

要考虑当地的法律规定、金融政策、税收政策、环保等情况是否有利于投资。

3)资源条件

要充分考虑该地区是否可使企业得到足够的资源,如原商品、材料、水电、燃料、动力等。除物料资源要求外,还应充分考虑人力资源。

4)基础设施

交通道路、邮电通信、动力、燃料管线等基础设施对建立工厂时的投资影响很大,相关费用还包括土地征用、拆迁、平整等费用。对我国来说,企业应尽量选用不适合耕作的土地作为场址,而不应占用农业生产用地。

5)配套供应

通常,配送中心尤其是大型配送中心需要有充足的货源与之配套供应,因此,地区内是否有本企业所需要的各种商品供应商,对能否及时供应各种商品,支持精益生产,降低总成本都有重要意义。

2. 定址(地点选址)因素

在完成地区选址后,就要在选定的地区内确定具体的建厂地点。地点选择应考虑的主要微观因素有如下几方面。

1) 地形地貌条件

场址要有适宜建厂的地形和必要的场地面积,要充分合理地利用地形。地形力求平坦、略有坡度,可以减少土石方工程,又便于地面排水。

2) 地质条件

选择场址时,应对场址及其周围区域的地质情况进行调查和勘探,分析获得的资料,查明场址区域的不良地质条件,对拟选场址的区域稳定性和工程地质条件做出评价。地质条件应满足建筑设计要求,如避开强烈地震区、滑坡地区和泥石流地区。

3) 运输连接条件

场址应便于原材料、燃料、产品、废料的运输。运输方式为铁路运输时,场址考虑靠近铁路和车站;运输方式为水路运输时,场址考虑靠近码头等。

4) 发展条件

发展条件包括市政、绿化、城市的长远规划等。特别是城市的长远规划,其会对企业的经营有较大影响。有些地点从近期来看,可能适于设址,但随着城市的改造和发展可能会因为出现了新的变化而不适合设址。相反,有些地点近期看可能并不理想,但从规划前景看又可能很有发展前途。市政建设的具体情况可以向市政规划部门了解咨询。

3. 影响设施选址的成本因素和非成本因素

设施选址的成本因素和非成本因素见表 6-1。

表 6-1 设施选址的成本因素和非成本因素

成本因素	非成本因素
原料供应及成本	地区政府政策
动力、能源的供应及成本	政治环境
水资源及其供应	环境保护要求
劳动力成本	气候和地理环境
产品运输成本	文化习俗
零配件运输成本	城市规划和社区情况
建筑和土地成本	发展机会
税率、利率和保险	同一地区竞争对手
资本市场和流动资金	地区的教育服务
各类服务及维修成本	供应合作环境

6.2 建得多不如建得巧——设施选址规划评价方法

设施选址要根据诸多影响因素及其内在要求,拟定若干场址选择的具体原则和注意事项,提出多个选址方案,并采用定性、定量或定性与定量相结合的方法对备选方案进行评价选择。从多个备选方案中决定最终的选址需要进行科学的决策,其关键在于确定合理的评价指标和选择合适的评价方法。

设施选址的评价方法主要有定性评价方法、定量评价方法、定性与定量相结合的综合评价方法。定性评价方法包括德尔菲法、优缺点比较法等;定量评价方法包括综合因素法、重心法、线性规划、盈亏平衡法、整数规划及启发式方法等;综合评价方法包括层次分析法、因次分析法、仿真方法等。本章主要介绍德尔菲法、优缺点比较法、综合因素评价法、盈亏平衡法、重心法、线性规划等实际应用相对较多且相对简单的基本评价方法。

6.2.1 设施选址的定性评价方法

1. 德尔菲法

德尔菲法(Delphi Method),又称专家规定程序调查法。德尔菲法是20世纪40年代由赫尔姆(Helmer)和达尔克(Dalkey)首创的专家规定程序调查法。1946年,兰德公司首次用这种方法来预测问题,后来该方法迅速被广泛采用。用德尔菲法解决设施选址问题,简而言之,就是让一群专家对各候选地址给出意见,最后汇总各专家的意见,对比分析得到最终选址。

不过,使用德尔菲法时有一些注意事项:专家应该是具体选址问题所涉及的各方面专业知识领域的专家,具有一定的权威性和代表性,人数不能太少也不能太多;对设施规划的每个影响因素的权重及分值都应该征询专家的意见;可能出现多轮打分统计后仍不能趋于合理或达成一致的情况,这时应该谨慎采用专家的结论。

2. 优缺点比较法

优缺点比较法是一种最简单的设施选址的定性评价方法,适用于非成本因素的比较评价。尤其是当几个选址方案在费用和效益等成本因素比较接近时,非成本因素就成为设施选址考虑的关键因素。在这种情况下可采用优缺点比较法对若干方案进行分析比较。

以京东粤伽新梅产业园为例,优缺点比较法可选用的非成本因素见表6-2,具体选址问题可根据实际情况进行取舍。

表6-2 设施选址的优缺点比较表——以京东粤伽新梅产业园为例

序号	影响因素	方案A	方案B	方案C
1	区域位置			
2	面积及地形			
3	地势与坡度			
4	风向、风速、日照			
5	地质条件:土壤、地下水、耐压力			
6	土石方工程量			
7	城市规划:拆迁、改造工程			
8	排污、消防许可			
9	社区、居民态度及接受程度			
10	公路交通、铁路交通、进出、停车情况			
11	与城市的距离及交通条件			
12	供电、供热、供水、排水			
13	地震、防洪措施			
14	经营条件			
15	协作条件			
16	建设速度			
	合计			

该方法具体可以这样操作：罗列出各个选址方案的优缺点，并按最优、次优、一般、较差、极坏5个等级和选定的非成本因素进行打分；根据选址要求对某些评价指标设定最低值，任何方案的相应指标的评分若低于最低值则该方案被淘汰；对于剩余的方案，可直接加总得到各方案的得分，得分最高的即为最优方案。

6.2.2 设施选址的定量评价方法

1. 综合因素评价法

设施选址经常要考虑成本因素，但除此之外还有许多非成本因素需要考虑。经济因素可以用货币量来权衡，而非经济因素要通过一定的方法进行量化，并按一定的规则和经济因素进行整合，该方法称为综合因素评价法，主要包括加权因素法和因素分析法。

1) 加权因素法

加权因素法也称为加权因素比较法，是指把布置方案的各种影响因素（定性、定量）划分成不同的等级，并赋予每一个等级一个分值，以此表示该因素对布置方案的满足程度，同时根据不同因素对布置方案影响的重要程度设立加权值，计算出布置方案的评分值，根据评分值的高低评价方案的优劣。

在应用加权因素法进行决策时，一定要弄清楚决策目标，科学地遴选决策因素，慎重分配因素权重。

2) 因素分析法

因素分析法则可以同时考虑成本因素和非成本因素，其将各候选方案的成本因素和非成本因素同时加权并加以比较。列举各种影响因素，将这些因素分为客观因素和主观因素两类，客观因素能用货币来评价，主观因素是定性的，不能用货币表示。将客观量度值和主观量度值进行加权平均得到选址方案的整体评估值，最大者入选。

2. 盈亏平衡法

盈亏平衡法又称量本利分析法，是工程经济学中项目财务分析评价的基本方法，该方法在用于设施选址的评价时，主要基于产量、成本与销售收入预测，进一步通过确定临界产量来寻找成本最低的设施选址方案。为了方便计算，在使用盈亏平衡法时，一般只选取一种具有代表性的产品。

3. 重心法

重心法是一种在没有候选场址时，通过建立某种目标数学模型来直接求解最优选址位置的定量解析方法。其适用于单一设施连续选址问题，因此应用比较广泛。重心法主要考虑多种原材料由多个地点供应的情况，追求运输费用（一般取货物运输量与运输距离及运输费率的乘积）的最小化。重心法尤其适用于运输费用在运营费用中占据较大比例的选址问题。

4. 线性规划——运输法

复合选址问题，例如一家公司设有多个工厂供应多个销售点，当产量不足时，需要增建工厂，一般已知数个待选厂址方案，要求确定一个厂址，使所有设施的生产运输费用最小，这类问题可以转化成线性规划中的运输问题来进行求解。运输问题是运筹学的经典问题，同学们日后会重点学习。

关于设施选址的各类方法与理论，同学们会在后续的相关专业课中进行学习。

6.3 建得巧更要建设好——物流设施布局

6.3.1 设施布局概述

1. 设施布局的概念

设施布局,又称为工厂布局计划或设施布局设计,就是在选定的设施区域内,对组织内部的设备、货物、人员用房等生产资源和辅助设施的空间位置进行设计、安排,使之构成一个符合企业生产经营要求的有机整体的活动。

设施布局是否合理,对于企业的生产经营活动有着重要的影响,它影响着企业的生产经营成本、职工的工作环境、物料的运输流程以及企业的应变能力等。

2. 设施布局规划的目标

物流系统的设施布局规划工作的主要目标如下。

1) 产品单位成本最低

产品单位成本最低是制造或服务系统具有高竞争力的主要指标。具体到京东粤伽新梅产业园的建设目标,则是在不改变收购价格、不降低物流效率的前提下,尽可能减少物流成本。

2) 优化质量,使顾客满意

在竞争激烈的市场环境中,产品或服务的质量,是提高客户满意度、使企业获得成功的关键。例如,对于农产品销售物流来说,就是要尽快将优质的农产品完好地送到顾客手中。具体到京东粤伽新梅产业园,为了避免坏果,京东在布置产业园区时,适当地选用冷链物流设备,以平衡质量与成本之间的关系。

3) 有效利用人力、设备、空间和能源

有效利用人力、设备、空间和能源是降低成本的有效途径。设施布置中相关服务设施的位置,如厕所、休息室、餐厅、工具保管室等,均会影响雇员的工作效率,良好的工作地布置能够充分利用空间,也有利于节省能源。

4) 为雇员提供安全、方便、舒适的环境

保证雇员的安全是设施布置人员应有的道义和法律责任,工具和产品的质量、过道和走廊的宽窄、工作地设计等都可能影响雇员的安全。

如果设施布置对雇员来说不够方便,可能会降低生产流程的连续性,打乱生产节奏,进而导致工作效率的下降。

5) 产品及时可得

项目是否成功取决于能否将产品及时投送到市场,及时提供服务。具体到京东粤伽新梅产业园,因为新梅的收获和销售具有明显的季节性,产业园区在规划仓库规模、运送路线时,应当考虑到收获季节农作物的储存需求和配送过程中的时效性。

6.3.2 物流设施怎么布局

本小节介绍设施布局规划常用的3种方法:数学规划方法、排队论及仿真方法。

1. 数学规划方法

企业的目标通常是成本最低或者利润最高,由于资金、场地、销售路径等一系列条件的限制,企业在建设设施时不可能投入无限的资源。因此,可以使用数学规划方法,在不违背一组规定的约束条件的前提下,通过给定各指标的参数条件,得到一个可量化的目标函数。

2. 排队论

等待行为在各种制造或服务系统中是普遍存在的,减少货物在物流系统中的等待时间和排队长度就能在一定程度上减少库存费用。可以通过一种或数种方法,实现库存较少和物流速度较快,例如购买更多的设备、增加更多的服务人员、重新设计物流服务流程或重新规划设计设施等。

为知道哪些变量能以最低的成本对问题产生最大的改进,我们通常采用排队论,即顾客由不同的途径到达商店,排在队列中按顺序等待服务,分析等待过程中以下数据的估计值:

① 等待在队列中的顾客的数量;

② 一个顾客花费在排队中的等待时间;

③ 服务人员空闲的概率;

④ 充分发挥服务能力的队列长度。

在物流园区中,我们可以将出入库过程中的货物理解为等待的顾客,将货物的加工、装卸、搬运设备理解为服务员,以此进行估算。利用估计值决定选择哪些变量可以改善系统。

3. 仿真方法

数学规划方法或排队论不能解决那些对复杂随机系统分析和建模的问题,这些问题通过实验来解决的话时间成本和资金成本过高,所以一般采用仿真方法来解决。仿真可达到较高的精度,只受计算机硬件和软件的限制。

仿真方法能产生具有代表性的样本,但仿真方法也有它的缺点——只有从较大的样本中才能得到较好的估算值,而样本数目越大需要在计算机上运行的时间也就越长。此外,开发一个仿真模型往往需要花费较多的时间。

目前,仿真仍是广泛使用的建模方法,它可以使系统的运作可视化,并做出分析,免除对实际系统做试验的必要。随着面向对象的仿真语言实用性的增大,以及计算机速度和储存量的迅速增长,仿真将更多地用于设施设计布置和选址,本书第 9 章会涉及仿真在相关物流设施规划中的应用。

6.3.3 设施布局分析方法与技术

1. 物流分析基础

1) 计算物流量

物流业务量的大小,是确定物流设施布局规模的重要参数,也是规划物流系统的基本范畴,它对物流设施设计、物流设备选用起着重要的作用。

物流量是指一定时间内通过两物流节点间的物料数量。在一个给定的物流系统中,考虑到货物的种类、体积、形状、易损程度、价值、实际数量等因素的影响,其可运性或搬运的难易程度相差很大,简单地用质量作为物流量的计量单位并不合适,例如,对于一辆核载 10 吨的卡车,在满载新梅的情况下,其载运质量可能仅有 8 吨。所以,在计算物流量的时候,必须找出一个标准,把系统中所有的物料修正、折算为一个统一量,才能比较、分析和运算。因此,在实际物流系统中,所提及的物流量均为当量物流量。

当量物流量是指物流系统运动过程中一定时间内按规定标准修正、折算的搬运和运输量。这种修正与折算充分考虑了物料在搬运过程中实际消耗的搬运和运输能量等因素。

此外,还可以用玛格数衡量物料搬运难易的特征。但是,这种方法存在诸多问题,如玛格数标准不明确,物流系统越大、越复杂,玛格数的使用精度越低等,该方法是一种不太成熟的当量物流量计算方法,所以本章不做赘述。

2)物料的分类管理

在物流设施的生产活动中,需要根据物料的物理特性、化学特性或经济特性,对物料进行分类,这里主要探讨物料的经济特性分类问题,一种典型的分类方式是 ABC 分类法,此种方法在第 7 章库存管理部分会介绍。

2. 布局设计方法与技术

物流设施布局规划是指在物流设施计划任务的指导下,将物流设施所涉及的所有对象,即物流节点状况、物流计划任务执行人员、所需机器设备和相关的物料管理作业设施,在信息技术的辅助下达到物流节点系统设施的最佳效果。

由于影响物流设施平面布局的因素较多,物流设施的设计目标也多种多样,长期以来,设计人员凭经验和主观判断进行平面布置,近年来才逐步形成了一些先进的设计方法,其中具有代表性的是系统布置设计(Systematic Layout Planning,SLP)方法。我们以京东粤伽新梅产业园建设为例,通过以下程序来理解 SLP 思想。

1)准备原始资料

在物流系统布置设计开始时,首先必须明确地给出原始资料,例如,谁要买,要多少(订单);卖什么货(商品种类);有多少货(商品的数量和库存量);怎么送,送到哪(物流路径);要干什么(物流服务单位划分);何时送到(交货时间);花多少钱(物流成本)等。

2)物流分析与作业单位相互关系分析

物流分析是布置设计中最重要的方面,要根据作业在流程中的先后顺序、衔接程度,确定各个作业单位之间的相互关系。

以新疆伽师县新梅的入库作业为例,新梅入库流程如图 6-5 所示。

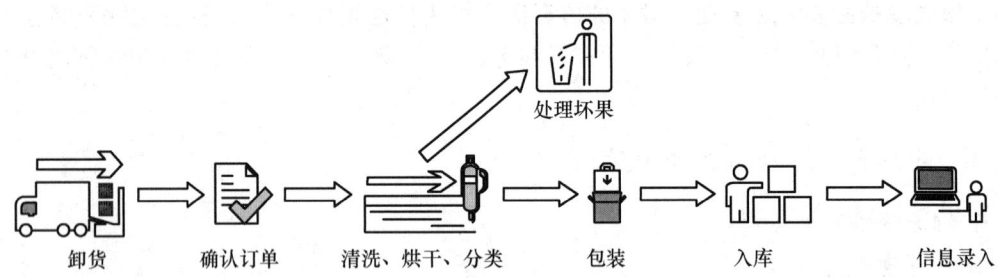

图 6-5 伽师县新梅入库流程

新梅入库需要经过清洗、烘干等工序,并使用相应的设备自动区分重量、大小、外观瑕疵和坏果,随后新梅被送到相应标准的包装箱内,经工作人员打包后,放入冷库。所以在绘制作业单位位置相关图时,新梅的分拣、包装车间就应该设置在卸货区和冷库之间。

3)绘制作业单位位置相关图

根据作业单位之间的相互关系,考虑每对作业单位间关联程度的高低,以此决定两作业单位相对位置的远近,从而得出各作业单位之间的相对位置关系,就得到了作业单位的位置相关图。

作业单位之间的关联关系一般分为 A、E、I、O 4 个等级。A 等级代表双方之间的联系异常频繁,互动交流次数很多;E 等级代表双方之间的联系异常复杂,互动交流非常独特;I 等级代表双方之间的联系异常重要,互动交流次数相对较多;O 等级代表双方之间的联系异常有序,互动交流次数相对稳定。京东粤伽新梅产业园各作业区域之间的关联关系如图 6-6 所示。

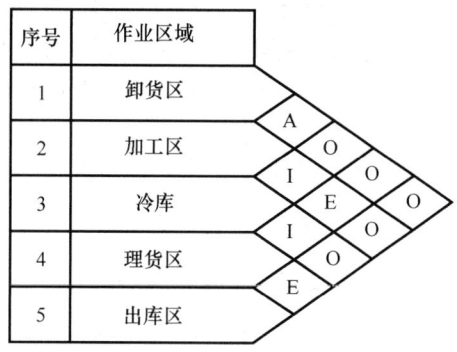

图 6-6　京东粤伽新梅产业园作业单位物流相关度

4)计算作业单位占地面积

根据设备大小、人员多少、通道规格及辅助装置等因素计算合适的作业单位占地面积。例如,在计算装卸区面积时,需要考虑货车大小、是否使用叉车等装卸设备、装卸工作人员数量等因素。

5)绘制作业单位面积相关图

把计算的各作业单位占地面积附加到第 3 步得到的作业单位位置相关图上,就形成了作业单位面积相关图,如图 6-7 所示。

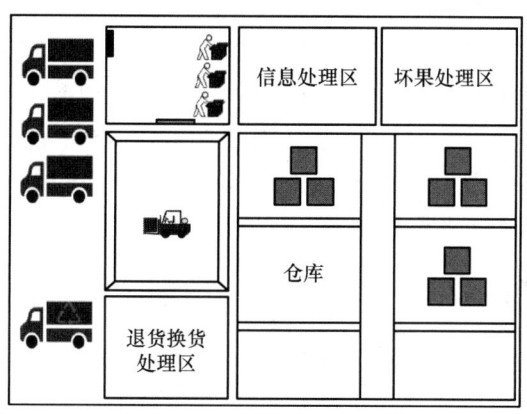

图 6-7　作业单位面积相关图

6)修正

作业单位面积相关图只是一个原始布置图,需要根据其他因素进行调整和修正。在修正阶段中,需要考虑的修正因素包括物品搬运方式、操作方式、储存周期等,同时还需要考虑实际限制条件如成本、安全和职工倾向等,之后对作业单位面积相关图进行调整,得出数个有价值的可行设施布置方案。

例如,在京东粤伽新梅产业园的建设过程中,针对新梅、香梨这些农产品的特殊温度需求和食品安全需求,选择使用电动叉车而非燃油叉车,因此,在设计阶段需要考虑到充电桩的需求,在装卸区额外安排充电区域。

7) 方案评价与择优

针对前面得到的数个方案,进行技术、费用及其他因素评价,通过对各个方案的比较评价,选出或修正设计方案,得到布置方案图。

依照上述说明可以看出,系统布置设计(SLP)是一种采用严密的系统分析手段及规范的系统设计步骤的布置设计方法,具有很强的实践性。总体规划阶段的设施总体区位布置和详细规划设计阶段的各作业区域的设备布置均可采用系统布置设计程序。

6.4 一种典型的物流设施——配送中心的选址与布局

6.4.1 配送中心≠传统仓库——配送中心概述

传统仓库和配送中心都是货物在生产结束以后,到达最终用户之前,存放或者临时存放的场所,但两者有着巨大的差异(见表6-3)。

表6-3 传统仓库与配送中心对比

设施名称	传统仓库	配送中心
定义	储藏保管货物的场所的总称	从事物流活动的场所或组织
服务群体	主要为生产企业服务	主要面向社会服务
功能	保护存放的货物	物流功能健全
信息要求	实时监控库存	要有完善的信息网络
货物加工	无具体要求	一定程度的流通加工
管理要求	保证物品不丢失,不变质	物流业务统一经营管理

配送中心的基本任务是完成物资的储存与配送。因此,配送中心大多是融库存管理、指挥、信息处理、市场预测、衔接以及货物加工处理为一体的物流综合设施,配送中心作为连接工厂与客户的桥梁,能够减轻生产企业与销售商的负担,减小劳动强度,提高货物的流通效率。配送中心作业基本流程如图6-8所示。

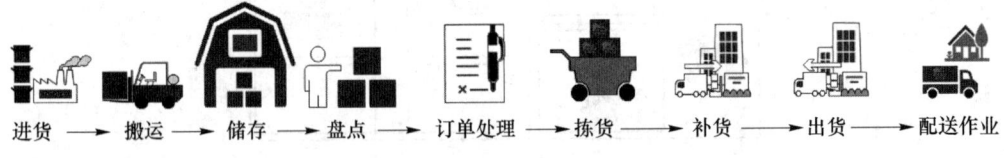

图6-8 配送中心作业基本流程

物流中心根据成立来源及经营形态的不同,可以分为表6-4所示的4种类型。

表6-4 物流中心类型

分类名称	说明	管理重点
制造商型配送中心(MDS)	由制造商所成立的物流中心(Distribution Center built by Maker)	产品货物的管理
批发商型配送中心(WDS)	由批发商或代理商所成立的物流中心(Distribution Center built by Wholesaler)	客户订单的管理

续表

分类名称	说明	管理重点
零售商型配送中心（ReDS）	由零售商向上整合所成立的物流中心 (Distribution Center built by Retailer)	销售点的管理
专业物流配送中心（TDC）	由货运公司所成立的物流中心 (Distribution Center built by Trucker)	储位的管理

6.4.2 配送中心的选址

1. 配送中心选址的一般阶段

配送中心选址是一个复杂的问题，影响着整个供应链的成本和决策。图6-9反映了一般的供应链结构。配送中心选址的规划阶段分为4个阶段，即准备阶段、选位阶段、定址阶段和编制报告阶段。

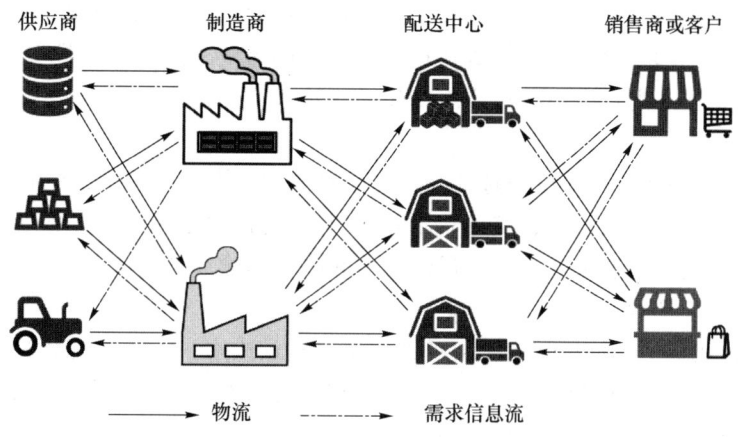

图 6-9 供应链结构示意图

1）准备阶段

在配送中心选址的准备阶段，首先要明确选址的目标，这也是这一阶段的主要工作。这些目标可能包括降低运输成本、提高客户服务水平、优化库存管理、提高运营效率等。明确的目标可以为主动选址过程提供明确的方向，帮助团队集中精力，避免选址方向出错。

2）选位阶段

选位阶段主要考虑选择什么地域(区域)设置设施。根据实际情况进行调查，如在可供选择的地区内调查社会、经济、资源、气象、环境、租金、交通、配送半径等。在当前全球经济一体化大趋势下，或许还要考虑国内或国外的选址。

3）定址阶段

在地域选定后，选择在该地域的具体位置设置设施。该阶段需要考察该位置在已选定地域中的交通情况、周边环境等。

4）编制报告阶段

编制报告阶段的主要工作内容包括：对调查研究和收集的资料进行整理，选址候选地点总结，选址决策建议，编写设施选址报告，对所选厂址进行评价，报决策部门审批。

以上就是配送中心选址的一般阶段，具体的选址过程需要结合实际情况和具体要求进行详细的分析和考虑。

2. 配送中心选址的关键因素

在选择物流配送中心的地点时,我们需要综合考虑多个因素。下面将分析这些因素及其对物流配送中心选址的影响。

1) 客户需求

客户需求是选址过程中的重要因素。要确定配送中心所需要的服务种类和规模,了解客户的需求和期望是关键。配送中心的位置应能满足客户的需求并提供快速、准确和高效的服务。

2) 物流流量

物流流量是预测未来几年物流需求增长率的重要因素。结合配送中心的地理位置和客户分布情况,确定配送中心的规模和服务范围。考虑物流流量因素,有助于选择一个位置优越、流量集中且客户分布广泛的地区建立配送中心。

3) 供应商分布

供应商分布指制造业、物流业、批发零售业等周边供应商的分布情况。在选址过程中,我们需要调查周边供应商的分布,以评估其对配送中心的影响。选择一个周边供应商分布广泛的地区,将有助于提高配送中心的经济效益和运营效率。

4) 交通条件

交通条件是影响物流配送中心选址的重要因素之一。需要分析配送中心与周边道路的交通状况,包括道路状况、交通流量、交通管制等,以确定配送中心的最佳选址位置。选择一个交通便利的地点,有利于提高配送中心的运营效率和降低运输成本。

5) 土地与设施成本

土地与设施成本是选址过程中必须考虑的实际建设成本。研究当地土地价格、建筑成本、税费等因素,有助于评估配送中心的建设成本。在选址过程中,应选择价格合理、土地使用期限稳定且周边设施齐全的地区建立配送中心。

6) 人力资源

人力资源是配送中心正常运营的重要保障。在选址过程中,需要考虑到配送中心所需的人员数量、工作时间、薪资待遇等,以确定合适的用工环境和人力资源优势。选择一个拥有丰富人力资源且劳动力成本相对较低的地区建立配送中心,将有助于降低运营成本和提高竞争力。

7) 政府政策

政府政策是影响物流配送中心选址的重要因素之一。了解当地政府对物流配送中心的政策和规划,以及相关政策法规、行业标准和技术要求,有助于确保配送中心的合规运营和可持续发展。此外,政府提供的税收优惠、土地租赁优惠等政策也可能为配送中心的建设和运营带来实际利益。

综上所述,物流配送中心的选址需要综合考虑多个因素。只有在全面评估这些因素并权衡其优劣后,才能选出一个最适合建立物流配送中心的地点,以满足客户需求并实现高效运营。

3. 配送中心选址的方法

选址方法主要有定性和定量两种,配送中心选址采用的方法主要有单一配送中心选址方法和多个配送中心选址方法。

1) 单一配送中心选址方法

单一配送中心选址常采用重心法。重心法是一种静态的选址模型,它主要依赖运输成本来做出选址决策,而忽略了其他重要的因素。因此,这种方法在考虑用地选择时存在一些不足之处——它可能无法全面地考虑地理位置和交通便利性、多式联运、货车进出和配送路线等因素。

因此,重心法虽然在运输成本方面提供了一个有用的衡量标准,但它也有局限性,在现实物流环境中,它不能充分考虑到所有与选址相关的因素。

2) 多个配送中心选址方法

在物流规划中,选择多个配送中心的方案比单一配送中心方案更具现实意义,但也更为复杂。这种情况下需要解决多个关键问题,包括配送中心数量的确定;每个配送中心的容量规划、位置选择、服务对象划分、产品供给源、库存配置;运输策略,如货物从供应商到配送中心,以及从配送中心到最终客户的运输方式和路线等。

多个配送中心的选址方法多种多样,通常需要通过对各种可能性进行考察,以及对比各个方案来确定最佳方案,以确保总成本最小化。这是一个复杂的决策过程,我们也将在后续的相关专业课程中详细进行学习。

6.4.3 配送中心的布局规划

在整个物流网络中,物流配送中心所承担的是商品周转、分拣、储存、在库管理和流通加工的职能,针对各种类型的配送中心及其可能的发展阶段,规划并建设一个物流中心的系统规划程序,主要有以下5个阶段。

1. 计划筹建准备阶段

1) 经营定位分析

在进行物流配送中心的布局规划时,首先需要确定配送中心的主要客户群体、物品种类、物流服务地域范围、执行目标,以进行客户定位——面对不同的客户,其市场定位不一样,设施布置规划的重点与方法就有所区别。

2) 基本规划资料收集

在筹建配送中心时,一定要加强企业使用的基础规划资料的收集。基础规划资料收集项见表6-5。

表6-5 基础规划资料收集表

基础作业资料收集	未来规划需求资料收集
1. 基本运营资料	1. 运营策略与中长期发展计划
2. 商品资料	2. 商品未来需求预测资料
3. 订单资料	3. 产量的变动趋势
4. 物品特性资料	4. 预定的设置地点及土地可得性
5. 销售资料	5. 预期投资效益的水平
6. 作业流程	6. 预期使用年限
7. 业务流程与使用单据	7. 预算资金限制及来源
8. 厂房设施资料	8. 日程限制
9. 人力与作业工时资料	9. 预定时间进程
10. 物料搬运资料	10. 未来扩充的需求
11. 配送据点与分布	

3）服务水平策略分析

一般客户较为关心的物流服务项目主要以服务内容、时效、品质、成本、弹性、付款方式等项目为主。若要满足所有客户的所有需求，其成本势必很高。所以，物流中心的服务水平策略的最终目的就是在合理的成本下提高顾客的满意度，以达到最具竞争力的服务水平（如图6-10所示）。

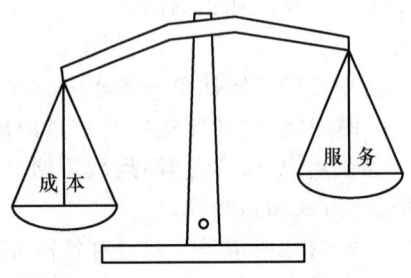

图 6-10 平衡成本与服务

因此，在制定物流配送中心的客户服务水平的策略目标时，应该把握主要的客户群，根据其物流服务需求水平制定目标。对于随机的中少量的需求，可以考虑部分外包方式作业，以取得物流成本与服务水平的平衡。

在打通物流进村"最后一公里"的过程中，中国邮政采用客货邮融合模式，利用公交车下方的行李存放处开展货运工作，在公交车到达村庄的邮件物流配送中心时，由合作社或者供销社的工作人员将货物卸下，将邮件分拣后，送到村里的农村物流服务点供村民自提，并将部分邮件送到行动不便的村民家中。同时，村民也可以通过邮件物流配送中心，将不需要冷链运输的农产品，如茶叶、蚕丝被等农产品送出乡村，在中国邮政"资金＋技术指导＋保险＋电商销售＋仓储＋寄递"的一揽子服务下，将农产品变现。

2. 系统规划设计阶段

1）基础规划资料分析

通过对原始资料的进一步分析，建立计划性步骤，通过掌握并分析订单商品品种、数量、物品特性、基础储运单位、订单变动趋势等信息，为规划作业能力做好数据支撑。

2）作业区设置

作业区设置需要根据作业流程的特性规划作业功能区域，包括配送作业区以及相关辅助活动区的规划。物流中心作业区基本上可以分为以下几类：

① 一般性物流作业区域；

② 退货物流作业区域；

③ 换货补货作业区域；

④ 流通加工作业区域；

⑤ 物流配送作业区域；

⑥ 仓储管理作业区域；

⑦ 厂房使用协调配合作业区域；

⑧ 办公事务区域；

⑨ 计算机作业区域；

⑩ 厂区相关活动区域。

在了解这些基本作业区后，还需分析这些作业区之间的关联性，方便确定其相对位置。

3) 配送中心系统规模确定

配送中心系统规模的确定包括配送中心规模的确定和配送规模的确定两个部分。

根据储存量的大小确定配送中心的规模。例如,配送中心仓库所需面积是由商品储存、货物品种、保管期限以及商品堆码高度、仓容定额等因素决定的。此外,为了方便装卸、分拣和搬运作业,还需要考虑这些作业所需的面积和巷道以及辅助作业区、生活区所占面积。根据客户需求和客户分布面积确定配送规模,以期产生规模效益,降低总成本。从连锁企业发展的实践来看,当一个便利连锁公司在某一区域内拥有20家店,总面积达到4 000平方米时,就可以考虑建立配送中心。

4) 作业区能力规划

在确定作业区和配送中心系统规模后,需要进一步确定各作业区在作业过程中的具体内容,主要包括进发货口是否共用、装卸车辆出入频次、装卸车辆的形式、托盘使用规格、货物等待入库时间、质检作业、订单分割条件等。

5) 配送中心设施设备选用

配送中心内的主要作业活动,基本上与仓储、搬运和拣取等作业有关。因此,该阶段规划的重点是对容器设施、储存设备、订单拣取设备、物料搬运设备、流通加工设备以及周边配合设备进行规划设计和选用。

3. 方案评估阶段

各种设施规划方案经过周详系统的规划程序后,会产生几个可行的方案,在方案评估阶段,本着对各个方案特性的了解,应提供客观的方案评估报告,以辅助决策者进行方案的选择。

4. 细节规划设计阶段

为了保证规划设计的合理,在计划实施前还需要对方案的各项细节进行考量。

1) 配送中心内的车流布置

因为配送中心的送货、发货车辆的活动大多集中在几个高峰时间,所以道路、停车场地及车辆运行线路的设计就显得尤为重要。为了保证配送中心内部的车辆在行驶过程中不会发生拥堵,配送中心一般采用单向行车、分门出入的方式,此外,不少大型配送中心还划分了大型卡车、中型卡车、乘用小车的出入口及车辆行驶线路。

2) 配送中心内部的设施构造

首先,考虑整体建筑的构造。从装卸货物的效率来看,建筑物最好是平房建筑,而在城市中,由于土地紧张和地价的限制,采用多层建筑的情况较多。

其次,应该考虑地面负荷强度。地面负荷强度不足可能会引起地面下沉、倾斜,进而导致货架的倒塌。地面负荷强度是由保管货物的种类、比重、货物码垛高度和使用的装卸机械决定的。

再次,应该考虑天花板高度。仓库堆栈、货架顶部与天花板、屋顶之间,仓库堆栈、货架的工作高度与在天花板垂直下方的灯、喷淋头之间应留有安全距离,防止引起火灾。还应考虑立柱间距,立柱间隔仓库内的立柱虽然在建筑结构上是必不可少的支撑部分,但是它在出入库作业时却可能成为障碍。

最后,要考虑配送中心内部的通道。内部的通道主要影响配送中心的作业能力和效率,与搬运方法、搬运工具尺寸、搬运频次有关。

总之,配送中心内部的设施构造需要考虑的因素是非常复杂的,具体地,比如立柱间距究竟多少才能够保证出入库作业的效率?托盘采用何种规格?配送中心内部通道具体怎么设计才能保证其作业能力和效率？这些问题可以在后续相关专业课中进行学习。

5. 计划执行阶段

在计划执行的过程中，可能会出现很多之前没有考虑到的问题。因此，有必要对计划的执行进行全过程的跟踪，发现问题及时解决，并进行总结，为企业积累宝贵的经验。

6.5 相关课程学习

关于物流设施的规划与布局，本章结合实例仅对基本的概念、方法与技术等做了相关介绍。在后续的《物流学》以及相关实践课如《邮政快递转运中心规划与仿真》《系统建模与仿真》等课程中，同学们会对相关知识进行更为深入的学习，相信大家一定可以掌握物流设施的合理规划与布局，为现代物流体系的构建提供有力保障。

本 章 小 结

本章介绍了设施选址与布局的相关概念及方法，让同学们对物流设施规划布局有了初步的认识，进一步选择配送中心作为典型物流设施，对其选址与布局进行了较为具体的阐述，让同学们对物流设施规划布局有了更深刻的认识，为后续进行相关课程的学习奠定了基础。

参 考 文 献

[1] 傅莉萍. 物流系统规划与设计[M]. 北京：清华大学出版社，2018.
[2] 伊俊敏. 物流工程[M]. 3版. 北京：电子工业出版社，2013.
[3] 周跃进，陈国华，等. 物流网络规划[M]. 2版. 北京：清华大学出版社，2015.
[4] 张力菠. 设施规划与设计[M]. 北京：电子工业出版社，2016.
[5] 王炳成，李洪伟. 丰田生产模式的实现基础研究——供应商集群的视角[J]. 技术经济与管理研究，2009(6)：120-124.
[6] 满足客户所需　实现有效益规模发展——中国邮政（寄递）腾讯仓配一体项目解析[N/OL]. 中国邮政报，2023-01-18(3)[2024-05-20]. http://www.chinapost.com.cn.
[7] 戢守峰. 现代设施规划与物流分析[M]. 北京：机械工业出版社，2019.
[8] 董维忠. 物流系统规划与设计[M]. 2版. 北京：电子工业出版社，2011.
[9] 朱占峰. 物流工程导论[M]. 北京：人民邮电出版社，2016.
[10] 董千里. 物流运作管理[M]. 北京：北京大学出版社，2015.
[11] 董千里. 物流工程学[M]. 北京：人民交通出版社，2008.
[12] 刘联辉，彭邝湘. 物流系统规划及其分析设计[M]. 北京：中国物资出版社，2006.

第7章 仓储与库存管理

在第1章,我们了解到物流包含多个环节,参见图1-1,其中仓储是重要环节之一。本章先介绍仓库、仓储、库存等一系列基本概念,然后通过问题案例来呈现仓储与库存环节可能面临的问题,以及当前行业所采用的解决思路、涉及的理论方法与技术。本章以点带面地通过案例介绍相关理论方法与技术,呈现关于仓储与库存管理的概念性、宏观性面貌,系统、专业的仓储与库存理论知识及技术可在后续相关专业课中进行深入学习。

案例导入

京东北斗新仓

京东物流在我国天津市武清区建成的亚洲首个全流程智能柔性生产物流园于2020年6月17日正式建成投用,该物流园称为北斗新仓。北斗新仓是继全流程无人仓、地狼仓、天狼仓、亚洲一号智能仓库之后的电商行业新一代先进的大规模自动化仓储生产与管理体系。为助力我国西北地区商家转型升级,推动西北区域经济协同发展,京东在西北地区布局了陕西西安亚一1期、2期、武功仓和宁夏银川智能仓、新疆乌鲁木齐亚一、伽师仓和甘肃兰州亚一共7座智能仓,称为"北斗七星",与五省区的数百个中心仓、卫星仓和分拣中心,构成了一体多面的物流仓配网络。

北斗新仓能够轻松处理数量级为亿的订单,不仅形成了亚洲电商物流领域规模最大的智能仓群,更是世界级的行业中的智能物流发展标杆。以京东物流亚洲一号西安智能产业园(以下简称"西安亚一")为例,仓库持有百万级别的不同品种规格的商品,在智能仓高速作业和快速配送的支撑下,陕西省内95%的京东自营订单都可实现当日达或次日达,陕甘宁乃至青海、新疆的"不包邮区"的消费者也因此受益。

北斗新仓代表着我国最先进的仓储技术。仓储是什么意思?仓储技术有哪些?京东北斗新仓是怎样的一个仓库?这个仓库中运用了哪些最先进的技术?该仓库为何能满足诸如"双11"这样爆发式的及时物流需求?"万丈高楼平地起",接下来,我们先了解一下相关的基本概念吧。

7.1 基本概念

在案例导入部分,我们认识到仓储的概念,知道了现代仓储是保证我们享有便利的当日达、次日达网购服务的保障。在新零售时代,电商背后的仓储作业场面可谓热闹非凡。在繁忙而有序的作业场景背后隐藏着仓库、仓储等相关对象的管理与技术支撑的奥秘,这将是仓储物流领域最核心的概念与技术。我们先来了解一下与仓储和库存相关的一些基本概念,从专业技术的视角理解这些概念,这是了解相关问题的前提。

7.1.1 并无二致——现代邮政也有仓储

需要再次强调的是,如第 1 章所提到的那样,现代邮政也有仓储。由于邮政业务历史的原因,行业外的人们对现代邮政有一个认识误区,认为邮政就是快递物流。人们往往认为,邮政只有分拣中心、转运中心等节点,不过是高速自动分拣,比起大规模的配送中心,没有存储,没有复杂的订单拣选,要比配送中心的作业简单得多。但是,实际上,邮政早已进入物流领域,从事综合性的物流服务。中国邮政于 2000 年开办直递业务,2003 年 1 月 18 日,中国邮政正式挂牌成立邮政物流有限责任公司,进入现代物流领域,推出集仓储、装卸、拣货加工、运输、配送、商品分销和信息服务于一体的现代综合性物流服务。

例如,廊坊市邮政物流分公司于 2021 年 9 月中标李宁公司华北中心仓仓储服务项目,为李宁公司提供"仓储+运输+快递"的物流服务。合作以提供仓储运营服务为主,在廊坊市固安县设仓,覆盖华北、东北、西北区域的门店和经销商,仓储面积约 5 万平方米,员工 120 余人,日均发货量 26 万件,高峰发货量 93 万件。仓内采用超过 100 台移动机器人进行分拣作业,为用户提供高效、准确的仓储服务。同时,廊坊市邮政物流分公司中标李宁项目辽宁省干线运输业务,正式进入李宁运输商梯队,和京东、百世、荣庆、盛丰、越海等行业头部物流企业开启了竞争模式。

廊坊市邮政物流分公司只是中国邮政进入现代物流业的一个缩影,中国邮政已在全国全面开展物流业务的拓展并有了十几年的仓储运营经验积累和沉淀,现代邮政已不再是局限于传统邮政和单一快递行业的概念了。根据 2024 年 12 月 30 日官方网站公布的数据,中国邮政速递物流拥有约 400 万平方米的仓储面积,遍布全国各省,拥有分布在华北、东北、华东、华南、华中、西南、西北七大区域仓配中心,122 个重点城市仓配中心和近千个县级枢纽仓配中心。邮政物流公司运营近千个仓储项目,在高科技、汽车、快消品、鞋服、医药等多行业,具备供应链入厂 VMI 仓、成品总分仓、智能仓、温控仓、保税仓、TAPA 仓、GSP 仓、云仓、前置仓等服务经验。

毫无疑问,现代邮政也运营管理仓库(Warehouse),为客户提供存储、装卸搬运、分拣、拣选、装车等仓储(Warehousing)服务,进行有效的仓储管理(Warehouse Management),对仓内货物进行库存(Inventory)管理与控制,以较低的成本高效地满足需求。为了达到这样的目的,邮政物流也同样寻求智能仓储等现代技术为业务提供强有力的支撑,这与其他物流公司并无二致。下面,让我们来看看仓储与库存相关的一些基本概念。

7.1.2 仓库

仓库(Warehouse)是设施,是储存保管货物的建筑物和场所的总称。仓库有很多分类,直接按建筑形式可分为单层仓库、多层仓库、圆筒形仓库等。图 7-1 所示,是一个多层仓库(京东亚洲一号某仓)的外景图。仓库也可以按所储存物品的形态划分为储存固体物品的、液体物品的、气体物品的和粉状物品的仓库。按储存物品的性质可分为储存原材料的、半成品的和成品的仓库。按仓库的温度可分为常温库、恒温库、冷藏库、冷冻库等。

除了仓库主体建筑,仓库内最主要的是仓储业务所需的各种设施设备、工具、用品和大量的货物。从物流角度看,仓库的两类核心设备是保管设备和装卸搬运设备。保管设备主要是存货用具,如各种类型的货架、货橱和苫垫用品。装卸搬运设备主要是用于商品出入库、堆码、翻垛等作业的装卸搬运设备,如各种起重机、叉车、堆垛机、滑车等装卸堆垛设备,各种输送机、

图 7-1 京东亚洲一号某仓库外景图

搬运车、电梯、手推车、托盘、周转箱等搬运传送设备等。有关仓储设备可以参考第 5 章装备技术中的相关内容。此外,仓库内还有计量设备、养护检验设备、通风保暖照明设备、消防安全设备和软件设备,以及劳动防护用品。图 7-2 展示了一组仓库内常见的仓储作业设施设备,如使用堆高机的高层货架、自动化立体仓库货架与堆垛机、环形交叉带式自动分拣机、用于货到人的拣选 AGV 等。更多仓储设备信息参见本书第 5 章装备技术。

图 7-2 某仓库的部分物流设施设备

7.1.3 仓储与仓储管理

仓储(Warehousing)是一个动名词,指仓库内进行的作业活动。在仓库内发生的储存、保管、管理、保养、维护、供给等一系列作业活动是仓储作业的核心内容。GB/T 18354—2021《物流术语》将仓储定义为利用仓库及相关设施设备进行物品的入库、存储、出库的作业。

仓储管理(Warehouse Management)是对仓库内日常作业与运作的管理,是对仓库、储位、货物和需求的综合管理,是为了充分利用所拥有的仓储资源以提供高效的仓储服务所进行的计划、组织、控制和协调过程。具体讲,仓储管理包括仓储资源的获得、经营决策、商务管理、空间管理、作业管理、库存管理、仓储保管、安全管理、人事劳动管理等一系列管理工作。随着物流功能的增强,仓储管理的功能已扩展到包装、分拣、整理、流通加工、简单装配等多种辅助性功能。

仓库有很多类型,如生产制造企业自己的仓库,或电商的自营仓库,又如鞋服行业的常温库和生鲜医药行业的冷库。这些仓库具有完全不同的特征,仓储管理的侧重点也随之不同。但仓储管理要保证该节点内的物流运作安全通畅,并在整个供应链上保证与其他环节和方面协调一致,共同服务于最终需求。

7.1.4 仓储管理系统

要保证仓库内高效而井然有序地作业,不仅需要硬件装备的直接参与,还需要软件和相应的算法对硬件进行有效的分配和调度,以完成复杂的作业任务。因此,在仓库内,除了硬件设施,还必须有软件的支撑。与仓储密切相关的软件是仓储管理系统(Warehouse Management System,WMS)软件和仓储控制系统(Warehouse Control System,WCS)管理软件。仓储管理系统对仓储控制系统进行作业策略的管理,而仓储控制系统则是在可编程序逻辑控制器(Programmable Logic Controller,PLC)之上来进行设备的控制。简单地说,WMS控制WCS,WCS控制PLC,从而保证仓库内所有物流作业的高效、有序进行。关于仓储设备结构、作业原理及其控制的相关知识同学们可以查阅第4章和第5章,并在相关的信息技术与装备技术课程中进行深入学习。

那么,什么是仓储管理系统呢?仓储管理系统有哪些功能?GB/T 18354—2021《物流术语》将仓储管理系统定义为对物品入库、出库、盘点及其他相关仓储作业,仓储设施与设备,库区库位等实施全面管理的计算机信息系统。仓储管理系统通过对仓库内资源的使用和物料流的协调与优化来提高仓库的作业效率并保持较低的成本。

WMS是仓储信息化的具体形式,能够准确高效地跟踪客户订单、采购订单以及对仓库进行综合管理。WMS的目标是整个仓库的收货、上架、库存管理、拣货、发运都能做到快而准,通过扫描目标物料条码提高精准度,真实反映仓库的实时库存,并且将库存维持和控制在适当的水平。图7-3是一个国产WMS管理软件提供的功能。

仓储管理系统软件能够完成如下功能:

① 分析需求、预测销售情况和制订有效的日常运营计划;

② 提供库存位置和数量的实时查询;

③ ERP其他模块或其他独立软件共享数据以提高业务运营效率;

④ 监控和报告仓储生产作业,以了解仓库运行效率以及应做出哪些改进;

⑤ 创建一步一步的指示,指导用户完成日常流程,如收货、拣选和包装订单。

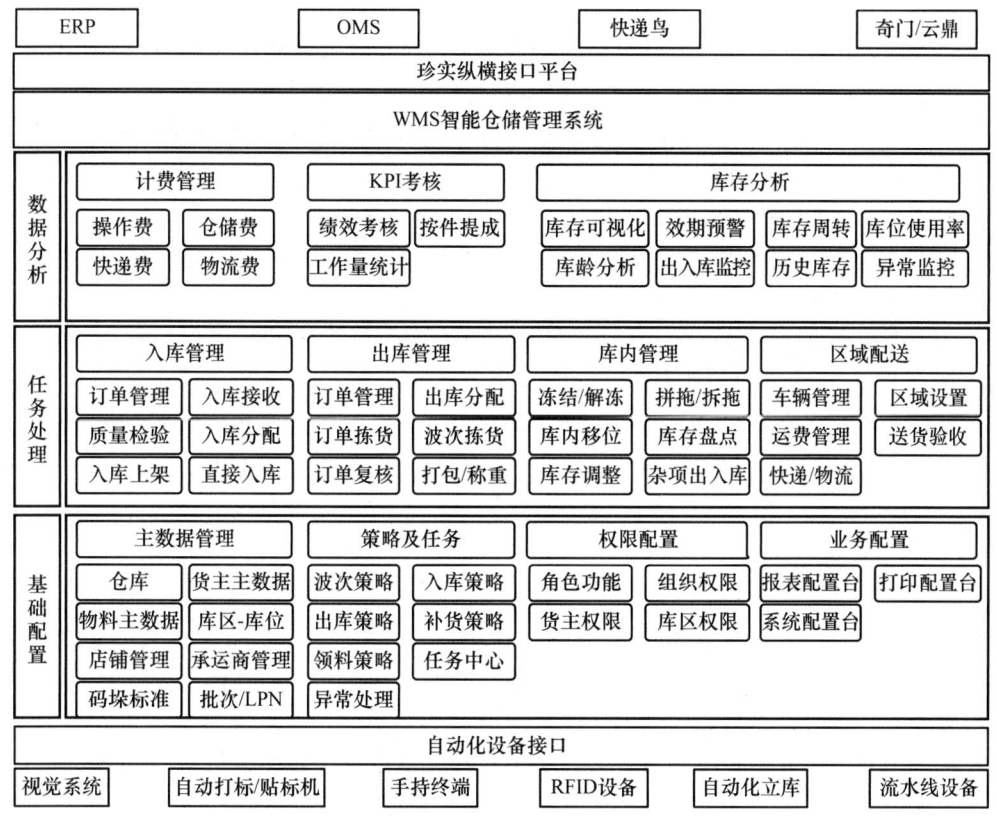

图 7-3 某仓储管理系统软件提供的功能

将 WMS 正确地应用于企业仓库管理,可以加强企业间信息的交流和共享,增加库存决策信息的透明性、可靠性和实时性。随着工业 4.0 的到来和智能制造的发展,WMS 的出现成为提升仓储水平的核心。WMS 通过信息化技术实现对企业仓储数据的管理和维护,并打破管理员的"视野盲区",在仓储作业中采用合理的调度方式、库位分配策略及可视化平台,让企业仓储管理的发展方向逐渐趋向智能化。

总的来说,采用 WMS 可以为企业带来几个方面的好处。第一,实现及时、准确、自动化智能导向的数据采集和过程精准管理,提高仓储业务的工作效率;第二,精准管理和控制库位,全面监控,充分利用库存空间;第三,按照内置的策略管理和分配库位、组织出入库作业,有效避免人为错误;第四,实时掌握库存数据,维持合理的库存水平;第五,完善库存信息,可辅助实现货品的可追溯性;第六,条形码或 RFID 标签等信息技术的采用能避免绝大部分人工错误。

值得特别指出的是,仓储管理系统并非仅仅解决仓库内部的问题,21 世纪的仓储管理系统还可以支持整个全球供应链,包括配送、制造、资产密集型业务和服务业务。这种仓储内部与整个供应链的集成因为云计算技术的发展而获得了空前的发展机会,下面介绍仓储管理云。

7.1.5 仓储管理云

所谓仓储管理云,即结合物联网、云计算等相关信息技术,利用"云"的概念将分散于不同区域、与实体仓储相关的资源整合起来,交由企业中心建立的仓储信息管理系统进行统一调度管理,形成一个以分布式仓储为"云"、以核心信息管理系统为服务器的智能企业仓储管理平台。

仓储管理云可以为仓库内部以及仓库与整个供应链的链接提供技术保障。具有鲁棒性的仓储管理系统可以利用云使快速、低成本的运作得以实现,从而获得如下好处:

① 提高运作效率:软件在进行操作管理的同时,供应链成员能够实时看到库存和运作,以应对客户在相关技术下进行的采购;

② 降低成本:帮助控制成本,不再担心昂贵的维护和升级费用;

③ 提升客户体验:后工业时代的顾客可能会在任何地方任意时间购买产品,快速的、随时随地的响应能提升客户的购买体验。

仓储管理云是信息化发展的产物,它改变了过去单个仓储的孤岛管理模式,将企业内部分布式的仓储资源,包括仓储的基本信息以及仓储内存储物资的信息、物资转运信息等进行集中整合与调度管理。仓储管理云能保证不同权限的管理人员实时掌握相应的仓储运作状态与数据,可以直接针对数据进行整理、分析、计算以及存储操作,还可以进行模块化的服务处理,其管理更为智能化。

7.1.6 库存与存货

仓库主要就是用来存放货物的,被存放在仓库里的货物就是库存。从专业的角度来说,库存是指为满足未来需求而存储的有价值的资源。资源是指人、财、物和信息等有形实物和无形物资与服务等。有价值是指想要获取这些资源需要付出成本。那究竟什么东西会是库存呢?不妨先从一个制造企业的角度来看看。一个公司用于生产或销售的原材料、零部件、各工序的半成品和最终的产成品都是它的库存(Inventory)。对于这些实物,将其归类为原材料(raw materials)、在制品(work-in-progress)和产成品(finished goods/products)库存。对于销售型企业,例如批发商、零售商来说,没有生产过程,库存都是可直接销售的货物,也称为商品(merchandise)和供应品(supplies),这些实物和相关生产商所持有的产成品库存没有差别,也都是这些企业的库存。在物流操作中,尤其在物流作业过程中,这些库存实物往往都被称为货物(goods),而在专业库存管理中,每一种库存实物都被称为一个货品或品项(item)。对于不同的企业来说,同一种物理实体,即同一种货物,可能是不同的库存。例如,对于轮胎生产厂商来说,轮胎是产成品,而对于汽车生产商来说,轮胎是一个零部件。

以上从物理实体的角度介绍了库存的概念。但是,库存作为一种资源,也包含无形物资与服务。大家是否听说过现在可以在网上购买聊天陪伴服务?这种服务是按陪伴时间长短购买的。那么,这种陪伴服务就是商品,可以提供该服务的人时储备就是这种商品的库存。很多服务行业都是类似的性质,其产品和库存都是无形物资,但其在库存管理上与有形物资产品是一样的。

实际上,库存的分类有很多不同的角度,在不同的分类角度下,货物被划分为诸多的库存子类概念。这些概念将在库存管理与库存控制中被频繁地使用。要深入地理解库存相关理论需要系统地学习,这里先不考虑分类依据,仅简单罗列如下十几种库存的概念与含义,以便大家对经常提及的各种库存概念有个初步的了解。

1. 原材料

原材料指用来参与生产所需的材料,通常在产成品完成后,这些原材料已无法辨识出原来的形态,如制药企业使用的一些化学原料。

2. 零部件

零部件也用来参与生产,构成产成品的一部分,当产成品完成后,还能辨识出它们原来的形态,如生产汽车用的一颗螺丝钉。

3. 半成品

半成品指产成品完成之前,既不是原材料也不是零部件的中间产品,如正在发酵环节存储,还未成为成品的某些食品类物品。

4. 产成品

产成品指等待销售的货品。

5. 服务库存(Service Inventory)

服务库存是一个管理会计概念,指的是企业在给定期间可以提供多少服务。例如,一家拥有10间客房的酒店,每周的服务库存为70次一晚住宿。

6. 维护、修理和运营(Maintenance, Repair and Operations, MRO)库存

维护、修理和运营库存指用于维护、维修和运行设备的零件、工具和其他物资的库存,是非生产原料性质的工业用品,通常以供应品的形式作为库存的一部分存在。

7. 包装材料

包装材料有三种:初级包装,保护产品使其可用;二级包装,用于包装产成品,并包含标签和最小存货单位(SKU)信息;三级包装是用于运输的大宗散装包装。

8. 季节性库存

季节性库存是投机性库存的一种形式,是指为了满足特定季节出现的特定需求而建立的库存,或指对季节性出产的商品在出产的季节大量收储所建立的库存。有些商品具备明显的季节性消费特征,在某些季节为销售高峰期,产品会供不应求,而在其他季节,产品常会滞销,比如羽绒服。还有些商品只在特定的季节生产,在其他季节无法获取,需要在当季存储,以供长期消费,比如谷物、水果。为此,需要考虑这些商品的季节性需求特性而专门持有较高数量的库存。

9. 促销与演示库存

促销库存是为了应对企业的促销活动产生的预期性的销售增加而建立起来的库存,如现在较为流行的促销活动中常见的降价促销"双11""双12"等带来的库存;演示库存是为了向消费者展示商品而准备的库存,比如超市试吃的产品。

10. 安全库存(Safety Stock)与预期库存(Anticipation Stock)

为应对随机需求而持有的库存称为安全库存;为可知的某种库存相关信息,如某货品要涨价或将迎来销售高峰而预期持有的库存称为预期库存。

11. 去耦/应急库存(Decoupling Inventory)

制造商为了使某个制造环节的低库存或制造过程中断不至于影响整个生产运行而额外设置的原材料或在制品库存称为去耦/应急库存。所有的企业都设有安全库存,但只有制造业企业设有去耦库存。例如一个计算机制造商,如果触屏款计算机的需求突然大大提高,就会造成阶段性的触屏部件的库存短缺,而键盘等其他零部件则不会出现明显的需求变化。于是,企业就可能在正常的库存之外专门持有一些额外的触屏库存来应对可能增加的用户需求。

12. 周期库存(Cycle Inventory)

企业订购周期库存是为了以最低的存储成本获得适当数量的库存。

13. 在途库存（Transit Inventory）

在途库存也被称为管道库存，在途库存是指在制造商、仓库和配送中心之间流动的库存。在途库存可能需要数周的时间才能在设施之间转移。

14. 理论库存（Theoretical Inventory）

理论库存也称为账面库存，理论库存是企业无须等待即可完成一个流程所需的最少库存。理论库存主要用于生产和食品工业。它是用实际公式和理论公式来衡量的。

15. 过剩库存（Excess Inventory）

过剩库存也被称为废弃库存，是指企业不打算使用或销售但仍必须支付存储费用的未售出或未使用的商品或原材料。

了解了上面列出的子类库存的概念及其含义，相信大家对库存有了更具体的认识，但是，从前往后看，是不是感到越来越抽象了？这是因为这些子类概念的背后是不同的关注视角。大致来说，对于库存的定义视角，有实物视角、供应链视角、风险视角和会计视角等，这里不做详细介绍，大家可以在学习的过程中进行深入探讨。

对于"库存"这个概念术语，有一个含义与其接近的概念叫存货（stock），在英文文献中有"stock on hand"，即现有库存量的说法。库存和存货在仓储领域有着含义上的轻微区别，与讨论库存的视角与出发点相关。这里不做详细介绍。

除了库存与存货这两个在初步学习中可以互换的概念，在仓储与库存领域还有一个重要的概念叫 SKU（Stock Keeping Unit）。GB/T 18354—2021《物流术语》将 SKU 解释为依据物品特点确定，便于对物品进行存放、包含、管理的相对独立的规格化单位。在应用中，通常将其解释为最小存货单位，是仓库中具体进行数量统计与管理的单位。对于不同的仓库，SKU 可以是不同的单元，如件、盒、箱、托盘等。

仓库中的所有库存是以 SKU 来区分和计量进货和出货的。例如，某款鞋服类产品，同一个款式有不同的颜色和尺寸号码，那么某颜色某尺码的该产品就是一个 SKU。用户在购买时也正是按照这样的具体信息进行订货的，因此，在进行库存管理时，也是按照不同的 SKU 进行定量管理和控制的。

7.1.7 库存管理与库存控制

为了方便理解库存管理与库存控制，假想我们在经营一个社区文具商店，必须对销售的各种文具进行管理。我们需要在日常经营中观察、记录每天或每周卖出多少商品，从而了解顾客对每种商品的需求，同时要及时关注每种商品当前还有多少，有些商品每天都需要清点，有些商品也许一周或一个月清点一次。然后，我们要确定每种商品的采购即订货策略，也就是每种商品在何时向供应商订货多少，预期何时能到达本店，以使我们的商店不会出现缺货而失去销售机会，并影响商店在已有顾客群中建立的信誉。我们会在经营中逐渐形成稳定的进货、清点、卖出再订货的循环，当销售出现变化时也会做出适当的调整。这就是库存管理（Inventory Management）最核心的内容。

在管理库存时，总是为相应的货品制定特定的补货策略，并通过清点，也称为盘库（Review），来及时了解库存变动情况，并根据当前库存与订货标准的差异来决定是否订货和订多少，从而将库存控制在一定的范围内，而避免出现存货太多或缺货的情况。这正是库存控制的基本思想。因此，库存管理也被称为库存控制（Inventory Control）。人们在研究库存的过程中，建立了很多库存模型，这些模型对应着不同的库存问题及其应对之策，被称为库存控制策略(Inventory Control Policy)。针对不同特性的库存货品,往往采用不同的控制策略。

存货管理(Stock Management)是库存管理的另一个可替换使用的术语。存货与库存在使用上有细微的差别,通常体现在制造业中。存货通常指待销售和配送的产成品,而库存则包含仓库中所有的货品,包括原材料、零部件、在制品和产成品。有时存货管理是库存管理的一部分,有时两者没有明显的区别。

库存是一个充满矛盾的问题。库存既不能太少又不能太多,太少容易缺货,会失去营利机会;太多会占用企业大量的资金,是企业不希望发生的。正因为库存会占用大量资金,企业通常希望库存越少越好,零库存的概念应运而生。

人们认为,只要整个供应链管理得当,每条供应链上的企业都能及时响应,实时满足下游节点的需求,就不需要库存了。如果生产线管理得很好,每个工位都能及时供应零部件、及时生产,就不需要在生产线上存储各种零部件和在制品了,这就是准时制生产(Just In Time)。但是,这里有一个默认的前提,就是不能影响销售,不能使需求满足率下降。如果需求是未知的、随机的,零库存就很难应对。实际上,面对充满随机性和不确定性的终端市场,零库存是很难保证满足率的,某个节点的零库存,往往意味着库存被推移到其上下游节点上而已。如果有一条供应链,从头到尾都是零库存,那么,该供应链必定与终端客户进行过提前共享需求信息的约定。

因此,在实际中,衡量库存管理效果,并不是简单地看是不是零库存,重要的指标是库存周转率(inventory turnover),即销售额与平均库存金额的比。它揭示了企业以多高的平均库存水平支持企业的销售。库存周转率越高,说明企业保持的库存水平越低,意味着企业在库存上占用的资金越少,说明库存管理水平越高。对于不同的行业,库存周转率通常有所不同。

从库存管理和控制的对象上看,还有很多不同的理论角度。库存管理与控制的对象可以是一个品项,也可以是多个品项;可以只考虑一个仓库节点内的货品,也可以供应链上多个节点的同一种货品一起考虑;可以面向已知的确定需求,也可以面向未知的不确定需求;所考虑的多种货品之间可以是独立的需求,也可以是相关的需求。这样不同的分类角度还有很多,不同角度的分类之间交叉组合,形成了一个庞大的理论知识体系和多得数不清的定量模型(来解决实际中复杂的库存问题),这有待大家进行深入的探索与钻研。

7.1.8 库存管理方法与技术

库存管理与库存控制的含义侧重于对于库存货品的库存数量的管理和控制,以库存控制策略为表现形式,在实际应用中体现为针对某一个或多个品项的众多库存模型和求解方法与算法。但是,当人们使用"库存管理方法"或"库存管理技术"的说法时,则更多是指在面向一个仓库的所有库存的管理实践中,从整个仓库的视角和从供应链的角度来考虑,如何对每个仓库节点内的所有库存品项进行库存管理与控制。

在面向一个仓库时,库存管理的对象并不是一个或几个重点关注的货品,而是仓库里所有的货品。一个大型仓库,或者一个配送中心,会拥有成千上万种库存品项,一个云仓可能有百万数量级的库存品项。那么首先考虑的问题是,对于每个品项的管理都一样吗?现实经验是,当然不!人们通常会将一个仓库里所有的货品进行分类,依据某种规则,将不同货品划分为A、B、C三类,然后分别针对三类货品制定合适的库存控制策略,选择合适的库存控制策略参数,从而对所有货品进行库存控制。

在面向供应链时,我们会发现,零部件制造商生产的零部件在自己的仓库里有库存,而在产成品生产商的生产线附近也有零部件仓库,也需要持有该零部件的库存,于是同一种货品,会在不同的节点上存在库存,那么,对于这种货品,最好的库存管理与控制方式是怎样的呢?

下面简要介绍 ABC 分类库存管理,零库存管理,供应商管理库存,联合管理库存,合作计划、预测与补给这几种典型的供应链库存管理方法/技术的基本概念,并简要介绍 MRP、ERP 和 JIT 与供应链库存管理的关系。

1. ABC 分类库存管理

管理一个仓库的库存意味着管理该仓库内所有货品的库存。一个仓库可能包含几百种、几千种、上万种或更多的库存品项。一个配送中心可能有万种以上的货品,而京东的一个云仓则包含百万数量级的货品(称为 SKU,即百万种需要分别进行库存管理的货物品项)。当我们需要管理这么多的库存品项时,对每个品项一视同仁地进行管理通常效率低下。抓重点,将库存货品按照不同的重要性进行分类,然后对不同重要性类别的货品给予不同的关注度以进行管理,这就是 ABC 分类法的基本思想。GB/T 18354—2021《物流术语》将 ABC 分类管理定义为将库存物品按照设定的分类标准和要求分为特别重要的库存(A 类)、一般重要的库存(B 类)和不重要的库存(C 类)三个等级,然后针对不同等级分别进行控制的管理方法。

那么,按照什么标准和依据来划分 ABC 类呢?那要看具体行业、具体仓库的具体情况。最初和最普遍的划分依据是某种库存品种占库存资金的多少。例如,在一个仓库中,5%～15%的品项数量占了资金总额的 60%～80%,人们将其作为 A 类货品来管理;20%～30%的品项数量占了资金总额的 20%～30%,人们把它们作为 B 类货品来管理;而 60%～80%的品项数量占了资金总额的 5%～15%,人们将其作为 C 类货品来管理。但是,在不同的行业,不同的仓库,不同货品的重要性并不完全体现为占用的资金,所以,人们研究了多种 ABC 分类依据和划分方法,大家在今后的学习中会有更多的了解。

2. 零库存管理

零库存管理的概念产生于 20 世纪 60 年代,来自汽车生产行业的准时制(Just In Time,JIT)生产,即在正确的时间以正确的方式将正确数量的正确货物交给正确的人,从而保证生产线上基本没有积压的原材料和半成品,大大降低生产线上的库存积压,也提高了相关生产活动的管理效率。当时,JIT 实现了生产企业的零库存,但是并没有实现原材料供应商和产品销售领域的零库存。但这种准时制的理念逐渐延伸到原材料供应、物流配送、产成品销售等各个环节。JIT 的核心思想就是避免浪费,消灭库存。

于是,零库存的概念应运而生,它包含两层含义:一是库存数量趋近于零,二是库存设施、设备的数量级库存劳动消耗同时趋近于零。那么,零库存就是没有库存吗?实际上,零库存是指在采购、生产、销售、配送等一个或几个经营环节中,库存不以仓库存储的形式存在,而是始终处于周转的状态。

一个非常容易理解的例子,是邮政快递转运中心。因为处理的对象是用户邮递的包裹,包裹存储在转运中心除了延误运输没有任何意义,因此,转运中心最核心的任务就是将所有接收的包裹尽快地、合理地分拣并发运出去。大量的包裹实际上就是该节点的库存,但是,节点的目标是让它们尽可能地没有驻留地从该节点流出去。这对于采用了大量高速分拣设备的转运中心已经不是不可解决的事了。

但是,对于生产企业,情况就有所不同。一个复杂产品的生成制造,需要成千上万种甚至更多的原材料与零部件,生产的产品有多种类型和规格,而生产节奏要受市场需求的影响。这使得整条供应链只能追求零库存而不能实现零库存。零库存是生产企业的一个思想理念和管理制度,并非真的库存量趋于零。在生产制造领域,零库存的真相是追求沉淀下来的库存量趋于零,而流动、周转着的库存要满足生产的需要,从而满足下游的需求。

3. 供应商管理库存

GB/T 18354—2021《物流术语》将供应商管理库存(Vendor Managed Inventory,VMI)定义为按照双方达成的协议,由供应链的上游企业根据下游企业的需求计划、销售信息和库存量,主动对下游企业的库存进行管理和控制的库存管理方式。例如,一个复杂产品的制造商需要从诸多零部件厂商那里采购零部件来装配生产出最终产品,那么该制造商就是下游企业,而各种零部件供应商就是其上游企业。如果按照传统的理念,制造商要将各种零部件采购回来,放在自己的零部件仓库内,以供给装配线使用。为了不影响装配生产,也为了简化订货入库工作,制造商可能会进行大批量采购,在零部件仓库内持有很高水平的库存,尤其是零部件种类很多时,总库存量更大。这种高库存水平会占用大量资金,谁来为这些库存买单呢?那就是供应链中的弱势企业。如果制造商是强势企业,往往需要零部件供应商来承担库存成本。但是,制造商其实只需要保证不影响其生产就可以了,只要共享生产对零部件的需求信息,这样供应商能更加有效地管理零部件库存,压低库存水平,但保证向装配线的供应。VMI 是在这样的背景下诞生的,由零部件供应商来管理制造商所需的零部件库存。它建立在零售商-供应商合作关系的基础上,打破了传统的"库存由库存使用者(同时是拥有者)管理"的模式,上游企业可以更快速地响应市场需求,减少了订单传递过程中的信息失真现象,降低了库存成本。VMI还可以建立一种 VMI-HUB 模式,例如建立在产品生产线旁边的汽车零部件配送中心,众多零部件集中在这里,该配送中心按照生产节奏统一向装配线配送零部件。这将下游企业与多个上游企业的一对多关系转变成了一对一关系,可带来规模经济,降低成本,提高效率。

4. 联合管理库存

GB/T 18354—2021《物流术语》将联合管理库存(Joint Managed Inventory,JMI)定义为供应链成员企业共同制订库存计划,并实施库存控制的供应链库存管理方式。JMI 强调供应链各个节点企业同时参与、共同编写库存计划,使供应链上的原材料供应商、生产者、各层分销商都从各方的协调性出发,保持供应链相互邻近的两个节点之间的库存管理者对需求的预计一致,从而减少需求变异放大现象,减少不必要的库存,提高供应链的同步化程度,进而优化供应链的整体运作性能。

与 VMI 类似,JMI 的目的也是降低整条供应链的库存水平,同时使上下游企业都受益。JMI 是一种风险分担模式,供应链上的成员企业都承担着库存风险;而 VMI 是上游企业管理下游企业的库存,那么,上游企业对库存控制问题就考虑得更多,承担的风险更大。

5. 合作计划、预测与补给

合作计划、预测与补给(Collaborative Planning Forecasting and Replenishment,CPFR)指供应链伙伴能够共同对从原材料的生产到最终产品的生产和交付的关键供应链活动进行计划的协作方法。CPFR 是一种协同式的供应链库存管理技术,协作内容包括计划、销售预测以及补充原材料和成品所需的运作。供应链中的全部成员进行更加深入广泛的功能合作,同时,信息共享程度也更高,这样可以显著改善预测的准确度,有效降低销售商库存量,增加供应商销售量,从而整体提升供应链效率,让所有成员受益。

6. MRP、ERP、JIT 与供应链库存管理

GB/T 18354—2021《物流术语》将物料需求计划(Material Requirements Planning,MRP)定义为利用一系列产品物料清单数据、库存数据和主生产计划计算物料需求的一套技术方法。

它是指根据生产计划来推算物料需求。

GB/T 18354—2021《物流术语》将制造资源计划（Manufacturing Resource Planning，MRPⅡ）定义为在物料需求计划（MRP）的基础上，增加营销、财务和采购功能，对企业制造资源和生产经营各环节实行合理有效的计划、组织、协调和控制，达到既能连续均衡生产，又能最大限度地降低各种物品的库存量，进而提高企业经济效益的管理方法。

GB/T 18354—2021《物流术语》将企业资源计划（Enterprise Resource Planning，ERP）定义为在制造资源计划（MRPⅡ）的基础上，通过前馈的物流和反馈的信息流、资金流，把客户需求和企业内部的生产经营活动以及供应商的资源整合在一起，体现按用户需求进行经营管理的一种管理方法。

MRP基于对最终产品在特定计划周期内的需求预测来制订各个层次的生产计划，是一个生产计划系统；MRPⅡ在MRP的基础上将生产计划过程与企业其他与生产相关的部门的活动综合起来考虑，生产经理要和市场经理合作决定何时对生产计划进行修改以适应修正后的需求预测和新的订单；ERP在MRPⅡ的基础上，整合了企业的所有资源和业务领域，目的是使企业的所有部门一起协作，共同制订合适的生产计划，与企业的整体商业计划和长期财政战略相容。从MRP到MRPⅡ再到ERP，考虑问题的角度不断提高，直至站在企业全局的角度来考虑问题，而供应链库存管理则又将考虑问题的角度提升至供应链上所有企业的全局。

准时制生产（JIT）指只在需要的时候，按需要的量，生产所需的产品。过多、过早地将零部件生产并存储起来等待产品生产线使用不叫JIT；产品生产线需要使用的时候零部件还没有生产出来，也不叫JIT；过多的产品放在仓库里卖不出去不叫JIT，用户订单到达却没有产品可出库售出也不叫JIT。JIT期望的就是在原材料、制品及产成品保持最小库存的情况下，能保持连续、快节奏的大批量生产来及时满足产品需求。这样的做法可以杜绝不必要的生产活动和浪费，这种思想也称为精益生产；因为一切都JIT从而没有多余的库存，也称为零库存管理。

但是，事情没有这么简单，JIT、零库存并非"万能解药"。在实际情况中，真正零库存的企业和供应链并不多。但不管怎样，零库存和JIT是一个"理想"。现代智能制造、智慧物流更希望供应链上的活动向"理想"看齐，在现代技术的支撑下，进一步降低库存、提高效率、提升服务能力。

MRP是基本的"推"式系统，对于确定生产批量的问题MRP系统似乎是可行的，但MRP系统的很多假设是不切实际的；而JIT系统是"拉"式系统，相比于MRP系统，问题出现后JIT系统可以迅速作出反应，但当需求变化较大时，JIT也会出现明显的不稳定性，相反MRP则可以将该信息纳入计划结构。供应链是将原材料转换为最终产品的所有活动的集合，生产过程是其中的一个关键环节，工厂的生产管理水平对产品质量和可靠性有根本影响，MRP和JIT体现了两种不同的管理物流流动的基本思想。在供应链库存管理中应用纯粹的MRP系统或者应用纯粹的JIT系统都是不可行的。

前面我们讨论库存管理，是从一个企业的内部开始往外看，先看内部的库存，然后看到上游供应商，当供应链是一个更长的链条，或者是个网状结构时，我们发现，库存分布在供应链链条或网络的节点上，成为一个有结构的库存系统，这时我们就站在了整条供应链的立场上看待库存。这个有结构的库存系统要在整体上进行最优决策，就必须增进企业间的协作，对物流进行整体化管理，从全局把握物流的各项活动，建立完善的信息系统，保证供应链各节点企业之间的信息准确性和传递速度，基于效率最高点进行市场战略部署，并以动态化的供应链应对市场变化。区别于传统库存管理是企业内部的部门运作管理问题，供应链库存管理的最高理想是在保证供应链上的供需顺畅的前提下实现零库存。

7.1.9 仓储管理与库存管理的关系

仓储管理是对仓库内部物流作业和资源的全面管理,包括对接收、入库上架、装卸搬运、拣选分拣、出库、装车等物流作业的全面管理,也包括对人员、安全等方面的管理,同时包括对仓库内所有货品的库存管理。如 7.2.2 小节所述,仓库内部的管理是十分繁杂的工作,涉及的方面很多。而库存管理/存货管理/库存控制则是集中针对库存货品的数量的管理,其核心内容是确定某种或几种货品的库存数量控制的策略,即订货的时机与数量,以保证该货品的库存量在一定范围内波动,避免出现库存太高和缺货。库存管理与控制表现为诸多的库存控制策略与模型,以及伴随的求解方法和求解算法。仓库中的各种货品具有各种各样不同的特征,使得库存控制问题非常复杂,衍生了复杂的库存理论,因此,库存管理与控制日渐独立为一个分支,从仓储管理中分裂出来。随着库存管理与控制的理论分支的壮大,人们在使用仓储管理这个术语时,其库存控制的含义部分就逐渐被弱化了。

7.1.10 基本概念小结

本节介绍了仓库、仓储与仓储管理、仓储管理系统、仓储管理云、库存与存货、库存管理与库存控制等的基本概念,对库存的分类和最常见的经典库存管理方法与技术做了简单列举式的介绍。这些概念在初学时可能显得彼此相似,但是,如果认真阅读本节内容,就不难发现这些概念和术语各有各的准确含义,并且彼此之间有着清晰的逻辑关系。虽然大家对概念,尤其是一些库存管理方法与技术的深入了解和认识还很不够,但是现在,相信大家能够清楚地说出这些术语的准确含义,并且可以像专业人士一样准确地理解和使用仓储相关的概念。

7.2 管个仓库有那么难吗——仓储管理核心内容与技术

仓库的工作不就是接收和发出货物,并保管好货物吗?管理一个仓库真的很难吗?在本节,我们将初步了解仓库内的作业内容,进行仓储管理时会遇到的最简单的问题,以及现代仓储技术怎样有条不紊地工作。至于详细使用了什么技术,采用了哪些模型和算法,如何进行规划设计和优化等,本章无法进行系统深入的介绍,同学们还需要在相关专业课程中进行学习。

7.2.1 仓库内都做些什么

仓库确实是用来接收、发出货物的。因为接收货物是指从不同商品的供应厂家接收货物到本仓库,而发出货物则是指按照用户需求的品种和数量发出给用户,所以,中间必须有个倒换的过程,并且还有时间差异。因此,需要将接收的货物存储起来,并在需要的时候根据需求将适当的货物从存储位置取出发给用户。这样一分析,仓库内的基本作业流程就清楚了,如图 7-4 所示。

这个流程看起来简单,但是,在实际中,一个仓库内的作业并不是每天按照这样的流程进行一次,而是在工作时间段之内,流程中的每个作业活动往往都是并行的。也就是说,在绝大多数时间点上,仓库中在同时进行多项活动。仓库总是一边在接收新到的货物并将其存储起来,一边在组织拣选作业,按照订单将需要的货物拣选出来以装车发运出去,而与此同时仓库中的装卸搬运设备也在不停地运送货物。

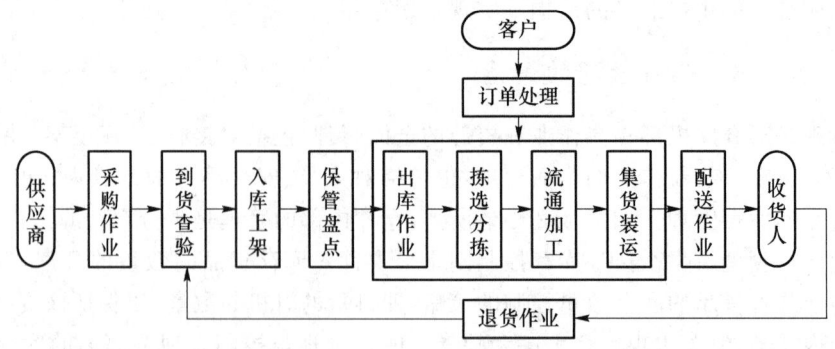

图 7-4 仓库内的基本作业流程

按照订单拣选出每个订单所需要的货物不是件容易的事。通常来说,一个仓库内少说有成百上千的货品,而对于大型仓储中心,则有百万数量级的不同货物品种(称为 SKU)。要从如此多的货品中找到每个订单所需的货品并按数量取出,相当困难。何况,对于一个仓库来说,有大量的订单需在一个较小的时段内满足,例如在 3 个小时内满足成千上万个订单。所以,整个仓库是非常繁忙的。没有比参观一个大型仓储中心更能让人留下眼花缭乱的关于物流的印象了。

那么,仓储作业具体是如何进行的呢?如果我们顺着大致的作业流程想一想,就会冒出很多问题。例如,接收到的货物,如何清点品种和数量,靠人工一件一件查点吗?发现有品种数量差异或货物破损如何处理,需要多长时间完成?清点完成后,以什么存储单元存储呢?整箱,整托盘,还是都拆开包装以单件货物存储?在存储时,各种货物具体放到货架的什么位置?存放的货位会影响随后的取出,如果出入库频率非常高的货物放到离货架间通道口很远的货架的深处,那么就会在出库时浪费时间。分配货位还要考虑很多其他因素。随后,按照每个订单的需求将货物拣选出来,并按照订单进行收集和打包,这个过程相对于接收和存储更为复杂,组织作业需要很多策略环节的选择,且需要大量的设备和人力来完成。

总之,一个仓库的作用就是先存放需要的货物,再按照订单需求拣选货物,并发出去。为了实现这个作用,需要进行一系列的作业活动。现在,假设让我们来管理一个某类产品,如手机、汽车、医药、图书的仓库,我们是否有信心管好呢?

7.2.2 难不难,试试看——仓储管理面对的问题

前面粗略地介绍了仓库内的基本作业流程。完成这些作业究竟是否很难呢?如果难,会难在什么地方?让我们通过一些问题型的案例来体会一下。

问题案例 1:该选择自营仓库,还是合同或公共仓库?

某生产企业原来一直将一个自己的大仓库当作原材料和产成品库,直到生产规模不断扩大,这个混乱的大仓库实在无法满足需求,严重影响正常生产与销售。下一步怎么办呢?自己投建一两个现代化仓库?还是采用合同仓库的方式将这部分业务交给仓储类企业来做?或者采用公共仓库?当然,相关人员调研了一番,发现这些方案各有各的优缺点,同时还要受到企业财务预算的限制,对于究竟如何决策,很是困惑。

问题案例 2:把仓库选在哪个省哪个城市的什么地方?

某行业的某零配件生产企业已具有相当大的规模,其下游装配商在其他两省的两个地方

设有生产线,目前该零配件生产企业生产的零配件除了自己运输的主体部分,一部分业务采用铁路快运或第三方公路运输进行运输供货。随着运输成本的不断上涨,该企业需要改变这种对仓储和运输没有认真规划的局面。首先要考虑在合适的地方建立仓库。但是,在哪里建立仓库?建立一两个仓库下游生产线共用?还是两地生产线独立供应?在选定仓库所建的城市后,也要具体确定究竟在选中城市的哪个具体位置建库。那么,究竟应该如何考虑仓库的布局与宏观选址,以及在城市内的微观选址呢?

问题案例3:一个楼房仓库的内部布局如何改造?

某传统粮食仓库是一个楼房仓,上下五层,配有电梯和滑道,根据需要可以设置提升机。目前,粮食以粮袋的方式堆成大垛,外面覆盖密闭膜。现要将其改造为应急成品粮仓库。应急成品粮仓库必须严格控制温湿度,且满足每小时200托盘的出库能力。为满足质量要求,将在楼层内设小廒间。为提高应急出库能力,将配置一定面积的穿梭式货架区,并配置自动码盘专用设备、输送设备、搬运设备和具有一定作业能力的提升机等自动化设备。那么,该楼房仓的各楼层应该如何进行廒间布局,各廒间与提升机、电梯、滑道之间的位置关系和通道如何布局?廒间内的存储、运输与作业通道等如何布局?提升机布局在什么位置,连接哪些楼层?这一系列的布局问题如何解决?

问题案例4:仓库内的高层货架货位采用专用还是随机库位策略?

某自动化仓库内设有高层货架区,采用三向自动叉车进行出入库作业。由于该仓库需要接收应急出入库任务,要求必须达到一定的紧急出入库作业能力。库内货物分为几大类,各类货物在存储条件要求上没有差异,但是在需求方面有明显的特征差异。仓库空间狭小,而自动叉车尺寸较大,只能采用单向通道行车。这会导致在出入库作业时,多辆自动叉车出现拥堵而影响效率。那么,在进行货位分配时,对于不同种类的货物,应该专门划分固定的区域进行存放,还是随机地将货物分配给按照作业顺序排列的每一个货物?应该如何确定货位的分配策略?不同货位分配策略会给作业效率和货位利用率带来怎样的影响呢?

问题案例5:仓库内的物流动线交织混乱怎么办?

某注塑生产企业起初并没有对注塑机的位置进行合理的规划和摆放,导致AGV或者工作人员对原材料、零部件、产成品等进行搬运的路线交织在一起,搬运工作混乱无序,而每件货物的平均搬运距离较长,且AGV拥堵无法满足搬运效率需求。设备摆放布局不合理,导致在装卸搬运过程中对原材料、零部件等的找寻也变得复杂而困难,仓库运转效率大打折扣。这个问题要怎么解决呢?

问题案例6:揉单与分拣的矛盾如何解?

在家居行业,门墙柜一体化的概念刚刚进入人们的视野时,某企业凭借品牌和产品优势,在行业内迅速打开市场,品牌消费群体遍布全国,工厂订单非常多。随着定制家居的日益盛行,揉单生产也逐渐成为主流。揉单的意思是将多个订单合在一起,比如,几个订单都需要某个板材,一起进行原材料需求的规划,可以大大提高材料利用率,提高生产效率。可是,随着揉单模式的采用,高达30%的分拣错误率却让该企业头疼不已。该企业被推向两难的处境:不揉单,废料费时;揉单,分拣效率低下,耗费人工。难道没有两全的解决之道吗?

问题案例7:狭小空间内,车辆交通堵塞搬运效率低的"死结"怎么解?

某企业有多个独立仓库,有众多的自产零部件和产成品仓库。由于这些零部件之间有复杂的生产装配关系，各仓库之间有复杂的输入输出关系。而在一些仓库内，空间狭小，局部通道为单行道，许多道路相互交叉，搬运量却很大。随着产成品订单量的增加，内部仓库的物流更加繁忙，当前投入的 AGV 无法满足库内的搬运需求。但是增加小车数量却引起仓库内的车辆拥堵，搬运效率依然上不去。小车数量少也不行，多也不行，这种情况该怎么办呢？

问题案例 8：大件仓的出入库与盘点效率如何提高？

某企业的大件仓库经营的均是冰箱、彩电等大件商品，商品体积大、重量大、包装规格多样，自动化程度低。很多仓储环节耗时耗力，如大件商品入库手续多、入仓效率低。出库环节也一样效率低下，车辆要等很久才能等到复核出库完成装车发运。盘点作业需要工作人员一件一件盘点，对于大件家电产品，这是一种重体力、重复性劳动，且很容易出错。着眼于明年规模最大的购物节，该企业提出必须大大提高出入库效率，将盘点效率提高 10 倍的目标。现在仓储人员已经忙得团团转，这个目标怎样才能达到呢？

问题案例 9：如何解决退货带来的逆向物流问题？

随着零售新业态的不断发展，服装行业的逆向物流成为服装行业内公认的痛点环节，退货积压严重、处置时效长、逆向周转慢。某服装企业在退货高峰期，仓库退货入库峰值可达 30 万件/每月，需要处理 5 万以上的 SKU。该企业一直采取人工处置的方式，需要投入大量的人员和场地空间，而且由于服装淡旺季明显，人员和空间的利用率往往有较大的波动，这些都给企业的日常运营管理和成本控制增加了极大的难度。为克服这一痛点，该企业必须寻求在较小的占地面积内进行高效、准确、精细的退货分拣作业的解决方案，该解决方案会是什么呢？

看完这些问题案例，大家是否觉得仓储管理也是一件很不容易的事呢？上述案例中的问题其实还是非常基本和初级的问题，既容易理解也相对容易解决，或者说有较好的解决办法与方案。有些问题，借助于信息技术和硬件、软件就可以得到很好的解决。但是很多问题是多个角度的因素相互作用、综合决定的，仅仅依赖硬件和软件是难以解决的。在解决这些问题时，有时候，解决了一个问题会冒出另一个问题，系统的多个绩效指标之间相互矛盾是常见的。但是实际需求往往要求系统在多个相互矛盾的指标上同时大大改善。通常，这意味着系统整体的改变，硬件与软件也往往伴随着整体颠覆式的方案而发挥作用，使得系统在新的模式下，在相互矛盾的绩效指标上同时获得极大的改善。

其实，在长期的仓储实践中，类似于前面问题案例的问题都已经得到了较好的解决，同学们可以在后续的专业学习中来了解和掌握相关的知识。同时，新的技术发展为更好地解决这些问题带来了契机，我们需要在掌握先进的理论、方法和技术的基础上，为这些问题找到更好的解决方案。

如果有兴趣，来看一个挑战性的问题吧！看看经过多门专业课程的学习你能给出怎样的解决方案。

在快递转运中心或物流配送中心，自动分拣线是常见的一种分拣设备。图 7-2 中就有一套交叉带式自动分拣机。过去，这种分拣系统靠包件上的条码实现信息读取从而为包件分配适当的分拣格口，经分拣机完成分拣。这种依赖条码的方式速度很快，但是，不能自动读取更无法在分拣过程中再写入信息。因此，人们希望将条码换成 RFID 标签，因为 RFID 具有自动读取的功能，也可以自动写入，希望这样可以进一步优化流程、提高效率。然而，将每个包件上的条码换成 RFID 标签后，问题来了，这些包件在交叉带小车上位置接近，在 RFID 设备读取标签数据时,往往同时发现超过一个的标签,系统难以判断当前经过该环节的究竟是哪个具体的包件,于是无法为其指定格口分下去。例如在鞋服行业,要求全部使用RFID标签来完成分拣过程,可是,这个无法像条码那样准确地识别单个包件并为其分配格口的问题怎么解决呢?

7.2.3 背后的玄机——有条不紊的仓储物流作业

7.2.2小节我们了解了一些与仓储管理有关的问题。那些问题是如何解决的?京东北斗新仓是如何实现令人难以置信的高效运作的呢?简单地说,智能仓储便是种种仓储问题的解决方案。是什么使得京东北斗新仓这样的智能仓库具有如此强大的作业能力?接下来就让我们了解一下繁忙的智能仓库背后的玄机。

1. 仓储的立足基石是供应链

仓库并不是孤立的,而是上游衔接供应商,下游衔接用户。要使仓库高效、低成本运转,必须通盘考虑好上下游节点之间的库存供应与消耗的核心关系,在此基础上,单个仓库节点内实现高效运作,这才能使整个供应链具有竞争力。

例如,京东为众多商家提供仓储与配送物流服务,为了提升自己和商家的竞争力,京东在2023年"618"期间通过产品与解决方案升级,为抖音、快手等直播电商平台的商家推出专门的大促保障方案,也为末端消费者提供了高效的100%送货上门配送服务。京东将数智化技术能力与标准仓配一体服务深度融合,通过算法模拟,为客户提供合理的备货方案及补货计划,提升库存运转效率,减少跨区发货,提升"当日达""次日达"占比,提升高品质仓配一体履约及交付服务标准。此外,京东物流在全球运营的超90个保税仓库、直邮仓库和海外仓库全力运转,提供一体化供应链全场景履约服务。这也是很多生产制造类企业选择京东作为自己的物流合作伙伴的原因,因为京东为其基于供应链层面的设计提供了方案,还提供了实现执行的保障。

又如,一个生产制造企业,拥有多个原材料、零部件仓库和产成品仓库,为了配合生产线的节奏,该企业规划了自动化立体仓库作为线边仓为生产线及时供给原材料和零部件。但是,有些零部件不是该企业自己生产的,需要从供应商那里将零部件采购过来,送到线边仓。该企业在进行仓储规划与仓储管理时,意识到只管理属于自己的仓库是不行的,自己的原材料、零部件仓库与线边库的所有仓储活动,需要其他零部件供应商企业进行高度协同。在规划仓库与仓储活动的时候,甚至零部件生产企业的生产线和仓库,都要和该企业的生产与仓储进行无缝的衔接和集成的规划设计,这样该企业和零部件供应商才能同时达到整体优化的效果。总之,仓储管理要先从供应链全局出发,在做好供应链整体布局后,再进行每个仓库节点内部的规划与管理。只有这样,才能真正管理好仓储与仓储活动,尽量降低库存,并且尽量将相关的仓储活动的消耗压到最低。

2. 装备、信息、优化技术支撑下的颠覆式创新

目前,不少企业虽然有信息系统的管理,却依然面临种种仓储管理的问题。那些优秀的企业是如何在仓储管理上胜出的?智能仓储究竟怎样解决了企业仓储管理的问题呢?要知道,许多优秀企业面临高效率、高精度、高度自动化、密集波次、多种件型的拣选作业的挑战,而且,通常在购物节等现代销售模式的影响下,它们也面临可以预期的极端复杂场景。我们通过京东物流的案例来一探究竟。

京东物流的"北斗新仓"本质上是继智能仓储之后的又一次升级,也属于智能仓储的概念。智能仓储的功能体现在多个环节,例如拣选作业环节。在大多数的仓储系统中,拣选作业占仓库运营成本的30%～50%,是仓储物流中劳动最密集、耗时最多的环节。在传统的拣选作业模式下,无论是拣选员在拣选货架沿路进行人到货前的拣选,还是由小车将待拣选货物货架送到人工拣选台进行货到人前的拣选,面对日益增长的物流配送服务,传统拣选作业的效率都较低。

北斗新仓实现了三大颠覆式创新。首先,采用流拣选模式,以商品为核心而不是以订单为核心进行拣选任务优化,把人工静态的拣货任务分配变为全自动动态任务分配;其次,大幅提高拣货密度,缩短拣货员行走距离,实现了人机协作的最佳应用;最后,将拣选动作从烦琐的14个节点精简为6个节点,提高了拣选效率。自动化装备已实现商品存储、订单拣选、包裹分拨、路由派送的全链路数字化管理,将传统的仓库演变成了现代化的全流程仓配体系。同时,在物联网和人工智能的基础上,北斗新仓对深度学习、大数据、运筹学、机器视觉识别、数字孪生五大前沿技术进行深度融合,实现了百万级SKU、数百种品类的并发式混合处理和高度柔性化的供应链,实现了对3C、服装、母婴、美妆、个护、食品、图书等数百种品类的并发式混合处理和高度实时性、柔性化、智能化的全环节自主管理,可进行极端复杂场景下高效率、高精度、高度自动化、密集波次、多种件型的拣选作业。

这种颠覆式的创新是如何实现的呢?北斗新仓采用了先进的智能技术,通过智能感应、高精定位、动态分配、商品扫描、订单聚合、商品复核6个步骤完成了一个仓库系统内最烦琐的作业,实现了员工体能的巨大释放和机器智能的最佳应用,每一步都通过软件、硬件、员工的动态组合实现高效智能化的拣选。北斗新仓依据生产预测量及大数据历史分析,实现智能排产和智能排班,可以实现小时级的人员排班;在运营当天,可以进行人力资源的实时调配,不同仓库操作区的作业量大小、操作人员的实时效率都可以进行动态的自动调整。

例如,某北斗新仓大型分拣机上面配置了800个智能分拣车,可以动态规划流转路径,定位速度为毫秒级,准确率为99.99%,检测精度可精确到毫米级别,分拣流畅度大大提升。面对"618"期间订单量瞬时暴涨的情况,北斗新仓通过机器学习、人工智能实时分析计算出多种应对方案,建立专家辅助决策系统,指导运营平稳进行。

总之,京东物流的北斗新仓颠覆了传统的人工现场运营管理模式,全新设计了基于机器学习、大数据挖掘、专家辅助决策的高度智能化、柔性化的自动运营管理系统,其对运营状态进行动态实时感知,实时进行人力、设备资源调度分配,实时进行风险监控预警,可基于小时级的业务量变化及预测,实现分钟级的最优运营方案制定与资源调整,全面解决了行业内普遍面临的仓储运营大量依靠管理人员的个人经验,不同团队运营仓库水平参差不齐的痛点。同时,北斗新仓运用大量的智能算法,可达到不断自我学习,自我优化,持续提升运营管理水平的目标。

3. 至关重要的大脑指挥系统

为什么北斗新仓具有如此强大的能力?可以说,除了智能装备的实力,很大程度上是因为它具有一个超强"大脑"。在前面的北斗新仓案例中,所有人、货、场的指挥权全部交给智能"大脑",由"大脑"做出系列决策,指挥各种自动化、智能化的设备与人员,形成高度协同一致的作业。这个"大脑"就是北斗新仓专门开发的WMS(仓储管理系统)。几乎所有的现代仓储都有WMS,但是北斗新仓的WMS在智能程度上大有不同。它是京东物流通过1 260万行代码重新开发编写而成的,在物联网和人工智能的基础上,智能大脑实现了深度学习、大数据、运筹学、机器视觉识别、数字孪生五大前沿技术的深度融合,拥有100%的自主知识产权。

京东物流的北斗新仓就像一台高速旋转的机器,由芯片、传感器、工业相机、指环扫描枪、智能拣货车等数万个零部件组成,实现了物联网的100%覆盖。每一件商品、每一个料箱、每一辆拣货车都具有了可以感知的特性,从而可以和智能大脑实现交互,接受智能大脑的指令和任务分配。通过智能大脑,北斗新仓能全面更好更快地处理订单。北斗新仓的硬件系统都看得见,但是即便其他企业可以照搬其硬件系统,如果缺乏配套的WMS进行决策和指挥,整个庞大的仓储系统也难以有条不紊地高速运转。

4. 揭秘京东北斗新仓

如前所述,京东北斗新仓是我国乃至世界智能仓发展新高度的代表,具有强大的仓储物流能力。北斗新仓何以具备令人惊叹的作业能力？北斗新仓深度融合了机器学习、大数据、运筹学、机器视觉识别、数字孪生五大前沿技术,可实现全环节的智能感知,自主动态调整,可进行复杂物流场景下高效率、高精度、高度自动化、密集波次、多种件型的拣选作业。从任务层面,北斗新仓采用智能柔性生产模式,通过机器学习、人工智能实时分析,从容应对促销期间订单量瞬时暴涨产生的订单积压,保障运营平稳、包裹配送不延误。从设备作业层面,仓储中的高自动化分拣中心运用了目前最先进的超高速自动矩阵、超高速自动供件交叉带分拣机、高速干支装车线、高速传站窄带分拣线及不规则物品自动分拣线,智能软硬件系统助力平稳运营,仓拣一体的运营模式进一步提升了履约时效。

与传统仓库主要以订单拣选为作业模式不同,北斗新仓采用的流拣选是目前行业最领先的以商品为核心的拣选模式,把人工静态的拣货任务分配变为全自动动态任务分配,大幅缩短了拣货员的走动距离,拣选动作也从烦琐的14个节点精简为6个节点。精简的操作流程背后,是智能的大脑——全新开发的WMS(仓储管理系统)。在智能大脑的支配下,大型商品分拣机上的数百个智能分拣车,可以动态规划流转路径,实现毫秒级定位、毫米级检测精度,准确率高达99.99%,拣选更流畅。

北斗新仓的秘密还有很多,要读懂这个秘密也不是件容易的事。相信同学们在完成几年的专业学习后,可以真正揭秘北斗新仓的奥妙,并且找到可以进一步提升北斗新仓能力的技术契机。

7.3 零库存了还管什么库存——库存控制核心内容与技术

我们在7.1节了解到仓库内有仓储管理和库存管理的概念。其中,仓储管理侧重仓库内的物流作业与保管维护,而库存管理则专门管理仓库内货品的数量。7.1节也给出了零库存的概念,零库存就是沉淀下来以存储形态存在的库存接近或等于零。那么,是不是零库存了,就不用管理仓库也不用管理库存了呢？

实际上,在一个生产企业内,追求零库存是可能的。但是,为了该生产企业实现零库存,它的上游供应商和下游销售商就很难实现零库存。在现实中,很多企业实际上将库存分别转移到了上游和下游。要实现真正的零库存理念,不是不用管库存,而是要从整条供应链的角度出发,对整条供应链的库存进行更为合理的管理,从而保证整条供应链的库存沉淀最小化,或趋近于零。从某种意义上说,在没有零库存理念的时候,库存控制侧重于通过管理仓库里的各个品项何时订货、订多少货来保证满足需求,而有了零库存理念后的库存控制则侧重于想尽一切办法在满足需求的基础上让存储形态的库存为零。这个难度要大得多。

7.3.1 为什么需要库存和库存管理

既然企业希望零库存,为什么实际上还持有库存呢?实际上,从社会总体而言,人类社会总是持有大量的库存。我们先来初步理解为什么要有库存。

第一,库存能够使企业实现规模经济。例如,某个生产线生产很小批量的某产品是非常不合算的,一旦开工最少也要生产一个最小批量的产成品才不亏本。但是,如果市场需求并没有生产的最小批量那么大,就出现了库存。对于销售企业,可能一次采购很小数量的货物没有价格折扣,只有采购某批量以上的货物才能享受价格折扣,为此,企业往往购买超过本期需求的货物,形成库存。这些库存的产生,目的是降低其他环节的成本。

第二,库存能够平衡供应与需求在时间、地理位置上的差异。当供应和需求无法在时间上一致时,就会以库存的形式来为未来的需求做准备。很多生产企业容易持有大量的产成品库存,目的是及时满足下游客户的需求,保证在客户需要时不会缺货。如果生产地和消费地不在一处,通常也会采用库存的形式为另一地的需求提供供应的保障。对于生产制造企业,其通常会持有一定的原材料和零部件库存来为下一个生产周期的生产提供供应保障。

第三,库存能够帮助企业应对风险。常规来说,需求往往是不确定的,这是常态。面对不确定的需求,从理论上就不可能既随时满足不确定的需求又维持零库存。面对不确定的需求,基于统计学思想的解决之道就是持有安全库存。当然,有时为了抓住某个原材料等的市场价格波动契机而囤一批货,则是应对货币和价格风险的手段,这在某些化工、医药、钢铁等企业很常见。

第四,库存维护了供应链上物流的平衡。有一个典型的比喻,将供应链的物流与库存比喻为一个流水的系统。供应链网就是水系,各个供应链成员节点的库存就像分布在水系上大大小小的湖泊,水是从上游各个支流不断汇集向下游流动的。最好所有的水系通道上都流动着流量大小稳定的水流,只有最下游的开关随着终端需求进行大小调节,该开关开得大就希望每个支流流量都相应地增大,该开关开得小就希望各个支流流量也相应地减小。但是,每个支流的流量实际上往往并不受终端需求的控制,而是受各自上游情况的影响。于是,这个水系的各个通道之间的水流量关系并不稳定,要想让通道保持既定比例的大小关系,只能将链接各通道的湖泊作为库存,流量偏大时流入湖泊,流量不足时从湖泊里放水补充。库存就起到这样一个关键作用。各大电商的自营仓库都是这样的"湖泊"。各生产线上的线边库存都是小小的"水流"。

从需求的角度来看,库存是必需的。夏天成熟的粮食如果不作为库存保存,冬天人们吃什么呢?准时制有使用的范围。从需求的角度,从资产的角度,人们都是喜欢库存的,是乐意持有库存的。但是,从周转资金有限的角度,人们要消灭库存。在现实中,要根据具体情况寻求具体的最优平衡。

7.3.2 管什么、怎么管呢——库存管理与库存控制的范畴

从前面的基本概念中我们已经了解,仓库中需要按照单一货品分别进行定量管理的货物称为SKU。一个大型仓库可能有百万量级的SKU,这就是库存管理与控制所面对的物理对象。微观地说,库存管理首先是管理仓库中各种货品(见7.1节中的ABC分类)的库存,对于每个货品,无论重要性如何,都要为其指定具体的库存管理与库存控制的具体策略,最基本的就是何时订货(何时到达)、订多少货的问题。扩大一步来说,就是为ABC各类货品中的一组或每个货品确定合理的库存策略。再扩大一步,就是要为整个仓库所有货品的库存量的管理

负责,既要满足出库需求,又要尽量压低库存水平。在货品即将需要补货时发出警告,在需要补货的时候发出订单,在补货到达时及时更新库存量。

但是,实际上,需要管理和控制的货品并非只在一个仓库节点内。例如一个生产企业,在自己的生产线所在地有产成品仓库,在自己的下游客户所在地也设有驻外仓库,那么,就需要同时对总库和驻外库中的所有货品进行库存管理与控制。这时每个货品被分为两部分分别存储在两地的仓库里,驻外库由总库补货,而总库则由生产线来补给。这时的库存管理与控制就又复杂了一点。如果这个驻外库实际上就在自己客户的企业内,那么客户的仓库中,由该企业供应的那部分货品可以由该企业来管理,这就是 VMI 了。这样,库存管理只涉及该企业。如果客户自己管理自己仓库中由该企业供应的库存货品,那么,对于相同的这些货品,一部分是客户企业在管理库存,另一部分是该生产企业在管理库存,这两个企业如果不能很好地共享信息、共同决策,则很容易带来不良的后果,要么产生过量的库存挤压,要么缺货的情况屡屡发生。

总的来说,库存管理与库存控制涵盖整条供应链范围内的库存决策。由于行业、货品、企业千差万别,所以与库存相关的需求和许多条件也千差万别,这导致人们针对库存管理与控制的研究千差万别,形成了一个庞大的库存理论体系。下面,我们来了解库存理论体系的轮廓。

7.3.3 背后的玄机——千差万别话库存

库存管理与控制是在商业运营中发展提炼出来的理论和方法。同学们可以去玩玩网上的啤酒游戏,它是一款模拟售卖啤酒的管理游戏。玩家不需要任何库存理论知识和方法,就可以模拟经营一个专卖某款啤酒的小商店。在经营过程中,玩家自己决定每次向供应商订多少货,然后在模拟的市场需求下卖出啤酒,不断地订货和卖出,在这个游戏中,可以很好地体会到对库存的管理和控制。当库存很低时,玩家自然会增加订货;当出现较高的库存堆积时,玩家会停止订货。即便只是模拟一个小商店一种啤酒,库存控制都不是轻而易举就能把握好的。在实际中,库存的考虑范围,要比在该游戏中大得多和复杂得多。

1. 库存管理的层次

库存管理要对诸多库存问题进行决策,库存决策分为多个层次,如果不弄清楚决策的层次,很容易迷失在库存控制策略与模型的"丛林"中。我们先通过一个例子来了解库存决策的三个层次。库存决策从上到下依次是供应链级别的库存决策、库存网络部署和库存控制策略的选择。

1) 供应链级别的库存决策

供应链级别的库存决策是最高层次的,它决定了整条供应链的库存轮廓。这要看企业面对的市场特征,要看所选择的经营产品的特征。根据行业和产品特征,首先要决定采用怎样的生产模式,是面向订单的生产,还是面向库存的生产?前者为拉动式生产,后者为推动式生产。这是最主要的决策。

比如,企业要根据经营产品的结构设计,适当地拆分出原材料和零部件组成,那么,所需的这些原材料和零部件要么自己生产,要么选择外购,去寻找适当的供应商。产品结构设计虽然是客观的,但从库存角度出发的设计并不是唯一的。因为产品结构复杂,所以可以采用不同的方式进行零部件的划分,这会影响对供应商的定义和选择。举例来说,如果企业要生产手机,那么核心的芯片是买别人的,还是自己生产?若选择购买芯片,则要寻找芯片供应商,芯片是外购的零部件。若选择自己生产,则要规划芯片的生产和手机的生产之间的关系,使得芯片的生产能供应得上手机装配线的需要。

2) 库存网络部署

确定了企业供应链级别的决策,接下来就要确定企业的具体库存品项和库存网络结构。以某复杂电子产品生产商为例,在库存网络部署环节需要根据供应链环节已经确定的约束进一步确定库存品项。例如,在供应链级别,对于定性某种电子产品,可能采用推拉结合的生产与供应链模式。有个概念叫"延迟生产"。有多少客户会选择白色外壳或银灰色、黑色等其他个性化的外壳很难估计,因此,在进行库存部署时,应将没有外壳的手机作为一种库存品项存储,也将外壳作为一种品项存储。在接到订单后,根据订单选择正确的外壳和手机进行简单的装配,作为最后产品售出。而不是将已经装配好外壳的各色手机作为产品库存进行存储,接到订单后直接选择符合订单的某种颜色的手机出库售出。

同时,库存网络部署的另一个关键是要确定这些库存品项应该在哪里、存储多少。许多大型企业在全国范围内设有多个仓库来满足全国的用户需求。可以选择划分不同区域的用户,在接近消费地的地方建立仓库。为了便于销售,还可以设置多级仓库,形成库存网络,各仓库之间联合决策。

3) 库存控制策略的选择

库存控制策略的选择是微观层面的库存控制,主要决定多长时间查一次库,何时或何种情况下应该发出补货申请或下订单,应该订多少货。这是最具体的操作执行层需要完成的任务。库存控制策略有很多,如定期订货策略、定量订货策略,每种类型的订货策略也有不同的具体策略,对于订货时机,即订货的时间或应该订货时的库存量,以及订多少货,即订货量,也有不同的考虑和决策。而且在考虑一个库存品项的库存控制策略时,可能还会有该品项与其他品项有强相关关系等各种因素。因此,仅仅从库存控制策略的视角来看,便衍生了大量的不同策略与策略参数的确定方法。读者可以在相关专业课程中进行深入的学习。

2. 迷雾般的库存模型与控制策略

库存控制主要是指在维持物品供需关系稳定协调的条件下,为保证库存物品规模达到理想状态而采取的有效管理和技术经济措施,其目标是使总库存成本最小化和总销售利润最大化。库存控制策略是库存控制的表现形式,是在满足客户需求的前提下,利用一定的方法帮助企业获得更多利益的手段。科学全面的库存系统需要对产品需求、补货提前期、费用体系、存储手段等内容进行精准把控。

库存系统是复杂的,因此库存控制策略模型也因为分类角度的不同可以被分为不同的类别。库存控制策略总是面对某个具体库存对象的,可能是一个仓库也可能是多个仓库,可能是一个品项也可能是多个品项,可能是一次性补货也可能是持续速率补货,可能只面对一次需求也可能面对持续性的需求,等等。同时,在不同的库存系统中,库存品种、库存结构、优化目标、库存盘点方式等内容都有着不同的表现形式。因此,说起库存控制策略,要从多个角度进行分类。通常来说,可以按照下面几个维度进行库存模型的分类。

1) 按库存品种生命周期特点分为单周期和多周期库存模型。
2) 按库存系统变量与参数特征分为确定型与随机库存模型。
3) 按库存结构分为单节点库存和多节点、多阶/级库存模型。
4) 按优化目标分为非中心化(分布式)和中心化(集中式)库存模型。
5) 按时间状态特性分为静态和动态库存模型。
6) 按库存存储与消耗模式分为:

(1) 不允许缺货-瞬时补充库存模型;不允许缺货-边补充边消耗库存模型;
(2) 允许缺货-瞬时补充库存模型;
(3) 允许缺货-边补充边消耗库存模型。
7) 按库存的查库特征分为连续查库、周期查库和混合库存模型。

在该分类框架下,很多库存模型能分别针对各种情况为库存管理提供定量决策依据。这些库存模型根据适用的情况不同可以梳理为图 7-5、图 7-6 所示的模型群组。这些模型有各自的求解方法,有的可以推导求解,有的需要采用算法求解。如果我们去数据库搜索,会发现库存控制策略领域的文献浩如烟海,一个模型对应一个算法,可以为某个具体的情况提供库存决策参考。

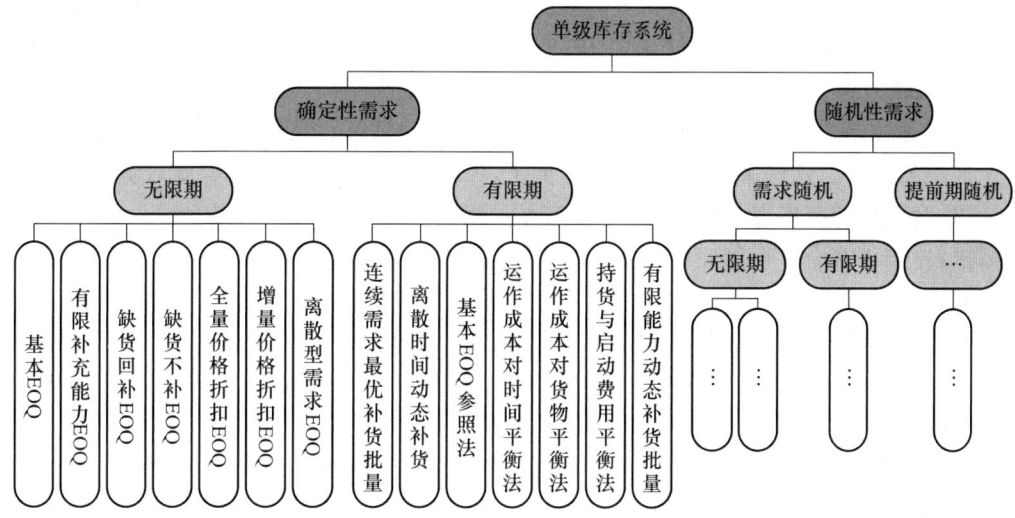

图 7-5 单极库存系统包含的不同库存模型

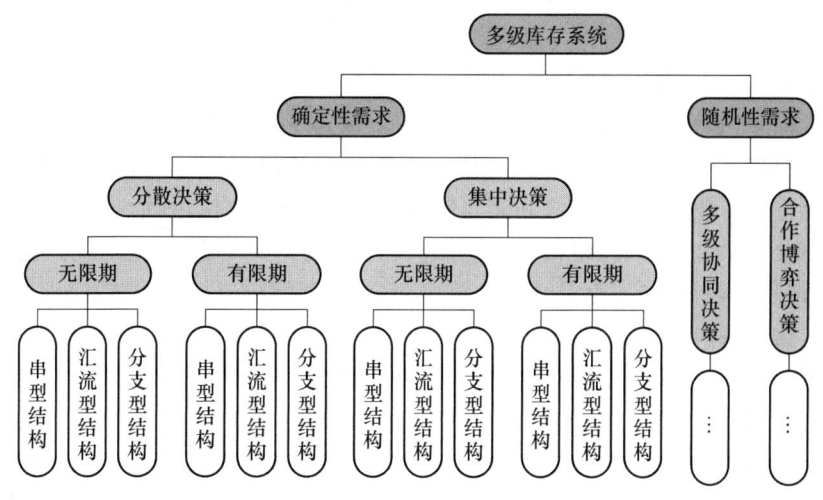

图 7-6 不同库存系统与库存模型的分类

从单一仓库节点的某货品的库存出发,或者从整条供应链上多个节点的某种货品的库存出发,对于库存的控制思想和方法是不同的;只考虑一种货品的库存控制和多个相关需求的货品的库存控制同时考虑也是不同的。

多级库存控制是在单级库存控制的基础上形成的。多级库存系统根据配置方式不同,有串行系统、并行系统、纯组装系统、树形系统、无回路系统和一般系统。多级库存控制的方法有两种:一种是非中心化策略,另一种是中心化策略。非中心化策略是各个库存点独立地采取各自的库存策略,这种策略在管理上比较简单,但是并不能保证整体的供应链优化;如果信息的共享度低,多数情况产生的是次优的结果,因此非中心化策略需要更多的信息共享。中心化策略中所有库存点的控制参数是同时决定的,考虑了各个库存点的相互关系,通过协调的办法获得库存的优化。但是中心化策略在管理上协调的难度较大,特别是当供应链的层次比较多时,协调的难度更大。

在库存管理中,库存控制策略与库存系统的模型是决策的理论支撑。在邮政工程专业的学习过程中,会学习到库存控制的相关内容。但是,要想成为这个领域的专家还远远不够,同学们可以在学习相关专业课程的基础上进一步自学相关内容。

3. 库存绩效评估

进行库存控制的目的,在前面谈到库存管理时就已经透露,大致来说就是保持较低的库存且满足客户的需求。这两者是矛盾的,库存低了,无法满足客户需求,要保障较高概率地满足客户需求,就要保持高库存水平,这样一来库存占用的资金就多了,周转就慢了。面对不确定性的需求,这难以两全。衡量库存绩效就看对这两个大的方面的平衡如何。

说起库存绩效,人们会自然关联库存管理的基本思想与目的。控制库存,实际上,主要是指考虑几个方面的矛盾,在这些矛盾之间寻求最佳的均衡。库存资金占用与满足率之间的矛盾就是一对典型的矛盾。又如库存与运输成本的矛盾,如果库存低,就总是要运输,运输成本就高,如果想减少运输成本,就会批量运输,形成高库存。

那么究竟如何评估库存绩效呢?选用哪些绩效指标?具体怎么计算,或者用何种定量评价方法?这些都需要一定的理论和方法,同学们可以在后续相关专业课程中进行学习。

7.4 相关课程学习

作为仓储与库存管理的入门引导,本章难以系统、完整、深入地介绍该领域的专业知识,只能抛砖引玉。同学们可以在后续几年的专业学习中深入学习相关内容。与该主题相关的课程有《物流学》《快递物流网络规划设计》《智能快递物流系统规划设计》《智能物流技术与装备》等。《物流学》作为专业基础课,包含仓储与库存部分的内容。《快递物流网络规划设计》课程是先导内容,先确定了宏观的网络布局,才能进入其中一个节点的内部。在《智能快递物流系统规划设计》课程中,仓储与库存是重要的组成部分。《智能物流技术与装备》则提供了相关仓储配送作业所需设备与技术的课程支撑。

以实践课《智能快递物流系统规划设计》为例,假设已完成物流网络规划,确定了在某选址点要建立一个网络节点,于是,核心任务是进行节点内的规划设计。在《快递物流智能仓配中心规划与仿真》实践课中,选中某个节点作为深入研究的对象,进行一系列的规划设计与仿真验证评估的工作。例如,为所选节点进行作业模式、流程、布局规划,进行设备选型、作业调度等设计。配合信息化设计与信息系统方案,可以和《物流信息系统设计》课程相呼应。具体来说,节点内的规划设计考虑哪些先进的分拣作业模式,需要什么样的自动化、智能化设备,有哪些布局规划的理论方法,作业流程上是否有创新的想法,都需要我们在《物流学》《智能快递物流系统规划设计》《智能物流技术与装备》等相关课程中进行学习,并在实践中加以应用。

通过《智能快递物流系统规划设计》的学习和实践,大家可以较深入地理解并掌握仓储与库存相关的内容。但是,要更系统深入地学习和探索仓储和库存领域的知识和问题,还需要进行更专业的学习,同学们可以在教师的指导下阅读更多的专业书籍、前沿文献,或通过参与科研项目来进行学习、研究和探索。

本 章 小 结

本章首先介绍了仓库、仓储与仓储管理、仓储作业、库存与库存管理、库存管理方法与技术等基础概念与经典方法,为引导读者进入仓储领域知识的学习打下概念基础;其次,对于仓储管理回答哪些问题做了案例形式的介绍,将仓储领域的代表性问题以较为接近真实的形态呈现在读者面前;最后,介绍了库存管理的层次、库存控制理论与方法的系统概貌和库存控制绩效评估的基本思路和大致框架。本章并没有系统地介绍仓储与库存管理的具体理论与技术方法,而是以案例为主展示了仓储领域的相关问题和解决问题的主要思路,并介绍了部分理论内容的逻辑结构,目的是让读者了解仓储与库存管理是干什么的,将来具体学习什么知识和技能才能具备仓储物流的技术与管理能力。

参 考 文 献

[1] 国家标准化管理委员会.物流术语:GB/T 18354—2021[S].北京:中国标准化出版社,2021.

[2] 斯科特·凯勒,布赖恩·凯勒.供应链与仓储管理:选址、布局、配送、库存管理与安全防护[M].黄薇,译.北京:人民邮电出版社,2020.

[3] 马修·沃勒,特里·埃斯伯.供应链与库存管理:库存控制、流转与绩效评估[M].罗小七,译.北京:人民邮电出版社,2020.

[4] 王道平,李小燕.供应链库存管理与控制[M].2版.北京:北京大学出版社,2023.

[5] 赵小柠.仓储管理[M].北京:北京大学出版社,2015.

[6] 张旭凤.库存管理[M].北京:北京大学出版社,2013.

[7] 赵晓波,黄四民.库存管理[M].北京:清华大学出版社,2008.

[8] 徐玲玲,刘莉.仓储技术[M].北京:中国物资出版社,2010.

[9] 陈胜利,李楠.仓储管理与库存控制[M].北京:经济科学出版社,2015.

[10] 孔继利.物流配送中心规划与设计[M].北京:北京大学出版社,2014.

[11] 中国邮政速递物流.仓储业务能力[EB/OL].[2024-09-01].https://www.ems.com.cn/business_capability.

[12] "北斗7仓"立足西北、辐射全国,京东"织网计划"最新成果落地西安[EB/OL].(2022-11-07)[2024-09-01].https://mp.weixin.qq.com/s/aKmD_IWO2NkVevK-vV1dkw.

第 8 章 运输与配送

通过第 1 章对物流运营场景的深入描绘,我们不难理解,智能化物流的高效运作离不开运输与配送的精心组织。在本章中,我们将通过实际案例,深入探讨运输与配送的核心概念、其在物流体系中的重要性,以及相关的优化方法和技术,以期帮助大家深化对运输与配送规划的理解,并为后续专业课程的学习打下坚实的基础。

案例导入

樱桃与荔枝的"双向奔赴"!京东物流开通烟台深圳"双飞航线",多地"隔日达"变"次日达"

在山东省烟台市被誉为"春果第一枝"的樱桃集中上市的季节,华南一带的荔枝也迎来了丰收季。为提升山东樱桃与华南荔枝的产品运送时效,助力果农提升市场竞争力,2022 年 6 月,京东物流开通了烟台-深圳全货机双向航线,中山、肇庆、惠州等原先隔日达时效的三四线城市,次日就能收到来自烟台的樱桃,不仅专项保障了樱桃、荔枝高峰期运送的时效和品质,也提高了烟台与珠三角核心经济圈的物资流通时效。

为了更好地助力生鲜果蔬等产地农产品上行,京东物流依托一体化供应链优势,从运送时效、定制包装、优先派送、营销赋能方面采取相应的举措,全链路助力鲜果上市,切实帮助果农增收,用实际行动助力产地乡村振兴。

2022 年,京东物流依托强大的"公铁空"运力优势,通过全货机直发与散航资源结合,全面覆盖全国的核心经济圈,同时通过多式联运的组合方式,保障鲜果运输。

运输和配送是物流系统的主要组成部分,无论是输入物流还是输出物流,都需要通过运输和配送来实现商品的空间转移。

8.1 人和物的空间位移——运输与配送

8.1.1 如何使人和物的空间位置发生大幅度变化——运输

运输,指借助于车、船、飞机等交通运输工具,实现人和物空间位置变化的经济和社会活动。根据 GB/T 18354—2021《物流术语》,运输是指用设备或工具将物品从一个地点向另一个地点运送的物流活动,如图 8-1 所示。

运输是物流的一个基本功能,是改变物品空间状态的主要手段。马克思将运输称为"第四个物质生产部门",将运输看成生产过程的继续,这个继续虽然以生产过程为前提,但如果没有这个继续,生产过程则不能最终完成。所以,虽然运输的这种生产活动和一般生产活动不同,它不创造新的物质产品,不增加社会产品数量,不赋予产品以新的使用价值,只变动其所在的空间位置,但这一变动使生产能继续下去,使社会再生产可不断推进,所以我们将其看成一种物质生产部门。

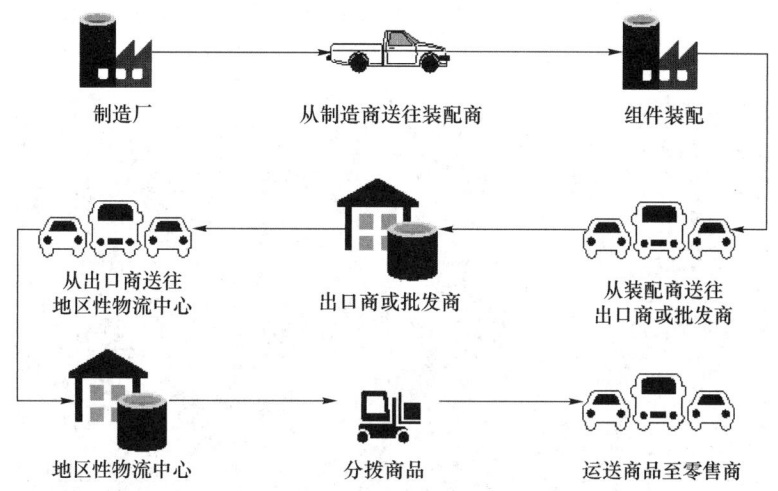

图 8-1 运输示意图

运输的方式主要有铁路运输、公路运输、水路运输、航空运输和管道运输。下面将详细介绍这 5 种运输方式。

1. 铁路运输

铁路运输是利用铁路设施、设备运送旅客和货物的一种运输方式,如图 8-2 所示,主要承担长距离、大数量的货运。

图 8-2 铁路运输(图源于网络)

从技术性能上看,铁路运输运行速度快,运输能力大,运输过程受自然条件限制较小,连续性强,能保证全年运行。从经济指标上看,铁路运输的成本和能耗较之于公路和航空运输都相对较低。但其主要缺点是建设周期较长,投资成本较高,灵活性差,只能在固定的线路上进行运输。

2. 公路运输

公路运输是指以公路为运输线,利用汽车等陆路运输工具实现客货运输空间场所转移的运输方式,如图 8-3 所示。公路运输一般可分为运输准备、运输生产和生产辅助等主要工作环节,主要运输工具是货运汽车。

公路运输的最大优点是投资少,修建公路的材料和技术比较容易解决,易在全社会广泛发展,加之其具有机动灵活、货物损耗少、运送速度快、可以实现门到门运输等优点,因此成为主要的运输方式之一。其主要缺点是运输能力小,运输成本高,运输的耗能较大,而且容易造成环境污染。

图 8-3　公路运输(图源于网络)

3. 水路运输

水路运输是以船舶为主要运输工具运送旅客和货物的一种运输方式,如图 8-4 所示。水路运输按其航行的区域,大体上可划分为远洋运输、沿海运输和内河运输 3 种形式。

图 8-4　水路运输(图源于网络)

从技术性能看,水路运输在 5 种运输方式中运输能力最大,主要利用江、河、湖泊和海洋的"天然航道"来进行,通航能力几乎不受限制,可以实现大吨位、长距离的运输,非常适合大宗货物的运输。从经济技术指标上看,水路建设投资成本低,除必须投资建造船舶、建设港口、整治航道之外,沿海航道几乎不需要投资。但其航行受自然条件等不可抗力影响较大,且速度慢。

4. 航空运输

航空运输是指利用飞机运送货物的现代化运输方式,如图 8-5 所示。近年来,航空运输方式日趋普遍,航空货运量越来越大,航空运输的地位日益提高。

航空运输的运行速度快,在紧急救援时能起到关键作用,其机动性能好,几乎可以飞越各种天然障碍,可以到达其他运输方式难以到达的地方。但飞机造价高、能耗大、运输能力小、技术复杂等特点制约着航空运输的发展。

图 8-5 航空运输(图源于网络)

5. 管道运输

管道运输是利用管道输送液体和气体的一种运输方式,如图 8-6 所示。管道运输的形式可分为原油管道运输、成品油管道运输、天然气管道运输和煤浆管道运输,该运输方式是靠压力使物体沿管道实现顺向移动的。

图 8-6 管道运输(图源于网络)

管道运输可省去水运或陆运的中转环节,缩短运输周期,降低运输成本,提高运输效率;管道运输能耗小,不受气候影响,可以全天候运输;管道运输实施封闭运输,安全可靠,损耗少。但其专用性强,只能运输石油、天然气及固体料浆(如煤炭等),且管道运输不如其他运输方式(如公路运输)灵活,除承运的货物比较单一外,它也不易随便扩展管线,实现"门到门"的运输服务。对一般用户来说,管道运输常常要与铁路运输或公路运输、水路运输配合才能完成全程输送。此外,在运输量明显不足时,管道运输的运输成本会显著增大。

8.1.2 什么让顾客足不出户收到订单——配送

根据 GB/T 18354—2021《物流术语》,配送(distribution)是指:"在经济合理区域范围内,根据客户的要求,对物品进行拣选、加工、包装、分割、组配等作业,并按时送达指定地点的物流活动"。一般来说,配送是按照客户的要求,在物流节点内进行分拣、配送等工作,并将配好的货物适时地送交给收货人的过程。它既包含了商流活动,也包含了物流活动中的若干功能要素,将商流与物流紧密、有效地结合起来,如图8-7所示。

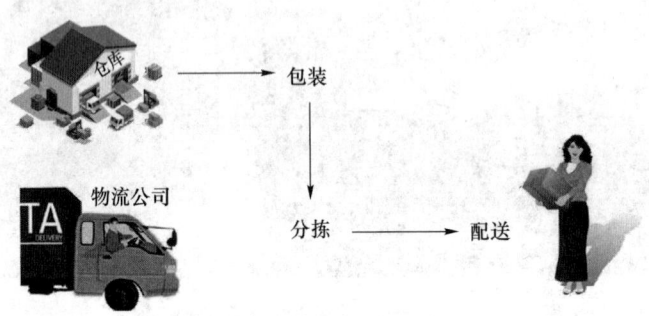

图 8-7 配送示意图

配送需在经济合理区域范围内进行。一般情况下,配送是小规模、多批次的物流活动,远距离的配送会带来较低的规模效益和严重的成本浪费。因此,在成本最优的原则下,物流企业想要在满足客户需求的同时保证获得最大的经济效益,就必须划分好配送区域。

配送强调以客户的需求为出发点。物流配送企业要想提高客户满意度就必须根据客户的要求进行配货和送货。不仅要在配送的时间、地点、数量等方面按照客户的需要进行,还必须在服务态度和售后等方面为客户提供增值服务,争取获得较高的客户满意度,从而增强企业可持续发展的能力。

配送是"配"和"送"的有机结合。区别于一般的送货,配送不是简单的送货,它是"配"与"送"的有机结合,配送在完成送货的基础上,还进行分拣、配货、运输、装卸等相关活动,并在送货时能满足客户多方面的需求,提供更好的服务,更加强调在特定的时间和地点完成交货,充分体现了合理性与时效性的原则。

8.1.3 运输与配送的紧密关系

运输和配送都是为了实现物品的空间位置转移而进行的活动,它们相辅相成,共同创造物品的空间效用。

运输和配送都是线路活动。物流活动根据物品是否产生位置的移动分为线路活动和节点活动。线路活动通常可以理解为物品的外部活动,指物品发生了位置移动。节点活动则可以理解为物品的内部活动,指物品并未发生位置移动。线路活动在创造物品的空间效用方面作用较大,节点活动在创造物品的时间效用方面作用较大,它通常在一个组织内部场所里面进行。例如,在工厂、仓库、配送中心进行的货物装卸、搬运、摆放、加工等均是节点活动。运输活动必须通过运输工具对货物的承载,在运输线路上移动,才能将货物送往异地,因而运输和配送都是一种线路活动,如图8-8所示。

运输与配送虽同属线路活动,但是二者也有区别,主要表现在以下几点。

① 活动范围与空间不同。运输的活动空间比较大,它可以在不同地区、不同城市甚至不

同国家之间进行,既有短距离又有长距离的运送,而配送通常在同一地区或同一城市间进行,运送的距离比较短。

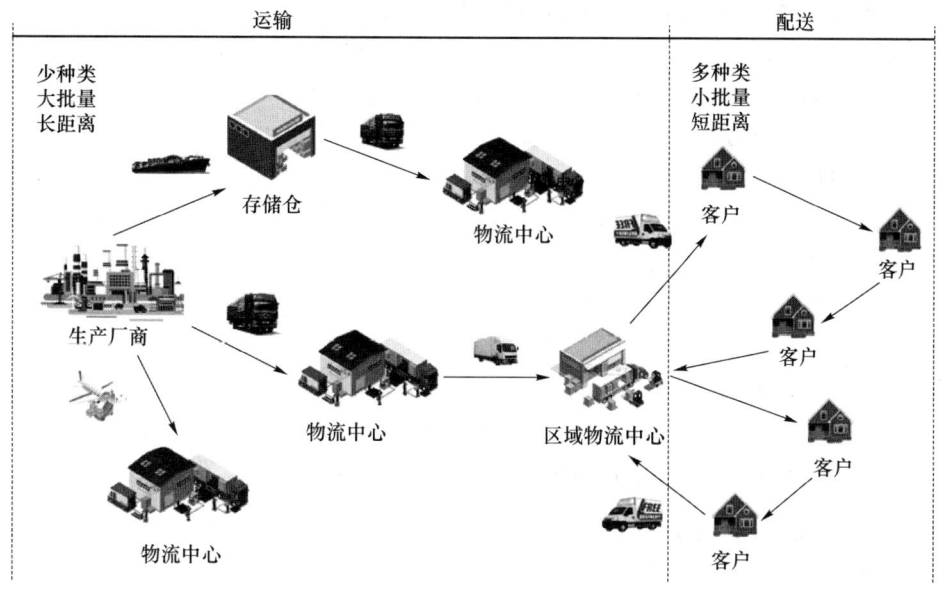

图 8-8 运输与配送的关系示意图

② 运送对象与功能不同。运输多为运送大批量、长距离的物品,并且途中兼有储存的功能。而配送包括拣选、加工、包装、组配、运输等多个环节,通常是小批量、多种类的产品运送,通过物品地理位置的移动,满足不同客户的多种要求。

③ 承载主体的责任与主动程度不同。运输仅仅按照客户的要求被动提供服务,只要把货物保质、保量、按时送到客户手中即可。配送要为客户提供积极、主动的服务,涉及多个服务环节,是"配"与"送"的有机结合。

④ 运输工具与运输方式不同。运输根据运送货物的性状特点、到货时间、到货地点的不同要求,采用多种运输工具,采用不同的运送路线,既适合产品的特性又满足经济效益的实现。相对而言,配送在运输工具和运输方式上则受到限制,因为配送的产品一般品种比较丰富,且多为小批量、多频率的运送,所以一般采用装载量不大的短途运输工具。

⑤ 对承载主体技术要求不同。相较于运输过程,在配送过程中,客户对配送中心的作业技术和作业水平往往会提出更高的要求,这就要求配送中心最大限度地利用信息技术、网络技术,通过网络的作用把分拣、仓储、包装、运送等环节紧密地连接在一起,实现物流、资金流、信息流一体化。

8.2 怎样合理地运输呢——运输方式与路线

8.2.1 不同的路有不同的风景——运输方式的选择

由本章"案例导入"部分的案例可以看出,在规划运输路线时,选择适当的运输方式非常重要,因为不同的运输方式具有不同的特点、成本和适用场景。8.1.1 小节已提到,一般按运输设备及运输工具分类,目前最常用的运输方式有铁路运输、公路运输、水路运输、航空运输和管道运输。在选择运输方式时,通常需考虑以下因素。

① 货物特性:货物的性质、尺寸、重量和易损性等特性会影响运输方式的选择。例如,液体货物适合通过管道运输,而超大型货物可能需要特殊的运输方式。

② 运输距离:不同的运输方式在不同距离下的成本和效率有所差异。短距离运输可能更适合公路运输,而长距离运输可能更适合铁路、水路或航空运输。

③ 时效要求:如果货物具有紧急性,航空运输可能是更好的选择,而如果货物对运输时间不敏感,水路或铁路运输可能更经济。

④ 成本考虑:不同运输方式的成本结构不同。除了运输成本,还需要考虑装卸费用、保险费用、燃料费用、维护费用等。

⑤ 可及性和可靠性:不同地区的运输网络和基础设施有所不同,需要考虑到供应链的可及性和可靠性。

综合考虑以上因素,选择最合适的运输方式可以帮助降低成本、提高效率,并确保货物按时到达目的地。2022 年,京东物流依托强大的"公铁空"运力优势,通过全货机直发与散航资源结合,全面覆盖全国的核心经济圈,同时通过多式联运的组合方式,保障了鲜果的运输。

8.2.2 同样的路争取最优——运输路线的优化

在规划运输路线时,可以采用优化方法来寻找最优路线,以最小化总运输成本、缩短运输时间或满足其他特定的优化目标。根据运输场景的不同,可以分为以下几种情况。

1. 点与点之间的运输(起点和终点不同的路径规划)

点与点之间的运输是指将货物或物品从一个地点(起点)运送到另一个地点(终点)的过程。这种运输可以涉及不同的物流环节,包括收集、包装、运输和交付等。点与点之间的运输可以跨越国家、城市、海洋或天空,涉及各种运输模式,如陆路、水路和空运。

这里采用"案例导入"中樱桃的运输为例进行说明。假设需要将樱桃从 A 点运输到 D 点。在图 8-9 中,存在 5 个路口,A、B、C、D 和 E;存在 6 条道路,AC、AB、AE、CD、BD 和 ED。通过每条道路均需行驶一定的路程并产生相应的费用。此时的目标是考虑从所有可行路径中找到路程最短或运输成本最小的路径。

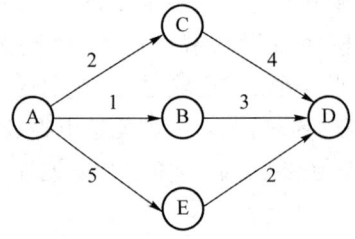

图 8-9 点与点之间的运输问题示意图

在点与点之间的运输线路选择问题中,最简单和最直观的方法是最短路径法。最短路径法是一种常见的运输路线决策求解算法,它的目标是在给定网络中找到从起点到终点的最短路径。最短路径问题是线路优化模型理论中最为基础的问题之一。常见算法有 Dijkstra 算法、逐次逼近算法、Floyd 算法等。

2. 多点之间的运输(包含多个起点和终点的路径规划)

多点之间的运输是指将货物或物品从不同的起点同时运送到多个终点的过程。这种运输需要考虑多个点之间的物流距离、运输路线、运输模式和协调等因素。

假设城市中的快递公司,需要将包裹从多个转运中心送达相应的客户。我们希望规划多条路径,满足运输需求。通过比较每个路径规划方案的距离、时间或其他优化目标,可以选择最佳的路径规划方案。

多点之间的运输路径规划在运筹学中被称为运输问题,常用的有两种求解方法。一种方法是求解线性规划问题的有效算法——单纯形法。其基本思想是从线性规划可行集的某一个顶点出发,沿着使目标函数值下降的方向寻求下一个顶点,而顶点个数是有限的,所以,只要这个线性规划有最优解,那么通过有限步迭代后,必可求出最优解。另外一种方法叫作表上作业法,即将运输问题用表格的形式来描述,通过在表格上面的操作来完成求解。表上作业法是根据运输问题的特点设计的特殊的单纯形法。

3. 回路运输(起点和终点为同一点的路径规划)

1) 单回路运输——TSP 模型

TSP 模型的特点:单一性,只有一个回路;遍历性,经过所有用户,不可遗漏。

如图 8-10 所示,假设有一个推销员要拜访 5 个城市:A、B、C、D 和 E。推销员的起始城市是 A,其需要经过每个城市一次后返回起始城市 A。我们需要找到一条最短路径,使得推销员的总行程最短。

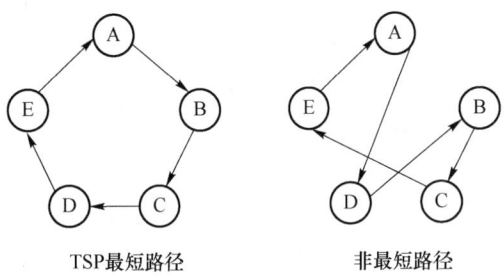

图 8-10　TSP 问题示意图

常用的求解方法为最近邻点法和最近插入法。最近邻点法的主要逻辑是通过寻找离当前顶点最近的顶点来寻找解,这样的计算方式比较简便,但是很多情况下只能找到近似解,找不到最优解。最近插入法比最近邻点法复杂,但可得到相对满意的解。

2) 多回路运输——VRP 模型

如图 8-11 所示,物流公司有 1 个中心仓库和 4 个客户:A、B、C 和 D。每个客户有不同的货物需求量,例如客户 A 需要 5 个单位的货物,客户 B 需要 3 个单位的货物,客户 C 需要 7 个单位的货物,客户 D 需要 2 个单位的货物。货车的容量限制为 10 个单位的货物。目标是找到一种最佳的路线规划,使得货车能够满足所有客户的需求并返回仓库,同时最小化行驶距离。

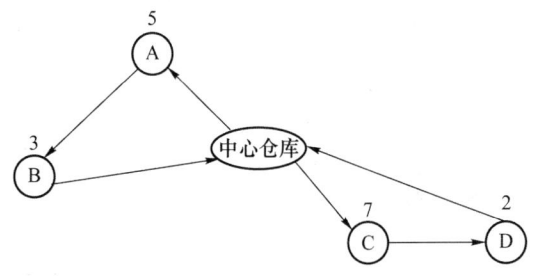

图 8-11　VRP 问题示意图

VRP问题常用的求解方法为节约里程法。此外,还有很多方法可以解决回路运输的路径优化问题,例如割平面法、分支定界法、动态规划、启发式算法等,这些方法不限于求解上述某一种问题。

8.2.3 利用运筹学中的最短路径问题优化运输路线

在没有导航的时代,人们出行时如何寻找路线呢?看路标、看纸质的地图、问路人或者利用搜索引擎搜索……但经常会遇到地图信息更新不及时,因道路建设需要绕路行驶等情况,给出行带来很多不便。

随着手机技术和互联网的快速发展,以高德、百度为代表的地图导航依托强大的实时更新数据的能力和便捷的使用功能,给人们的出行带来极大的便利。

假设顺丰速运有运输任务,需将包裹从华南陆运枢纽运输至深圳和记中转站,在导航中输入起点和终点,就可以给出时间最短、费用最低等多条路线供客户选择。为什么输入起点和终点,导航就能告知路线呢?这么长距离的路,这么多条路,导航怎么马上就能告诉我们哪条路好呢?这个问题背后隐含着图论中的一个重要问题——最短路径问题。从起点出发,需经多条路段及交叉口才能到达终点,因此从起点出发可以通过不同的路径到达终点。

若要寻找一条运输时间最短的路径,就产生了一个优化问题,即从起点出发,有多条路径可以达到终点,寻找起点到终点的最短路径,该问题被称为最短路径问题。在这里需要强调的是,最短路径不仅指是距离最短,还可以是时间最短、费用最少等,指的是广义上的"最短"。利用最短路径问题可从如下方面优化运输路线。

1. 成本最小化

通过选择最短路径,可以最小化货物的运输成本。最短路径问题可以考虑不同的因素,如运输距离、运输费用、燃料消耗等,帮助决定最经济的运输路线。

2. 时间优化

最短路径问题可以考虑时间因素,帮助确定用时最短的运输路线。这对于满足客户的时效性要求非常重要,可以确保产品及时到达零售商,减少库存滞留时间。

3. 资源利用

通过优化运输路线,可以更有效地利用运输资源。最短路径问题可以确保货物以最短的路径从生产工厂到达分销中心,再到达零售商,减少空载或半载的情况,提高运输资源的利用率。

4. 网络拓扑优化

最短路径问题可以帮助优化物流网络的拓扑结构。通过分析最短路径,可以识别出关键节点和路径,帮助优化分销中心的位置和配置,从而降低整体运输成本。

我们将在运筹学课程中深入探讨最短路径问题的求解思想和算法。

8.2.4 利用运筹学中的运输问题规划运输路线

运输问题是运筹学中的一个经典问题,它涉及如何有效地安排货物从供应地点运送到需求地点,以最小化总运输成本或最大化总利润。通常,我们使用线性规划方法来解决运输问题。

在具体的运输案例中,可能面临以下挑战和需求。多个供应商和分销中心:公司有多个供应商和分销中心,它们之间需要建立有效的供应链和物流网络。运输需求和限制:每个供应商和分销中心之间都有不同的运输需求和限制,如运输容量、运输成本、时间窗口等。多种运输方式:公司可以使用不同的运输方式,如卡车、火车、船舶或飞机运输,每种方式具有不同的成本和特点。

在这种情况下,运筹学中的运输问题可以用于规划运输路线,以满足需求并优化物流运作。利用运输问题规划运输路线的好处如下。

1. 效率最大化

通过运输问题的规划,可以找到最佳的运输路线和运输方案,以最大化整个物流网络的效率。它可以考虑不同的因素,如运输距离、运输成本、时间窗口、运输容量等,确保每个供应商和分销中心之间的货物能够按时到达。

2. 资源优化

运输问题可以帮助优化资源的利用,包括运输工具和运输人员。通过合理规划运输路线,可以减少空载或半载的情况,最大限度地利用运输工具的容量,降低运输成本。

3. 风险管理

运输问题可以考虑不同的风险因素,如运输中的延迟、交通拥堵、天气等。通过合理规划运输路线,可以降低风险发生的概率,并提前做好应对措施。

4. 决策支持

运输问题提供了决策支持的工具,帮助管理层做出更明智的决策。它可以基于数据和模型分析,为管理层提供不同的方案和策略,以便他们做出基于数据和优化结果的决策。

综上所述,通过运用运筹学中的运输问题来规划运输路线,制造商可以提高物流网络的效率,优化资源利用,降低运输成本,并做出更明智的决策来应对不同的需求和限制。

8.3 完好地收到订单——配送模式与路线

8.3.1 自提还是等配送——配送模式的选择

在物流领域,选择适当的配送模式对于确保货物按时到达目的地、降低成本、提高客户满意度至关重要。图 8-12 展示了 3 种常见的配送方式示意图,以下是一些常见的配送模式。

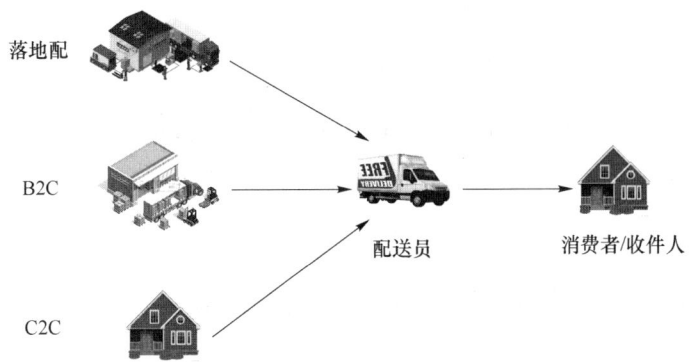

图 8-12 配送方式示意图

1. 全货运

全货运是一种传统的配送模式,使用陆运、海运或空运等方式将货物直接从供应商送达客户。这种模式适用于大宗货物、长距离运输或全球供应链。

2. 快递服务

快递服务通常适用于小件货物和紧急送达的情况。快递公司提供快速可靠的递送服务，通常具有实时追踪和签收确认等功能。

3. 中转配送

中转配送模式通过在中途设立分拨中心或仓库，通过集中运输方式将货物从供应商送至分拨中心，然后再由分拨中心配送给客户。这种模式适用于多点分布的客户群，能够降低成本和提高效率。

4. 城市配送中心

在城市配送中心模式下，货物从供应商送达位于城市中心的配送中心，然后利用城市内的小型配送车辆进行最后的配送。这种模式适用于城市环境中的"最后一公里"配送，能够减少交通拥堵并提高配送效率。

5. 自提点

自提点模式向客户提供了一个集中的自取地点，客户可以在指定时间内到达自提点领取货物。这种模式适用于客户方便自取货物的情况，可以减少配送成本并提高配送灵活性。

在选择配送模式时，需要考虑以下因素。

① 货物特性：货物的大小、重量、易损性等特性会影响配送模式的选择，例如，大件货物可能需要采用全货运，而小件货物适合快递服务。

② 时效要求：根据货物的紧急程度，选择能够满足时效要求的配送模式，例如，快递服务通常具有较短的递送时限。

③ 成本考虑：不同的配送模式具有不同的成本结构，需要综合考虑运输费用、仓储费用、人力成本等，选择经济高效的模式。

④ 客户需求：了解客户的配送偏好和需求，提供符合其需求的配送模式，以提高客户满意度。

⑤ 地理因素：地理位置、交通状况等因素也会影响配送模式的选择，例如，城市配送中心适用于高密度城市，而全货运适用于远距离运输。

为了选择适合的配送模式，可以综合考虑以上因素，并根据具体情况进行评估和权衡，以找到最佳的配送方案。

8.3.2 哪条路线最优——配送路线的优化

配送路线优化是指在特定的配送网络中，针对多个配送点进行有效的路线规划，以实现更高效、更经济和更快速的货物配送。这种优化通常包括以下方面。

1. 最佳路径选择

通过使用算法和优化模型，确定多个配送点之间的最佳路径，以最小化行驶距离或时间。这可以减少车辆在道路上的行驶里程，从而降低燃油消耗和运输成本。

2. 车辆负载均衡

合理地将货物分配到每辆车上，以确保每辆车的负载均衡。通过优化装载顺序和车辆分配策略，可以最大化每辆车的利用率，减少空载或半载情况，提高运输效率。

3. 时间窗口管理

许多配送点可能有特定的时间窗口，即规定的送货时间范围。在配送路线优化中，需要考虑这些时间窗口,并确保货物在规定时间内送达,以满足客户的要求。

4. 避免交通拥堵

配送路线优化还可以考虑实时交通信息,避开拥堵区域,选择用时更短的路径。这可以减少配送时间,提高客户满意度。

5. 数据分析和模型优化

利用历史配送数据和先进的优化模型,可以进行数据分析和建模,以评估不同路线方案的成本、效率和可行性,并找到最佳的配送路线。

6. 使用智能配送系统

智能配送系统可以通过实时跟踪、路线优化和调度等功能,帮助管理和优化配送路线。这些系统利用先进的技术,如物联网、人工智能和大数据分析来提高配送效率和可操作性。

8.3.3 利用供应链管理的多级配送问题优化配送路线

1. "最后一公里"配送——无人机

"最后一公里"配送是物流和供应链管理中最具挑战性的环节,它不仅耗时、复杂,而且成本高昂。这一阶段的难点主要在于配送员常常遇到交通堵塞和寻找具体地址困难的问题,这直接导致了时间和劳动力成本的上升。无人机技术的应用为这一难题提供了一种高效的解决方案。无人机能够实现直线飞行,有效避开地面交通,从而大幅缩短配送时间。因此,无人机技术的引入,为优化"最后一公里"配送提供了一种创新的途径,如图 8-13 所示。无人机配送的过程包括装载货物、自动起飞、精确配送、释放货物、确认送达以及返回基地等步骤。

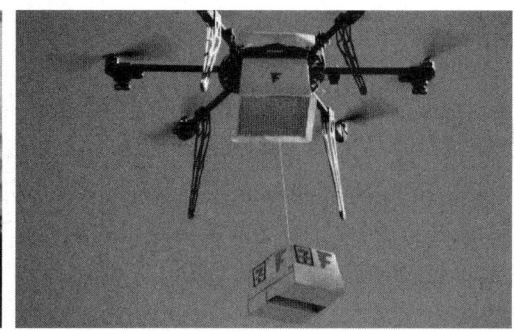

图 8-13 无人机配送

"最后一公里"无人机配送的主要特点如下。

① 自动化和智能化:无人机配送利用自动驾驶技术和先进的传感器系统,可以在无人操控的情况下完成配送任务。无人机通过预先设定飞行路径和目标地点,自主导航并投递包裹。

② 快速和高效:相比于传统的配送方式,无人机配送可以大幅缩短配送时间。无人机可以直接从仓库或集散中心起飞,避免了交通拥堵和道路限制,以更快速的方式将货物送达目的地。

③ 灵活性和适应性:无人机配送可以适应各种环境和地形,如城市、农村或山区。无人机可以绕过地面上的障碍物,直接飞越河流、山脉等障碍,将货物送达目的地。

④ 低成本和可持续性:相比于传统的交通工具,无人机配送可以减少人力成本和燃料消耗。同时,无人机配送还能减轻交通污染,提供更可持续的配送解决方案。

尽管"最后一公里"无人机配送面临一些挑战,如法规限制、飞行安全性、天气影响等,但随着技术的不断进步和监管环境的逐渐完善,无人机配送在许多领域已经取得了显著的进展。它在电子商务、医疗紧急救援、物流配送等领域有着广阔的应用前景,并有望为消费者提供更快速、高效和便捷的配送服务。

无人机配送在许多领域都有广泛的应用。以下是一些主要的无人机配送应用领域。

1) 快递配送

无人机在快递配送领域的应用是最为广泛的。由于无人机可以在空中直接飞行,能够在交通拥堵、时间紧迫的情况下,快速将货物送达目的地。此外,无人机可以避开一些难以到达的区域,如山区和海岛。据了解,国内外多家快递公司已开始使用无人机进行快递配送。

2017年6月,顺丰的无人机物流配送试点在江西省赣州市南康区开展,顺利完成准备、启动、实施、审定4个阶段。此后,顺丰加强研发生产线,在长三角地区大规模推广无人机快递配送,同时加大了对技术规范、设备监管等方面的研究和投入。此外,美国亚马逊、英国皇家邮政等快递公司也陆续试图进入无人机快递配送领域。

2) 农业物流

无人机技术也可以应用于农业物流领域。无人机可以在农田中飞行,通过图像识别、数据感知、地图定位等技术,收集农业生产数据,并能够在配送农产品时提高效率和降低成本。

目前,全球多家公司已经开始在农业物流领域研究和应用无人机技术。例如,我国的极飞公司在全球各地的智慧农业合作伙伴可以为本地乡镇级的终端用户提供智慧农业服务,包括农田测绘服务、农田AI处方服务、无人机全自动播撒服务等,实现了多元化、差异化的农业社会化服务。此外,美国的AeroVironment公司也开发了农业手持式无人机,可进行灌溉和喷洒等操作。

3) 医疗物流

无人机技术还可以应用于医疗物流领域,帮助组织急救、药品配送等工作。有数据显示,目前全球仍存在大量人口无法享受到基本医疗服务,无人机技术可以作为一种解决方案。

例如,美国的Matternet公司开发了无人机医疗配送系统,通过实现无人机与互联网的无缝连接,建立了一个"物流网络",可以将急救药品和医疗设备快速、安全地运送到需要的地点。另外,印度的国家医疗服务项目也运用无人机向需要的地点运送药物和医疗设备。

2. "最后一米"配送——机器人

目前无人配送领域主要分为室外配送和室内配送两大模式。室外配送主要涉及非封闭环境下的配送,大多以酒店、校园、医院等配送为主,而室内配送则应用于楼宇、酒店、商城、餐厅、医院、机场等地。受技术限制,相较于室外配送机器人,室内配送机器人商业化落地更快,图8-14展示了两种配送机器人。

图8-14 配送机器人

1）智能酒店

配送机器人能够在智能酒店中提供全程无接触送货服务，服务过程如下。服务员无须动手即可打开货舱，将货品放入货舱后，机器人会自动关闭舱门并开始送货。在配送途中，机器人会礼貌地与客人打招呼；抵达指定房间后，机器人还会通过房间内的智能音箱或电话通知客人取货，并在离开前向客人道别。

2）智能学校

配送机器人在学校中的应用非常广泛，例如它能够用于餐饮配送，将食物从食堂送到学生宿舍，极大地提高了配送效率，并降低了人工成本。此外，它还能用于图书配送、耗材配送、贵重物品配送等方面。不只如此，学校的配送机器人还能够与智能门禁、日志服务体系、智能化设备等进行联动，使学校更加智能化。

3）智能医院

在医药配送方面，配送机器人能够在医院等场所免费、及时地配送患者所需的药品，大大提高了医疗服务的质量和效率。

4）大型商场、超市等场所

大型商场、超市等场所人流量较大，传统的快递配送成本较高，且存在风险。而机器人则能够准确无误地将商品送达指定地点，不仅缩短了配送时间，也增强了货品的安全性。

以下是配送机器人的四大优势。

① 安全性高。安全是配送机器人技术较为明显的优势。外卖和快递行业交通事故频频发生，在未来，将这些危险的任务交给机器人来做，快递和外卖行业将减少交通事故的发生。

② 工作效率恒定。机器人不会分心或休息，不会迟到、早退，从而影响工作效率。机器人可以一直高效且不休不眠地工作。

③ 注意力集中。机器人不会把注意力分散在路程中的各种事物上。它们的工作不会被他人所干扰，它们有固定的程序、固定的语音，只做应该做的事情，能简单有效地完成各种复杂的送货任务。自动化操作通常比人工操作要可靠得多。

④ 低犯错率。机器人可以提供高质量的服务。因为它们的程序可以精确、重复地运行，出错的可能性极小。机器人可以兼顾配送速度和送货的损耗控制，再加上消除了人为犯错的可能性，可为客户提供高质量的配送服务。

8.4 相关课程学习

本章只是简单地介绍了一些运输与配送相关的内容，这部分知识在后续几年的学习中，大家将会更深入地学习，其中与本章有关的课程有《运筹学》《物流学》《邮政快递网络系统规划设计》《邮政快递技术与装备》等。

《运筹学》是一门应用数学学科，主要研究在一定的约束条件下，如何优化资源配置和决策，以获得最好的效果。运筹学在物流和供应链管理中有着广泛的应用，例如在运输规划、库存管理和调度计划等方面。《物流学》是所有物流和供应链管理的基石，它涵盖了从原材料采购到最终产品交付给消费者的整个过程，包括运输、仓储、包装、配送和信息管理等环节。

《邮政快递网络系统规划设计》和《邮政快递技术与装备》这两门课程则更加专注于邮政快递领域的具体实践。其中，《邮政快递网络系统规划设计》主要探讨如何规划和设计高效、灵活的快递网络系统，包括运输网络、配送中心、信息系统等方面的设计。《邮政快递技术与装备》

则介绍了邮政快递领域所使用的一些关键技术和装备,例如条形码技术、射频识别技术、快递车辆和无人机等。

以上4门课程之间有着密切的联系,同学们需要学会将它们融会贯通,综合运用知识点来解决实际问题。物流和邮政快递领域的问题往往比较复杂,需要从多个角度进行思考和分析,这有助于培养自己多角度思考问题的能力。

本 章 小 结

本章分别介绍了什么是运输与配送,对运输和配送的方式与路线进行了详细的描述;对各种运输方式和配送模式进行了简单介绍,并介绍了如何使用运筹学中的知识去解决运输规划和配送优化路线问题,让同学们对运筹学的具体应用有了初步的了解,可以更加清晰地感受到基础数学知识在实际问题求解过程中的作用,为后续的课程学习指明了方向。

参 考 文 献

[1] 周华,戴德明.会计制度与经济发展:中国企业会计制度改革的优化路径研究[M].北京:中国人民大学出版社,2006.

[2] 范学谦,翟树芹.现代物流管理[M].2版.南京:南京大学出版社,2020.

[3] 周俊飞.一本书读懂无人机物流[M].北京:机械工业出版社,2018.

[4] 许昕宇.室外移动机器人定位与路径规划算法研究[D].北京:北京邮电大学,2021.

[5] 李程.航空货物运输优化运营研究[M].南京:南京大学出版社,2020.

[6] 许珮.带时间窗的物流配送中心车辆路径优化问题[D].北京:北京邮电大学,2018.

[7] 管孟.无人驾驶车辆物流配送路径规划研究[D].北京:北京邮电大学,2022.

综合篇

第9章　系统优化与仿真评估

前面各章分别对智慧物流的核心物流环节和关键技术做了介绍,这些子系统和先进技术是综合集成在一起发挥作用的。智慧物流系统往往十分复杂,不仅规模庞大、关系复杂,而且是动态的,具有多方面以及很大程度的不确定性,从运作绩效的角度来看,多个评价指标之间往往互相矛盾。因此,一个复杂物流系统的规划设计存在问题,有所疏漏、偏离实际需求等,是难免的。一个物流系统规划设计方案形成后,怎样对其进行绩效评估呢?又如何发现它的不足并进行改进和优化呢?本章主要从系统综合角度,以应用案例的形式,以点带面地介绍如何采用系统仿真方法来进行综合物流系统的评估与优化。首先介绍了智慧物流的综合集成,其次简要介绍了系统建模与仿真方法的概念、原理与几种典型的仿真类型及其典型应用场景,最后分别以实例从概念层面展示了仿真如何解决不同类型的物流系统的综合评估与优化的问题。

9.1 现实已超乎想象——智慧物流的综合集成

在我们的生活中,智慧城市、智能制造、智慧物流等概念已不再新鲜,这些技术尚未成熟,却已经给我们的生活带来了巨大的变化。在线上购物时,我们看中了某个商品,在线下单,不久商品就送到了我们手中。这个习以为常的生活方式背后,是一系列智能、智慧技术的支撑。在没有进入智能、智慧时代的时候,人们也采购商品,但是整个过程不是这样运作的,没有这样高效,没有这样"聪明"。智慧物流采用集成智能化技术,使物流系统在运行中能够模仿人的智能行为,运用学习、感知以及判断推理能力,自行解决物流系统出现的问题。智慧物流比传统物流更"聪明",具有自我解决问题、提高效率的能力,是更高形态的物流系统。

生产物流与仓储配送物流都是从经验性决策和大量人力劳动开始的,逐步经过机械化、自动化、智能化阶段,现已迈向智慧物流阶段。自动化、智能化阶段更关注物流作业的高效、准确、环保等,智慧物流阶段则更强调各物流子系统的深度协同,以使整个系统的决策、管理、控制与执行协同一致,进行实时、可控、可视化的管理。这种深度的协同,不仅要在企业内部进行,而且要在供应链上的各个成员节点之间进行。供应链上的成员不仅需要集成,还需要和产业领域以及金融等社会商业协同。因此,这是一个大协同的概念。

例如,一个生产企业,它的下游是电商,它的上游是一些生产商和零部件供应商。来自用户的需求不仅单独驱动电商进行订货,而且通过电商对上游的生产商和零部件供应商形成整体一致的拉动,当需求触发电商的订货时,需求向上游反馈引发生产商和零部件供应商的生产计划与生产活动和供货活动。这些一系列的需求响应,不仅在决策层面,也在管理层面由决策直接驱动自动化装备的控制和执行。也就是说,系统不仅能够按照终端需求为产品和零部件的生产做好生产计划,而且能驱动生产线的自动化设备开启生产作业或出入库的物流作业。这是从企业内部的核心业务层面来看的。同时,该生产企业同样会置身于产业和社会商业领域,并与相关企业和机构形成大协同。下面对系统的综合集成进行简单的了解。

9.1.1 从整体到细胞都是智慧的

单个企业之间的竞争时代早已结束,整条供应链上的企业通力合作,在决策上进行总体考虑,在软硬件技术上有充分保障,才能使供应链上的企业在激烈的竞争中共同胜出。企业的高层规划必须从供应链设计层面开始,在供应链设计、网络规划、选址布局、节点内规划、运输配送等环节进行贯通一致的规划,不仅要打通决策层,还要打通管理与控制层,使整条供应链上的企业都能在统一大脑的分析、管理下,在各决策环节和自动化设备的控制、执行环节实现顺畅的衔接,以实现精细、高效、低成本的供应链运作。要实现这样的目标,需要信息技术、物联网技术、数字化技术、装备技术以及一系列软件技术的支撑。没有软硬件技术的支撑,打通供应链决策层、管理层、控制层、执行层是不可能实现的,而没有直达控制执行层的深度协同,供应链成员之间就难以高效地实现合作。同时,供应链成员必须通力配合,任何一个节点的设备控制脱离整体系统,都会带来效率损失、成本增加等后果,这必然由供应链上的部分或全部节点来承担损失,降低整条供应链的竞争力。

如果说企业是供应链和产业的细胞,那么企业内部的各个部门、各项生产活动和各个软硬件设施则是企业的细胞。智慧物流不仅体现在企业级别的智慧,也体现在企业内部子系统和单体的智慧。例如,一个无人仓库中的小车本来是为了完成供应链上的最终需求在本节点(或许是个配送中心,或许是条生产线)内的装卸搬运任务而存在的。一个来自需求终端的需求可以触发供应链上相应的供需关系之间的驱动关系,经过决策、管理与控制等不同的层面,一直到小车,为小车分配任务,或者由中央控制大脑为小车安排路径,或者由小车主动地申请任务和自我寻找优化路径。也就是说,小车并不一定非要被动地受管理系统的中央大脑的管理和调度,而是每个无人小车都拥有了一个"智慧脑",它可以在作业过程中进行更加柔性、灵活的决策。这会涉及很多技术的应用,比如小车上必须有定位技术以确定自己的实时位置,还要能和其他小车共享自己的位置,能感知和识别静态和动态的障碍物,能根据自己的位置和搬运任务的起点与目的位置以及其他小车和道路交通信息,调用相关的模型和算法来选择任务和路径。小车做了这样的计算和决策还不够,要实现和执行小车的"想法",必须将小车的决策与小车的运动控制系统集成起来,使小车想怎样走就真的在物理运动的意义上去执行和实现。这个过程,就是一个各个子系统与各种技术综合集成才能完成的过程。

在逻辑层次上,可以将智慧物流理解为基于单元级、系统级和集成级(System of Systems)的层次结构进行执行的一个智慧系统,该智慧系统能够进行状态感知、实时分析、科学决策和智能作业。单元级的智慧物流装备通常是软硬件集合的智慧物流作业单元。感知系统是单元级智慧物流系统的基础,感知的是实时数据而不是大数据。此外,单元级的智慧物流还要具备软件计算系统和通信控制系统。单元级物流系统具备初级智慧。系统级智慧物流是软硬件加网络的物流系统,由单元级物流系统组网形成。网络体系是物联网架构,初步具备大数据特征,具备中级智慧。集成型智慧物流系统可能会基于现场总线技术、无线网或其他网络技术进行组网,分布式智慧物流网络系统采用互联网+技术组网,具备智慧物流的主要特征。

人们对智慧物流架构的认识和理解也在不断变化,这都是基于探索实践的认知演化。比如对于智慧物流的架构,有学者提出是感知层系统感知、网络层决策分析、应用层智能作业的三层架构。2017年中国物流与采购联合会与京东物流发布的《中国智慧物流2025应用展望》提出,智慧物流的三层架构为智慧化平台、数字化运营、智能化作业。如果通俗易懂一点讲,就是将智慧物流系统分解为智慧思维系统、信息传输系统和智慧执行系统。这个说法可能不够严谨,但是易懂。三层架构保证了智慧物流系统能够像人一样感觉、决定和行动,这就给智慧物流系统赋予了不同于过去自动化水平的物流系统的新能力与新特征。智慧物流具有互联互通、数据驱动,深度协同、高效执行和自主决策、学习提升的三大特点,这些特点决定了物流系统能够基于"数据"调度整个系统中的各参与方进行高效分工协作,并在物流大脑的作用下在感知中决策,在执行中学习,在学习中优化,不断提升物流实际运作水平。

智慧带来了什么？做一个简单的比喻,一个自动化机器人能够完成一些由固定动作组成的自动化作业,一个具备智慧大脑的机器人则可以根据随机、不稳定的任务自主地、高度灵活地完成不是固定时间节奏的作业。因此,智慧物流系统不仅能够完成自动化物流系统的任务,还肩负随机应变的使命。一个物流系统如果各个组成部分能够随机应变地进行动态优化,并彼此配合,就比采用兼顾各种可能情况而为各组成部分设置一套固定的应对策略更高效。

9.1.2 综合物流系统的评估需求

系统越智慧,效率越高。但是,当我们开始设计一个新的系统时,如何知道这套系统在运作时能达到怎样的作业能力和效率呢？当然,设计计算本身就采用了一定的方法,基于要达到的作业能力和效率来进行设计计算,从这种意义上,设计方法本身使得设计的结果达到既定的要求,即使得某些规定的绩效指标满足要求。但是,系统组成部分众多,各组成部分之间的交互作用复杂,其间各种随机不确定因素又交互作用在一起,即便是动态的规划方法也很难将所要考虑的众多因素统一考虑在内进行求解。这时,能否寻找一种能够对所设计方案进行有效定量评估的方法,而且这种方法能够在方案实施前,科学、可靠地评估出待评价系统方案一旦实际运作起来会是怎样的情况,能达到多大的作业能力,以及对系统各重点环节、重点设备的效率做出定量评估呢？也就是说,能不能让规划设计书上的方案在不花费较大成本的前提下,像真的建成、运营一样运作起来,好让设计者看看规划设计哪里出了问题,系统运作绩效究竟如何呢？这就是物流系统的评估与评价问题。

一个具有竞争力的物流系统一定是一个综合集成的系统,每个问题的解决过程几乎都不独立,而需要上下游的环节和多个维度的技术共同配合。因此,在为一个企业及其供应链进行物流规划时,需要考虑的因素太多,交互关系非常复杂,要进行全面的优化设计是非常困难的事情。在规划设计时,所采用的设计理论与方法本身就为每个环节提供了一定的绩效保证。但是,很多理论方法有着严格的约束条件和假设,这些约束条件和假设有时和实际中的系统有明显的差别,这会导致所得的结果可能与系统的实际情况有出入。更重要的是,多个环节集成起来,其间存在复杂的交互,却没有严谨的方法能够评估各个子系统的集成是否会带来问题。

那么,一个物流系统规划方案,我们如何判断它是否合理,是否能满足需求,方案中的各个部分是否彼此相容,是否有冲突矛盾,是否有瓶颈和隐性瓶颈,规划设计方案是否疏漏了某些环节和问题？按照既定的规划设计方案,系统预期的运行绩效怎样？能满足当前需要吗？还有多少余力？极限能力是多少？能应对需求高峰吗？总之,当人们对于一个"应该怎么做"的问题给出一个解决方案后,关于"会带来什么效果"的评价问题就随之而来,这就是关于系统评价的一系列问题。

除了物流系统规划设计与运营角度上的问题,还有其他角度的综合评估与评价问题。例如,当物流进入智慧物流阶段,一个大型的无人仓里面有众多的自动化、智能化装备,比如自动化仓库、自动小车、移动机器人、自动分拣机等,这些自动化装备需要在整个系统的任务驱动下,在物流系统大脑做出决策后,将决策下发给各个子系统与设备,这些子系统与设备或许只是被动接受指令,或许具有自己的智能,可以在自己的任务范围内智能决策,它们在决策和执行命令后,还要将相关信息反馈给系统,那么这样一个复杂的系统,在模式设计、流程设计、设备选型、任务分配、资源调度、策略优化、算法求解、网络通信、信息交互、数据管理、执行实现、过程与结果可视化等所涉及的各个方面,都需要作出相应的评估。

可以说,在任何一个系统方案被确定和执行前,都需要对该系统的预期绩效进行评估。只有当科学、有效、可信、充分的预评估完成后,系统方案才付诸实施。这样能更好地规避风险,降低试错成本。对于高度复杂的智慧系统而言,要进行全面、综合的预评估,是一个困难的问题。

9.2 决策方案的预期效果怎么样——仿真实验看一看

9.2.1 仿真能为物流方案评估做什么

设想某物流智能仓库,在其投建和运营之前,我们如何知道它在运行之后会是怎样的情形呢?虽然规划设计本身是依据要达到的绩效要求设计的,但是,众多的设计环节之间并不是无缝衔接的,而且通常是以系统参数的均值或数学期望值进行设计的。那么,当系统运行起来后,能否如设计时所期望的那样工作,除了经验,并没有可靠的保障。为此,人们自然而然地寻求能够科学、可靠地对一个复杂物流系统的运作情况进行定量评估的方法。这个方法就是仿真,或者笼统地称为系统仿真方法。接下来,让我们来了解这种不可或缺、不可替代的方法。

人类认识与研究未知事物有两个基本方法,理论研究和实验研究。但是,随着人类认识和改造世界的能力的不断增强,出现了一种理论研究和实验研究之外的第三种研究方法,那就是仿真。仿真方法的基本思想是在认识与分析对象系统的基础上进行理论抽象,建立对应的仿真模型,然后针对仿真模型开展实验研究,从而得到关于真实研究对象的认识结论和决策建议。

为什么这样做呢?简单说,因为在真实系统上做实验对系统影响太大,成本太高,或者真实系统根本就不存在,它是在设计与构想中的未来系统。仿真方法则是将暂时不能被研究"打扰"的真实系统,或者尚未存在的未来系统,进行理论抽象和分析、描述,建立一个"模仿真实"的系统(通常在计算机中建立),该系统称为计算机仿真模型,然后借助于这个仿真模型来开展实验研究,这样就方便多了。

在计算机中,可以让仿真模型动态运行起来。比如,要想知道一个存在于规划设计书中的大型智能仓库在未来的实际运行会怎样,可以提前让其仿真模型在计算机上运行。这样,这个智能仓库的所有活动都可以被直观地看到,相应的绩效指标都可以通过仿真实验来进行统计和估计。假如仿真模型的运行表明系统在某些方面的绩效不太令人满意,则可以通过调整系统方案来观察能否提高相应的绩效。这简直是对实验研究的一种"解放"。因为,在计算机仿真模型中,任何在现实中难以改变的参数——无论是运行环境条件约束,还是经济成本投入限制——在计算机模型中都可以方便地加以改变。

所以,当系统出现问题后,借助于仿真,我们可以对问题进行复盘和研究。比如某个配送中心没有经受得住"双11"的冲击,在突如其来的物流需求高峰下爆仓。如何才能应对这样的需求高峰?为了解决这个问题,可以将过往的真实数据和参数输入到模型中,将已经发生过的爆仓场景重现。也就是说,我们可以利用仿真来"重现历史"。这时,人们才有机会深入地研究当时的情况,提出多种应对方案。然后在仿真模型上进行实验,看看这些应对方案的效果如何。

与此同时,有了仿真之后,人们获得了一种"预演未来"的能力。对于存在于图纸上的系统方案,我们可以在投建与实施之前进行仿真实验,看到所设计的系统在未来运行的情况。对于正在规划设计中的一条大型复杂产品的生产线或者一个大型配送中心,仿真可以让其先在仿真空间构建起来,并让其按照设计方案所规定的方式运行,这样一来,设计方案中的不合理之处或者缺漏都会直观地展现出来,并且,所设计的系统运行起来的动态情况还会给我们带来新的启发,激发新的改进思路。仿真方法所赋予我们的这种启发作用往往是其他方法所不能的。

除了"再现历史"和"预演未来",仿真也可以"复制现在",即对当前正在运行中的真实系统进行全盘复制,从而基于仿真运行进行实时绩效评估。这种实时仿真发展的尽头(与大数据技术、数字化技术等汇集起来,与智慧物流融为一体),就是数字孪生这个新世纪的通用技术了。数字孪生技术的基础是仿真,它是更高形态的仿真,但所涉及的方面远广于仿真。传统的仿真独立于实际对象系统,实时仿真虽然从实际系统获取数据并输入到仿真模型中,但两个系统并没有融合。而数字孪生则在实际系统与数字孪生体之间存在着交互,在数字孪生体上得到验证的策略将直接驱动实际系统进行实施。不管是实时仿真阶段还是数字孪生仿真阶段,都可以对当前系统进行仿真分析。

有了仿真,对于系统方案进行绩效评估就有了行之有效的评估方法。我国最近一二十年在仿真领域取得了重要的进展,虽然与某些国家相比还有差距,并且存在一些"卡脖子"问题,但是中国的仿真应用已按下了广泛普及、势不可当的按钮,各个领域的决策都要经过仿真阶段。接下来,我们了解一下仿真方法的基本概念和原理。

9.2.2 系统建模与仿真的基本概念

系统建模与仿真是一个现代的概念,是从仿真、系统仿真这样更基础的早期概念演化而来的。仿真方法最初应用在航空航天和军事领域,从20世纪40和50年代开始,经过几十年的发展,已经远远超出航空航天和国防军事领域,而广泛应用于各行各业。过去,人们经常使用的术语是"仿真""系统仿真",认为其是特定领域的一种研究方法。而现在,人们更倾向于将其视为一门技术,称为"系统建模与仿真技术"。在传统仿真向复杂系统仿真演化的过程中,人们形成了对"系统建模与仿真"这个概念的一致性认同。

目前,领域内的专家比较认同的系统建模与仿真的定义是:以建模与仿真理论为基础,以计算机、物理效应设备及仿真器为工具,根据研究目标,建立并运行模型,对研究对象(系统)进行认识与改造的一门多学科的综合性、交叉性技术。这个概念强调了建模仿真理论,强调了所使用的硬件工具,强调了模型及其运行和通过这个过程来认识与改造对象系统,这实际上恰恰就是系统建模与仿真的基本原理。不过在实际应用中,人们依然保留"仿真""系统仿真"这样的术语来进行专业交流。想要了解仿真概念的演化过程,以及更多地了解建模与仿真的形成与发展,同学们可以自行阅读相关文献。

自二十世纪末的二三十年以来,仿真被视为不可替代的认识世界、改造世界的第三种方法。仿真的门类很多,所以我们经常会见到各种各样的仿真概念,它们实际上都是基于不同维度视角所划分的仿真分支。复杂性科学的崛起,以及新一代物联网、大数据、云计算、数字孪生等技术的兴起,为未来的技术发展提供了新的范式和框架,仿真科学与技术也得到了快速的发展。专业领域的人们甚至认为仿真并不是一种方法,而是一个学科,并将其命名为仿真科学与技术，用来解决很多复杂的问题。我国曾于十多年前试图将仿真科学与技术申请为一级学科，虽然时机未到，但这一敏锐意识对推动我国仿真科学技术的发展起到了非常积极的作用。

9.2.3 系统建模与仿真的基本原理

系统建模与仿真的基本原理可以用图 9-1 来表示。该图被相关专业领域广泛接受，主要体现了系统建模与仿真的 3 个重要步骤与活动，也体现了其工作原理。其中，对象系统是我们要管理、决策的对象，对象系统的问题是我们要解决的问题。基于对对象系统的理解、抽象，可以建立系统模型，系统模型是对象系统在研究目的的统领下，人们产生的概念和对理论空间的认识。建立理论或系统模型，就是针对特定的研究目的，把真实对象系统抽象提炼出来，得到对理论或概念的认知。然后，将这个人类认知的系统模型复制到计算机中，即在计算机中建立仿真模型。于是，在当前的研究目的下，计算机中的仿真模型就替代了真实的对象系统，成为下一步开展实验研究的载体。人们要基于仿真模型开展大量的仿真实验，通过对实验数据的科学、可信的定量分析，得到对仿真模型的认识，也就是得到对真实对象系统的认识。所得到的结果、结论，可以为决策问题提供定量的参考，从而提出建议。

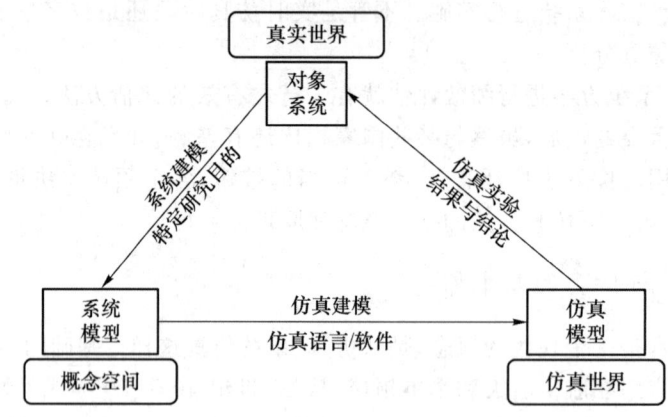

图 9-1 系统建模与仿真的基本原理

上面所指的仿真是在计算机中建立仿真模型，这样的仿真应用被称为计算机仿真。有的研究对象系统非常复杂，要建立纯计算机模型很难，因为有些硬件系统的规律难以了解和建立理论模型，所以有时候会建立一个既包括硬件子系统又包括计算机系统的混合模型，这样的一个综合模型也称为仿真模型。采用这样的仿真模型进行实验，其目的和采用纯计算机模型进行实验是类似的。

仿真相对于理论研究和实验研究有很多优势，这是其被广泛采用的原因之一。最主要的一个原因是，真实世界的系统通常非常复杂，解析方法往往无能为力，以至于仿真是进行研究的唯一可能的方法。另外，采用仿真方法有很多具体的好处，比如：当人们对同一个系统问题有多个解决方案时，可以通过仿真来进行比较，而不用影响实际系统的运行；在仿真模型上比在实际系统上更容易控制实验条件；采用计算机中的仿真模型进行研究能大大降低基于实际系统进行研究的危险程度，尤其是在一些风险较高的领域；采用仿真方法开展研究时，真实对象系统的时间维度可以压缩也可以拉伸，也就是说，对于一个需要许多年才能完成的真实实验，通过仿真可以很快完成，而对于一个在毫秒级时间内就完成的过程，可以在仿真上拉长这个过程的时间，方便了研究的开展。采用仿真方法的实际好处有很多，而且在很多场合仿真都能为决策提供帮助,随着人们对决策科学化的重视,仿真应用快速发展起来,从最初的航空航天与军事领域迅速扩展到各行各业。进入二十一世纪后,人们对仿真研究与应用的热情空前高涨,相信"未来一切皆仿真(the future of everything is simulation)"。

9.2.4 几种主要的仿真类型及其应用场景

仿真方法有很多分支,搜索一下关于仿真的文献,就会发现连续系统仿真、离散事件系统仿真、离散-连续混合仿真、物理仿真、半实物仿真、数字仿真、分布式仿真、并行仿真、动力学仿真、实时仿真、多主体仿真等仿真概念。实际上,它们是不同的仿真分支。仿真类型的划分有不同的依据,如按模型形态、模型组成、模型执行、时间特性、仿真时间与实际时间的关系、应用领域等来进行划分。下面,我们简单了解最基础、最常见、与物流系统评估最密切相关的几种类型的仿真,关于仿真的系统知识则需另探究竟。

1. 离散事件系统仿真

离散事件系统仿真是指对于系统状态变量随着时间的推移不断发生变化,并且在离散时间点上突然发生变化的一类系统的仿真。通常来说,这些离散的时间点是不确定的,在什么时间点发生什么事件也是不确定的,因此,严格地说,该类仿真面向的系统是离散事件动态随机系统,不过经常简称为离散事件系统。

某银行营业厅的服务系统是一类典型的离散事件系统。银行营业厅里有多个窗口提供服务,外部随机到达的顾客进入系统后先按照规则排队,然后到窗口办理业务,完成业务后离开。这是一个排队系统,也是典型的离散事件系统。库存系统也是一类典型的离散事件系统。报童问题就是一个典型的库存问题,也可以描述为典型的离散事件系统。简要地说,报童问题是指在需求为随机的情况下,要采购一批货物进行售卖。报童的行为就是批量买入报纸,然后零售卖出,如果没有卖完则将剩余的报纸以极低的价格卖给回收者。

实际中的离散事件系统往往是由多个类型的子系统组成的,而不是某个单一类型的系统。在工业领域,许多实际系统是多种子类系统的组合。一条汽车装配生产线和一个现代智能仓库都是典型的离散事件系统。例如,整车装配生产线的生产作业,由多个排队系统、库存系统、装卸搬运系统等子系统组成。制造业中的生产线仿真应用十分普遍。在进行实际的生产线规划设计时都要进行仿真以验证方案的合理性。在实际投产前,也要先通过仿真进行动态分析,以验证规划设计方案的合理性,提前发现和解决一些问题。

在物流领域有很多典型的离散事件系统,如大型的仓储系统,像大型配送中心、物流中心等。京东的大型智能仓库,从物流作业的角度观察,就是典型的离散事件系统。在这类大型仓储类系统中,通常有几类典型的子类系统,如存储子系统、装卸搬运子系统、分拣子系统、订单拣选子系统、装车发运子系统等,以及用于存储货物的大型自动化系统,如自动存取系统(RSAS),即自动化立体仓库,或其他货架系统;用于物料搬运的在工厂、车间、配送中心、机场等场所普遍使用的AGV小车装卸搬运系统。快递转运中心最普遍的是大型自动分拣系统。以上都是离散事件系统仿真的典型应用场景。图9-2是采用离散事件系统仿真方法对一个邮件处理中心的自动分拣系统进行仿真的模型运行截图,通过仿真可以直观地看到这部分的作业过程,并对分拣效率进行定量的评估。

离散事件系统仿真的基本原理也就是图9-1所示的系统建模与仿真的基本原理,只是在建模时具有其自身的特点。对于离散事件系统而言,常见的系统建模方法包括实体流程图、实体活动循环周期图等非形式化方法和Petri网等形式化方法,以此进行对象系统的表征。系统建模方法可以理解为对研究对象的一种表达方法,不管是什么系统建模方法,其目的都是描述和表达研究对象,让人们在看到系统模型后就能够了解对象系统具体是怎样的情况。借助于仿真软件进行仿真建模,得到可以动态运行的计算机仿真模型。经过相关检验,确认模型的有效性和正确性后,就可以基于仿真模型,在计算机上开展仿真实验,通过对实验结果的分析便可得到对相关决策问题的认识和结论。

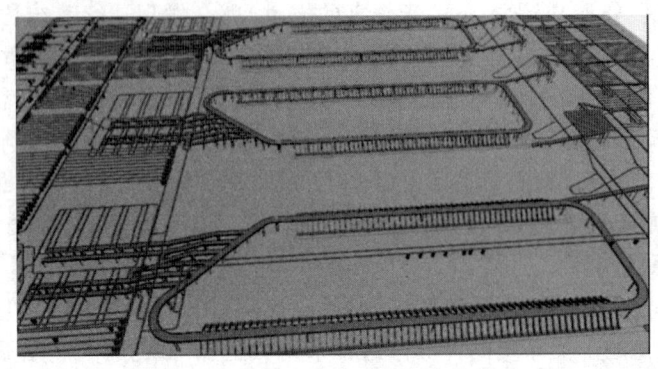

图 9-2　离散事件系统仿真在邮件处理中心规划设计中的应用

经过通用语言仿真、专用仿真语言、仿真软件包等阶段的发展,目前离散事件系统仿真通常依赖成熟的仿真软件进行。在国际仿真领域,有一些十分经典的仿真软件是专门针对离散事件系统仿真的,许多软件一直到现在仍然被工业领域所青睐。图 9-2 中的邮件处理中心仿真模型是北京邮电大学物流工程专业的研究生采用 AutoMod 软件建立的。随着仿真科学技术的发展,许多软件向着综合建模的方向发展,可以同时支撑离散事件系统仿真和其他类型的仿真,如 AnyLogic 等。关于离散事件系统仿真软件,大家可以通过互联网自行检索,很多软件可以下载学生版、测试版等,大家不妨一试。

2. 系统动力学仿真

系统动力学的前身是工业动力学。美国麻省理工学院的 Forrester 教授于 1957 年首次提出工业动力学(Industrial Dynamics),对经济与工业组织系统进行了深入的研究,成功地将信息反馈理论、系统力学理论与计算机仿真技术应用于社会系统,随着研究范围的扩大,相关理论方法日趋成熟,其应用也遍及不同的行业领域,远远超出"工业动力学"范畴,因此改称为"系统动力学"。

系统动力学(System Dynamics)属于系统科学的一个分支,它用一种流化的方式,基于信息反馈理论、系统力学理论和控制论,构建一个社会问题的结构化的流动关系模型,然后进行仿真,通过仿真分析和运算来实现对系统动态过程的跟踪,从而对社会系统战略与策略问题进行实验研究。由于系统动力学方法是通过仿真运行进行运算的,因此系统动力学方法也称为系统动力学仿真。

系统动力学的基本内生观点是,虽然外部条件有影响,但系统的行为模式与特性主要取决于其内部的动态结构与反馈机制,只要掌握系统内部结构及其变动趋势就有可能预见其未来的行为模式。因此,系统动力学方法的关键是建立带有反馈机制的系统动力学模型。系统动力学模型本质上是一阶微分方程组。系统动力学模型就是按照系统动力学理论建立起来的数学模型,通常采用专用仿真语言和软件来进行建模,然后在计算机上进行仿真模拟。现在系统动力学广泛应用于企业经营管理、城市问题、环境问题、交通运输、全球发展等领域,研究对象通常是社会、经济、生态等复杂系统。

在物流领域中,系统动力学应用最多的一个分支领域是对库存系统问题的研究。人们通过系统动力学来研究一个库存系统中不同库存节点的订货、补货策略。系统动力学有专用的软件来对构建的动力学模型进行仿真,常见的如 Dynamo 和 Vensim 等软件。图 9-3 是应急成品粮保障系统研究中建立的系列动力学模型中的一个,是采用 Vensim 建立的。该研究可以对多库存节点、多库存规则、多灾害场景下的库存系统的储备布局、储备规模和突发事件下的应急保障供应效率和效果进行分析与评价,从而支持成品粮应急保障系统设计、决策和管理诊断。

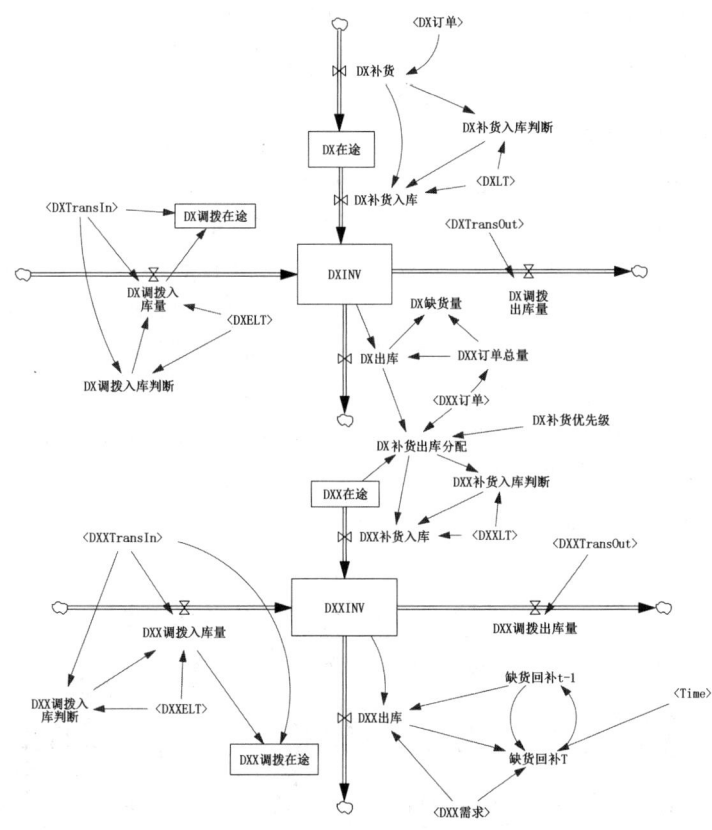

图 9-3 某成品粮应急库存系统的动力学模型

3. 基于智能体的建模与仿真(Agent-Based Modeling and Simulation)

从概念术语上讲,"基于智能体"是概念的意译,其直译是"基于主体",这两个说法在诸多文献中并存,这里我们采用"智能体"的叫法。之所以提出"基于主体",是在强调主体的能动性,强调它的智能,所以,后来人们将具有智能的主体称为"智能体"。

基于智能体的建模与仿真,总是和复杂系统、复杂适应性系统、复杂工程系统等概念一起出现,因为它是一种解决复杂问题的有效方法。关于智能体建模与仿真的概念有很多讨论,我们不如先不去管它的确切定义,而是先理解它的思想、基本原理与特色。智能体建模与仿真的思想可以从分布式人工智能那里获得。在一个开放的复杂系统或者复杂适应性系统中,每个参与这个系统的个体都呈现出主体性,具有一定的自主性和决策能力,能够感知环境和其他个体,并能根据自己的"思考"做出决策,发起行动,从而对系统产生影响,然后在系统改变后,再次完成这个感知、决策和行动的过程。所有个体都是这样与自身之外的环境和其他个体互动的。主体描述的是微观参与的个体,但是,当每个个体都按照自己的规则行动时,整个系统将表现出宏观的特性。当我们这样去建立和运行模型时,我们建立的是微观个体的感知、决策和行动模型,但是,从系统层面观察到的却是整个系统呈现的宏观的现象与特征。

从建模角度,基于智能体的建模与仿真是从底层出发,建立个体行为和相互作用的框架,从而模拟每个个体的决策与行为,然后从宏观层面研究系统的性质和动态。目前,基于智能体或多智能体的建模与仿真被广泛应用于社会科学、经济学、生物学、计算机科学和工程学等多个领域,可以用于模拟市场动态、交通流、生态系统、社交网络等多种复杂系统。近年来,基于智能体的仿真在多智能体演化博弈、人群流动、森林火情、病毒传播等领域展现了非常好的适用性,每个应用领域都是一类典型的多智能体建模与仿真的分支。

接下来以行人流动为例来理解基于智能体的建模与仿真的应用。假设我们需要研究一个地铁站的人流情况,从而为行人交通的管理与决策提供参考。这时,我们可以采用基于智能体的建模与仿真方法来进行研究。首先,地铁站楼梯、电梯、闸机、乘车门等的具体位置等需要按照实际情况建立空间物理模型,对于地铁班次、车厢人数等数据要进行正确的输入数据建模,从而将真实需求建立在模型中。其次,需要定义行人这类智能体,行人在走路时实际上是有"逻辑"的。例如,每个行人有自己的目标,受其他行人的影响,也受整个地图状态的影响。我们需要将个体的决策规则建立在行人这个智能体内,使每个智能体按照自己的情况做出往哪里走的决定。这样,在建立行人的微观模型后,在运行时,我们便可以观察人群在整个地铁站里是如何移动的,如图9-4所示。这时,我们关注的是系统层面,即大量的行人涌现出来的宏观的情况,而不是某一名行人的具体的移动路径。研究这些对于如何设置地铁出口,如何分流乘客,如何改善地铁站人流拥挤的情况都有很大的帮助。

图 9-4 地铁站的行人流动仿真

基于智能体的建模与仿真一经问世就产生了巨大的反响,早期用来研究从主体微观行为到宏观行为的仿真软件平台有 Swarm、Repast、Netlogo 等。很多后期设计开发的仿真软件常常同时支持多种系统类型的建模,如 AnyLogic、Simio 等同时支持离散事件系统和基于智能体的系统的建模。图 9-4 是采用 AnyLogic 软件的行人库建模工具建立的仿真模型。

4. 人在回路的仿真

人在回路(Man-in-the-Loop)的仿真是指将人加入控制回路中以对操作提供反馈的仿真。与传统的仿真建模方法相比,人在回路的仿真建模方法具有实时控制、人机交互、数据真实的特点，同时也对模型的逼真性、合理性和完整性有较高要求。通过人在回路的仿真能进一步研究人的因素对于对象系统各个环节及总体产生何种影响，也可以将人置于仿真回路下对人进行训练。

人在回路的仿真已成为研究人对系统影响的重要方法与工具。它不仅能对系统各环节的有效性进行验证，也能分析影响对象系统走向的关键决策或操作信息。例如一个供应链管理的仿真平台，可以让人通过扮演不同的供应链角色来参与供应链的运作，这就是一个人在回路的仿真。通过这样的仿真，我们可以了解各角色的决策会使整个供应链产生什么样的变化。同时，也可以通过这样的仿真平台来让扮演不同角色的人产生对供应链管理的深刻认识。又如，军事对抗仿真可以让人作为军事场景中的不同参与者，从人机交互界面与整个对象系统进行交互，选择自己的决策并做出行为操作，整个系统则根据所有参与者事先定义好的规则进行对抗的仿真动态推演，从而可以了解这些参与仿真系统运行的人的决策与行为是如何影响仿真结果的。

人在回路的仿真在人员仿真训练方面也得到广泛的应用，许多需要动手操作的岗位需要对上岗人员进行长期的培训，例如民航飞行员、无人机飞手、港口岸吊场吊的高空作业人员、医学院的学生等。人在回路的仿真可将人作为回路的一个环节，在仿真进程中，人对仿真系统进行的操作会动态地影响仿真进程的走向。仿真可以得到人在不同决策、行动下与对象系统的组合作用结果。

需要实训操作技能的人才培养通常需要较长时间，仿真训练能大大缩短培养周期。例如，如图 9-5 所示，无人机飞手的一部分训练往往通过仿真系统来进行，飞手在训练平台上操作训练系统中的按键、把手等，训练系统会在系统的屏幕上显示操作带来的效果，训练系统中的无人机会执行操作命令，做出相应的运动。通过这种方式飞手可以看到不同的操作体现在无人机飞行上的效果，反复地训练，以掌握无人机的飞行控制技能。又如，很多医学院的学生通过人在回路的仿真系统进行外科手术操作的学习，学生要在训练平台上进行大量的操作训练；一些急诊诊断和救治的仿真平台，将被训练者置于由病人、病情、医疗设备和医疗方法构成的情境，以使学生得到更加全面、反复的训练，弥补实际现场训练难以满足需求的不足。

图 9-5 无人机培训系统的人在回路的仿真

在上述人在回路的仿真中，系统组成部分的性质不同，有的是基于计算机仿真的人在回路,有的是基于半实物仿真的人在回路,有的是基于虚拟现实系统的人在回路。例如,一些供应链管理仿真平台是纯计算机模型,而一个港口高空作业的仿真培训系统是一个包含硬件的半实物的虚拟仿真平台。这些仿真系统要么致力于研究包含人因的系统绩效,要么用来对人员进行仿真培训。

9.2.5 仿真评估与仿真优化的作用

通过前文,我们了解了仿真的基本概念、基本原理与几种主要的仿真类型及其应用场景,现在我们简要了解一下仿真评估与仿真优化的作用。仿真最基本的作用是可以对复杂系统进行定量评估,这是基于仿真实验的统计学意义上的定量估计。通过仿真实验,采集对应某种方案的绩效指标的大量独立样本,然后对该绩效指标的均值或其他统计特征值进行定量估计。一般可以对绩效指标均值做点估计与区间估计,也可以对绩效指标进行方差与取值区间内的概率分布估计。一个方案的绩效指标可以是一个,在大多数情况下是多个,这由对方案的系统分析得到,在仿真评估时,针对每个绩效指标逐一进行统计学估计,然后考虑多个绩效指标均值的区间估计概率事件的联合(或称叠加)。

例如,对某配送中心的规划设计方案进行仿真评估。配送中心的规划设计方案对应着一个随机系统。因为,在各种决策因素既定的前提下,由于订单的到达具有时间间隔,每个订单内的货品种类和数量都是随机的,作业设备的任务分配和调度也必然是随机的,而某些设备涉及默认停靠、必要充电、冲突的避让处理等,都会带来绩效损失,这都是随机的。这样一个配送中心在既定方案下的作业能力,可以利用仿真实验,采集其在固定时间段内的作业量的大量独立样本数据,以进行统计学意义上的估计。

相比于定量评估,更进一步地,是采用优化方法对决策进行优化。仿真优化至少包含两种基本含义,一种含义是在预先备选的决策方案中选优方案。先给定一套决策变量组合方案,运行仿真实验得到绩效指标的统计估计,分别对多个备选方案进行定量仿真评估,则可以得到每个方案对应的绩效指标的定量评估结果。这时,可以结合领域知识,根据定量评估结果,对应着选出所比较方案中最优和较优的决策变量的组合方案。例如,在上述配送中心仿真评估的例子中,如果对于该配送中心基于规划设计与定性分析,优选出一组备选方案,针对这些备选方案分别进行仿真评估,然后基于仿真评估的结果,比较备选方案的绩效指标,从而可以优选出一个或几个方案。这个意义上的优化,本质是基于仿真定量评估,通过统计学方法来比较绩效指标,根据领域知识通过绩效指标的优劣在有限的备选范围内找到优化方案。

仿真优化的另一种含义,或者说真正的含义,是将经典的优化算法与仿真结合在一起,形成基于仿真的优化功能。例如将仿真与生物进化算法集成起来,在进化算法迭代计算的过程中,不进行常规的计算,而是采用一轮多次独立仿真运行的统计结果替代优化算法中的一次计算,在不符合寻优收敛条件时,根据当前的优化方向继续进行仿真运行,再一次得到迭代结果,当绩效指标达到优化求解的收敛条件时停止寻优求解,输出最终确定的决策方案。这样,从表面看,仿真优化的表现不再是 what-if 的动态推演,而是经过运行与运算过程后直接输出优化的决策结果,如同优化算法一样。现在很多仿真软件集成了优化算法模块,可以方便地提供基于仿真的优化功能。

总的来说,仿真方法可以对一个复杂系统进行绩效评估,也可以在集成优化方法后对决策问题进行优化求解。许多复杂系统的评估与优化问题都可以借助于仿真方法得到解决。其实,我们身边也有很多问题可以尝试用仿真方法来解决。比如,校园生活中各种废弃物的回收机制、教学场馆等在紧急情况下的人员疏散机制等。下面,我们通过实例来看一下如何采用仿真方法对某些物流系统的绩效进行评估和优化。

9.3 如何做得更好——基于仿真的评估与优化

在9.2.4小节中我们了解了几种主要的仿真类型及其应用场景,下面我们来了解仿真方法是如何对不同类型的应用问题进行仿真评估和为决策提供优化建议的。实际上,很多工程项目是基于仿真进行的,因此出现了"基于仿真的工程"这样的概念。一个综合大系统的仿真评估本身也是一项任务艰巨的工作。为了便于采用仿真方法进行系统评估与优化,我们针对不同层面、不同类型的决策问题进行分析,看看仿真方法是如何解决这些问题的。

9.3.1 供应链层面的物流网络仿真优化

物流网络,可以形象地理解为由节点和连线构成的物流结构。节点表示仓库和库存,连线表示库存节点之间的运输关系。在某些重要物资的宏观管理上,首先考虑的是这些物资在较为广阔的地域上的宏观部署,即物资总量在不同地点的库存部署,以及在这样的部署下,系统运营起来后,各个库存节点与周边需求之间的关系和各个节点之间的关系,这就是物流网络。很多重要物资,如应急救助物资、应急成品粮等,需要从社会层面去规划,需要有整体的网络规划设计。下面以应急成品粮的物流网络规划与应急保障为例,来看一下仿真是如何帮助人们解决这一类问题的。

为了保障地震、洪水等自然灾害发生后受灾地区人民的基本生活,需要在全国布局应急成品粮的库存存储,以便在任何一个地方出现受灾情况时及时地为当地民众送达成品粮。但是,从国家层面考虑,应该如何在全国范围内统筹布局一定总量的粮食呢?这是一个非常复杂的问题。从布局粮食层面考虑,成品粮与原粮、加工能力是关联的,考虑布局成品粮并不是简单地考虑成品粮的网络布局问题,而是要同时考虑原粮和加工能力。那么仅从成品粮层面考虑,如何构建成品粮的库存体系呢?库存一旦放在某个地方的仓库里,就是固定在那里的。而灾害的发生具有极大的随机性与不确定性,发生在哪里不确定,持续时间也不确定,周围道路情况依然不确定。虽然可以根据历史数据或预测数据来预测不同地区所需成品粮的数量的概率,但是预测结果常常不准。当灾害真实发生时,已经存储在不同位置的成品粮能满足受灾地区的需求吗?周围的仓库存粮能及时支援吗?从规划决策层面,应该如何设计各个仓库节点之间的关系?这些就是应急成品粮库存网络与应急保障系统最核心的问题。

物流网络规划是一类典型的物流问题,有相应的模型与算法。但是,要解决具有高度不确定性、存在大量随机情况的问题,并给出各种情况下的应急预案,现有方法就难以满足需求。这时,仿真方法可以发挥其优势作用,为应急成品粮的供应进行保障性支持。图9-6是一个应急成品粮库存网络与应急保障系统仿真平台的基本架构。该仿真平台提供典型的灾害场景模块和自定义场景模块,这些场景模块与成品粮需求和成品粮库存属性相关联,提供了需求与应对策略的备选方案。仿真控制模块和仿真输出结果处理模块可以运行仿真实验,并计算、处理仿真结果,最终看到不同的成品粮库存系统决策面向不同灾害与成品粮需求场景的应对效果。

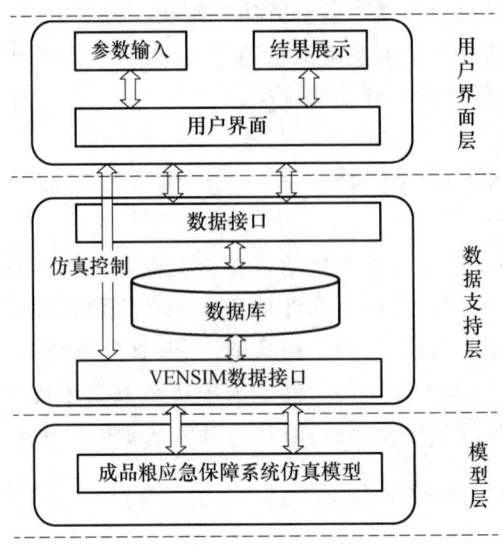

图 9-6 应急成品粮库存网络与应急保障系统仿真平台架构

图 9-6 所示平台支持构建多库存节点、多库存规则、多灾害场景的仿真模型;可以分析、评价不同储备布局、储备规模对突发事件下的应急保障供应效率和效果,以优化储备布局及储备规模;支持成品粮应急保障系统设计、决策和管理诊断。例如,在该平台上,可以构建一个有 200 万受灾人口的模型,按照供应商管理库存(VMI)的库存控制模式(一种库存管理方法),按照受灾场景设置需求,开展仿真分析,找到最优储备布局与储备规模,并通过模拟运行应急供应保障系统,得到绩效运行指标。然后,可以针对同样的受灾场景,变化应对策略,比如改变库存控制模型,采用一种叫作 CONWIP 的库存控制模式,重新寻找该模式下的最优储备布局与储备规模,并通过仿真得到这种方案下的绩效指标。两者进行比较,选择更优的方案。通过这样的仿真平台得到的仿真结果可以为宏观的成品粮的存量部署提供依据,也可以为某种灾害情境下应该如何进行应急供应提供预演和依据。

9.3.2 配送中心规划设计仿真

配送中心是一类典型的物流节点,其主要功能是为供应链的下游经销商、零售商、客户提供配送服务。配送中心将要配送的货物集中在中心内,进行必要的存储、拣选、分拣、流通加工、配套等多种物流作业,最终按照用户的需要,将相应的货品选择适当的运输方式和配送路线配送到用户手中。配送中心通常包含复杂的作业系统,尤其是存储、拣选和分拣子系统。一个配送中心的规划设计是一项很有讲究的任务,每个具体的配送中心都有自己独特的定性与定量特征,稍有不慎就会出现问题,造成损失。一个配送中心的规划设计方案生成后,如何判断该方案的合理性、科学性,以及预期的效率和作业能力呢?这时就可以借助于仿真的方法了。

相对于以存储为主要目的的仓储系统,配送中心内部通常包含着更加复杂的物流作业。例如,一个汽车零部件的配送中心,其目的不仅是将供应商提供的零部件都存储在这里,更重要的是根据生产的需要将所需种类和数量的零部件拣选出来,并且按照工位的需求分好,及时分批地送到生产线上。这种拣选和分拣的作业通常是大规模的、复杂的。例如,一个汽车零部件配送中心包含两个大型立体仓库和整托盘拣选与拆零分拣作业区,两个立库由 AGV 系统连接。该配送中心有一万多种零部件,向附近整车厂的生产线进行及时的配送。在自动化立库一侧的平面区域内,组织面向装配线的播种拣选作业。立库中整托盘的货物出库到巷道口外的拣选台,拣选出来的货品由小车运到拣选区进行播种分拣,播种好的暂存在周转箱中的货品被装车配送到装配线上。

上述系统待解决的问题是,这个面向装配线的配送中心,面向装配线的配送应该如何进行?间隔多长时间配送一次?配送的频次不一样,每一批次的作业量也不同,究竟如何决策?为解决这些问题,建立了该配送中心的仿真模型,如图9-7所示。然后对不同配送频次的配送方案分别进行仿真评估,看看在每种配送频次下,该配送中心对于配送任务需求的满足程度如何。这样的仿真实验可以为配送作业组织策略提供定量的决策支持。在定量仿真分析中,也会发现优化的空间,从而为规划设计指出优化方向,并在规划方案做出优化调整后再次进行评估与比较。

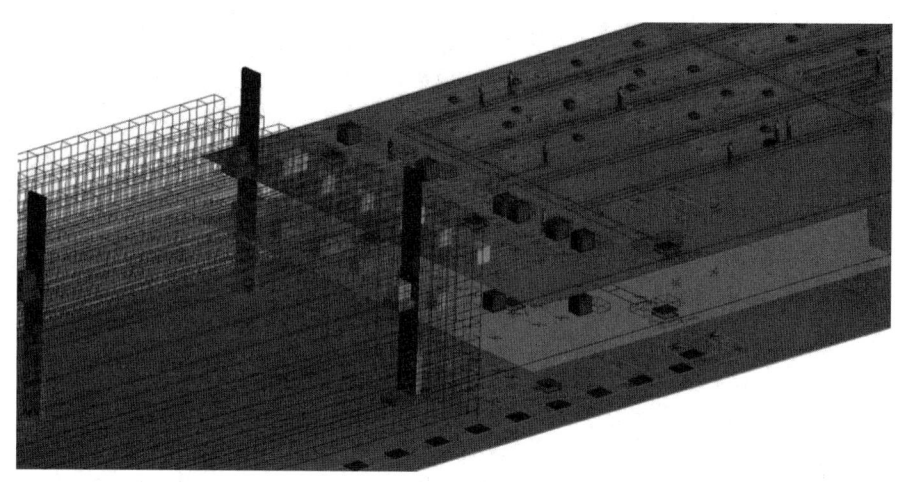

图9-7 一个汽车零部件配送中心的仿真模型

配送中心规划设计类仿真应用十分普遍,几乎所有行业的配送中心和物流中心、转运中心在规划设计时都会进行仿真实验,以验证设计方案的合理性,为某些策略与参数设计提供可靠的定量参考。仿真所支持的决策问题涵盖规划设计的方方面面,包括布局问题、流程问题、作业策略问题、关键参数问题等,仿真都可以对其进行有力的决策支持。

9.3.3 物流配送策略及算法仿真

物流配送在物流行业是一个非常关键的问题,如何制定高效的物流配送方案是困扰物流行业的难题,物流配送并不限于贴近我们生活的"最后一公里"问题,在工业生产等方面也困扰着诸多物流从业者。谈到物流配送问题,势必绕不开的就是车辆路径规划问题,制定科学合理的车辆路径方案是提高物流运转效率和生产效益的关键。

我们来看一个电动车物流配送路径规划的问题。电动车的一个特殊之处是一次充电能坚持的里程没有普通车辆(汽油车)长,必须考虑充电或换电池这个环节。因此,电动车和普通车辆配送的路径规划有所不同。路径规划类问题的典型解法是构建决策模型,然后寻找或改进算法来实现模型的求解。在这个实例中,先构建电动物流车辆路径规划模型,这个模型将电动车的续航约束考虑在内。然后基于带精英保留策略的多目标遗传算法(NSGA-Ⅱ)对电动物流车辆路径规划模型进行寻优求解。关于算法的研究是一个独立的话题,这里不做过多介绍。

总之,通过构建优化模型和提供求解算法,电动车的配送路径规划问题就可以求解了。但是,算法效果如何呢?

对算法的验证最普遍的做法就是进行仿真。这类路径规划问题基本上都是利用 MATLAB 对算例进行多次仿真求解及路径方案的可视化展示,证明算法在维持客户平均满意度水平不变的同时,能有效降低物流配送成本。在这类问题的仿真研究中,我们通常会看到形如图 9-8、图 9-9 的 MATLAB 仿真模拟的最优路径图以及算法收敛结果对比图。这样,通过仿真,可以验证所提出的路径规划的求解算法能否满足需要,即能否在一定的时间约束内求解到满足收敛条件要求的最优解。

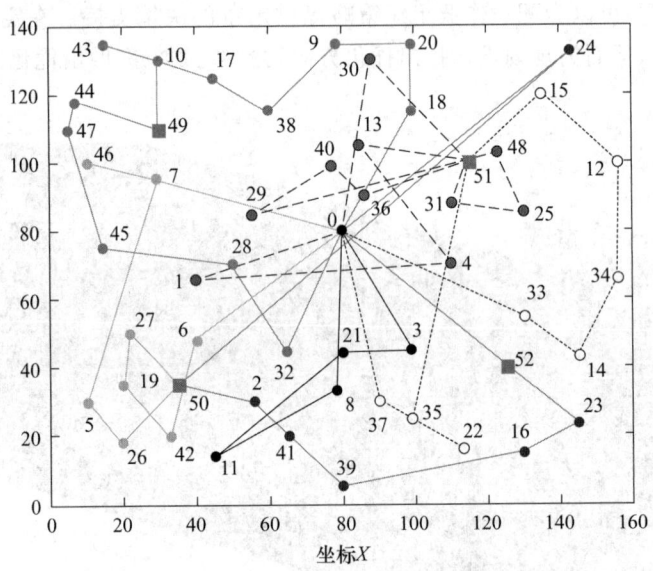

图 9-8　一个算例的最优路径仿真求解结果

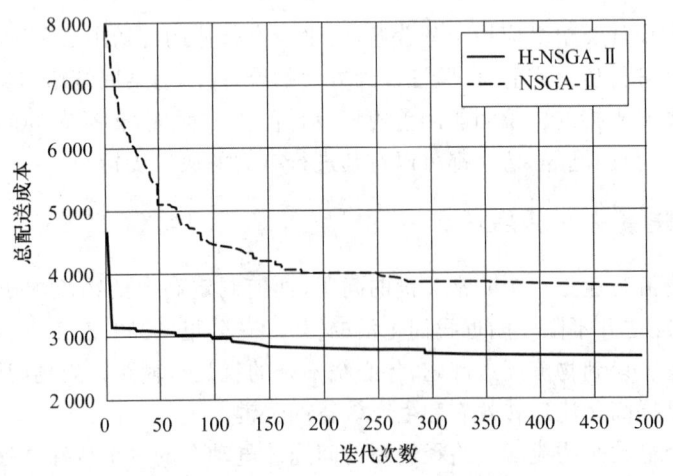

图 9-9　路径规划算法的收敛结果对比

9.3.4 "最后一公里"无人配送仿真

相信同学们都听说过"最后一公里"的说法吧,近年来还出现了"最后一米"的说法。它们都是指在配送过程中距离上最接近用户的那段里程。在北京邮电大学沙河校区,经常可以见到一个带拖挂的无人配送系统在运行,每个车头带着两节甩挂柜在校园内进行无人投递。当快递包裹到达校内快递点邮局时,用户收到来自系统的通知信息,并通过手机等终端设备在系统内实时地选择自己希望取货的校内地点,当邮局收集到一批包裹的取货时间与地点需求信息后,将为无人配送车分配任务,包裹装车后,无人车将带着拖挂,将包裹配送到某些配送点,如图书馆、食堂、教学实验楼等,每辆拖挂小车将两个拖挂分配放置在两个配送点,车头本身也负责两个配送点的任务,分别先后停靠在两个配送点。每个配送点都有等待用户取件的时间约束。车头完成配送任务后,将按照算法确定的路径依次回收已被取空的拖挂,最后回到配送的起点(邮局)。

在这个末端无人配送系统中,有很多环节需要决策,比如对于校园这个特定的需求,应配置几个车头、几个拖挂车厢?如何设置备选配送点?每辆带拖挂的小车在不同的配送点之间如何进行分配;固定还是动态地进行任务分配?每批次的配送按时间窗口设置还是按配送量设置?多少为宜?在运营中每天按固定班次走还是每天根据包裹情况实时更新决策?为用户提供的配送服务,是向用户提供固定备选地点和固定备选时段的选项,然后收集在此约束下的配送需求,经过优化计算得到配送方案,还是先收集用户期望的配送时间与地点信息,然后通过优化计算,在一定范围内优化配送任务并根据最终优化结果通知用户最终的配送时段和地点?无论采用怎样的策略,这个系统每天的最高配送能力多大?

下面我们看看由北京邮电大学的同学以上述问题为例建立的仿真模型。同学们对单车配送、车头带两节甩挂柜配送、专车专送三种不同的配送业务模式进行了仿真。仿真模型基于AnyLogic软件开发,图9-10是自动导引小车车头加两节甩挂柜模式的仿真模型在运行刚开始时,小车位于校园邮局前的运行界面截图。该仿真模型以三维动态的形式直观地展示了"快件到达→扫描登记→入库上架→向用户发送快件到达信息与配送选项→用户选择取件方式及时间、地点→无人车分拣装车→无人车到甩挂点及配送点配送→用户取件→甩挂柜回收→未投妥快递上架并通知用户快件目前位置"全流程。

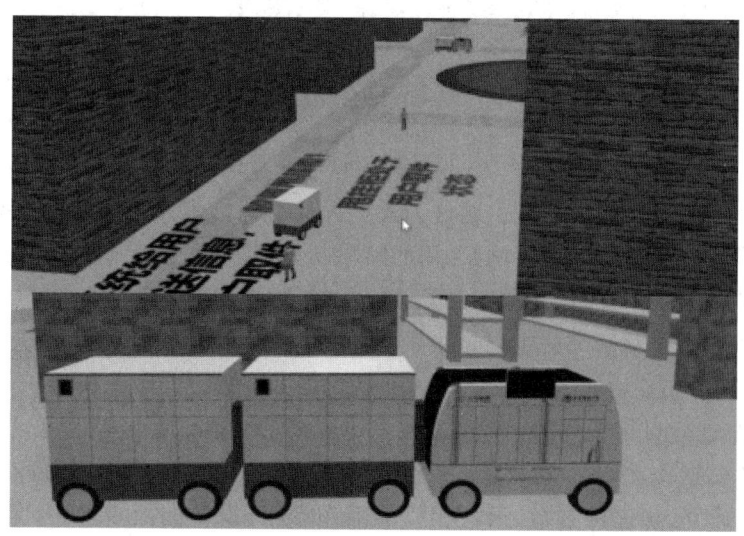

图 9-10 带两节智能投递甩挂柜的校园 AGV 自动配送系统的仿真

该仿真模型对智能投递系统的主要绩效指标,如本次与当日成功投递数量、一次投递完成时间、小车利用率等进行了可视化的显示。还有一些深入的策略比较可以通过该仿真模型组织仿真实验来进行研究。例如,在组织配送批次上,以时间窗(每固定时间段)组织配送,还是依据配送量组织配送?备选配送点的选择与多辆小车的任务分配策略以及小车的调度策略等,都有不同的选择,哪个效率更高?又如,小车是需要充电的,充电点设置几个、设在哪里?小车何时(如电量降到总电流的多少时)去充电才能使整个配送方案正常运行,不影响配送任务的正常执行?这些问题都可以通过多次仿真实验得到回答。

9.3.5 无人机协同作业系统的仿真应用

2023年12月19日,美团无人机首条高校航线在清华大学深圳国际研究生院开始运营,首次在大学校园实现了无人机末端智能投递。除了末端投递,无人机在许多领域都有广泛的应用,如应急物流和军事物流领域等,如图9-11所示。在应急物流领域,无人机多用于灾后搜救、投放物资等。灾后环境条件十分复杂,单架无人机势必无法覆盖整个任务区域,也无法处理复杂多变的紧急情况,且搜索效率不够高,需要多架无人机进行协同搜索来提高搜索效率,应对复杂的搜索环境。

图9-11 工业无人机用于应急搜救

一个被众多研究者关注的研究主题是无人机群的协同搜索及追踪。在这类问题中,问题解决的不同阶段面临的分支问题不同,采用的策略不同,最终的效果如何,在很大程度上可以采用仿真技术来进行决策支持。图9-12所示,为一个无人机群协同搜索大区域范围动目标的仿真应用的场景构成。该研究的主题是在某个区域内无人机群需要搜索发现多个动目标,然后追踪被发现目标,实现物资精准投递,目标是提出高效的搜索与跟踪策略。

多无人机在进行目标搜索时,可以采用平扫策略(地毯式搜索),也可以采用滚动时域(每一决策时刻根据概率分布确定前进方向)策略。在平扫策略下,所选用的设备工作参数,如无人机的速度、加速度参数,云台相机的工作参数,设备的数量,以及无人机飞行队形选择与队形变化策略等,都会直接影响搜索与追踪的效率。为此,可以开展多种仿真决策支持研究,为相关问题提供仿真决策参考。这部分仿真应用都可以基于离散事件系统仿真方法开展。

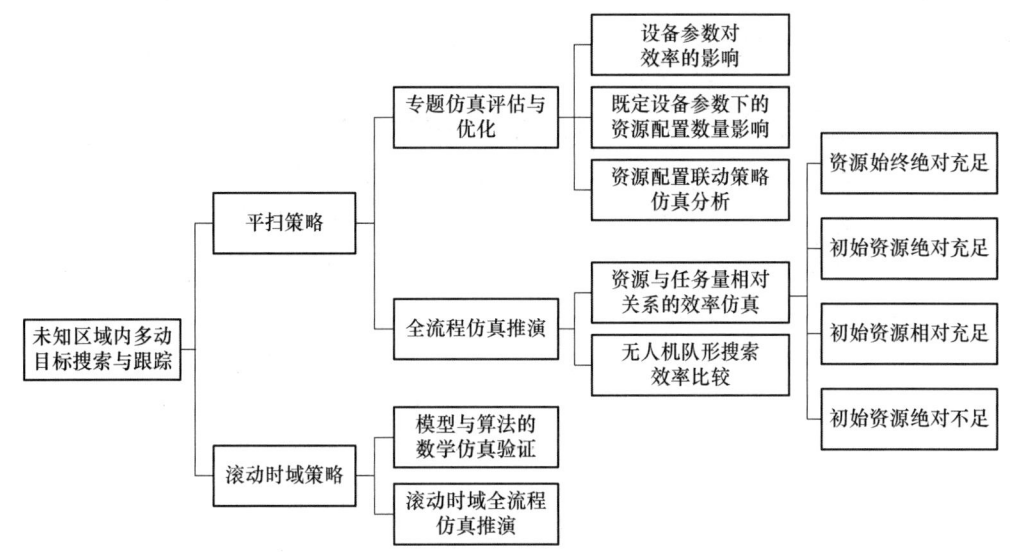

图 9-12　无人机协同作业仿真的不同应用场景

　　平扫策略在资源充足时能够没有遗漏地捕捉动目标,但是当资源不足时,平扫策略就显得十分无力,这时可以采用滚动时域策略。这类问题的某研究案例的做法是,先利用均匀栅格地图构建任务区域模型,根据无人机飞行特点建立无人机状态模型,依据无人机搜索环境的过程和特点建立搜索概率图模型;而后对影响多无人机协同搜索路径规划的重要因素进行详细分析,以确定问题的约束条件及目标函数;通过分析对比理论上求解该问题的典型算法,结合实际因素,选取合作型协同进化遗传算法来求解,并对算法的思想(滚动优化思想)及算法关键步骤进行分析,以详细设计算法流程;最后,使用 MATLAB 软件对问题进行编程求解,选取典型算例验证程序效果。

　　该研究案例共进行了 5 组仿真实验来分析影响多无人机搜索效能的因素,包括机载传感器性能、无人机数量、目标存在概率和外部环境威胁权重系数分配、多无人机协同,为提升多无人机系统搜索效能提供了思路。图 9-13 是 4 架无人机对目标进行协同搜索的最优路径仿真示意图,图 9-14 是验证传感器性能对无人机搜索能力的影响的仿真实验结果示意图。

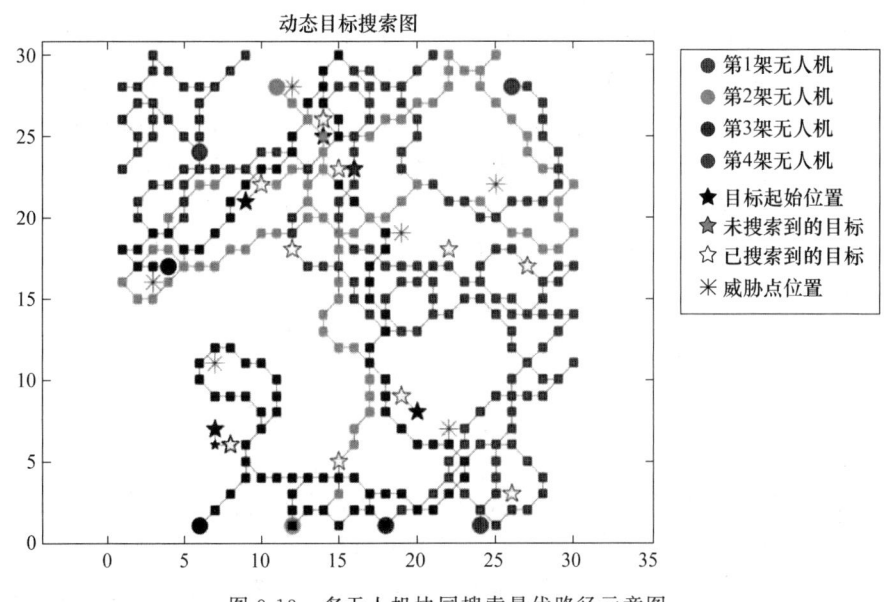

图 9-13　多无人机协同搜索最优路径示意图

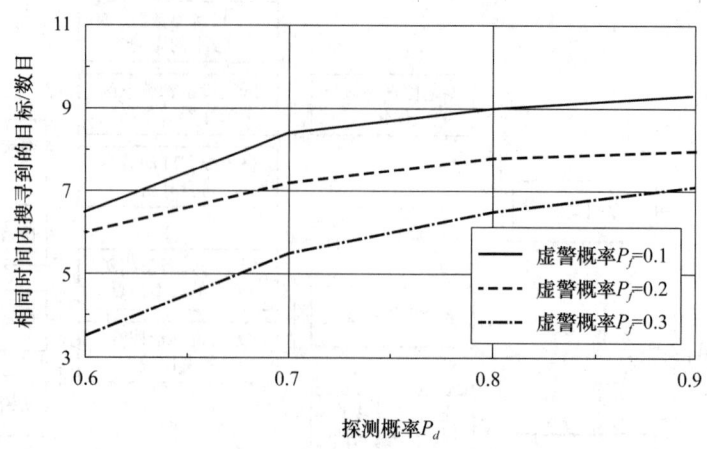

图 9-14 其中一个仿真实验结果示意图

9.3.6 回收物流社会行为系统的仿真

随着全球面临的生态危机的升级,回收物流得到的关注与日俱增。但是,回收物流并不是一个孤立的物流优化问题。从物流角度进行最优回收网点的网络规划和最优回收路径规划并不难,难的是,这个理论上的优化方案,如何才能得到参与主体的支持,从而得以实现。原因非常简单,因为回收物流涉及太多实际参与的主体,不同的主体有不同的因素与利益考虑,每个主体都是从自身最优出发的,而不是从物流系统最优出发的。在工业领域推进回收相对容易,如在生产制造领域,可以在供应链范围内组织有序的回收机制。但是,与广大民众生活息息相关的回收往往较为困难,比如生活垃圾回收要比电子产品回收难得多。终端用户是否能够主动地参与回收?不参与怎么办呢?社会上存在大量的黑色与灰色回收供应链,造成了很多严重影响人民健康与社会公共利益的问题。有人可能会说,这是个文化问题、法律法规问题和社会管理问题。但实际上,这是个跨学科、跨领域的问题,既是社会问题,也是典型的物流问题。

正是从这个意义上,我们说回收物流是一个整体的社会行为,而不是一个孤立的工业物流系统。它涉及消费者、生产制造企业、零售企业、运输企业、专业回收机构、政府部门等多个利益主体。由这些主体构成的一个多主体系统,在相互作用时,并非像工业物流系统那样准确、确定地依赖某些可以清楚、确定地定义的定量关系来定义交互的影响,彼此之间的逻辑关系和定量关系通常是多维度的、非线性的、不确定的,甚至是不可知的。如何从无到有地建立起一个有效的回收系统,并且希望它在撤销了外在助力,如政府经济补贴的情况下,能够长期稳定地运营下去呢?

下面以家庭过期药品回收为例,来看看如何解决这个问题,以及仿真方法如何为这个问题的探索提供帮助。过期药品回收系统是复杂系统,其运作涉及社会中的多方主体,包括居民、回收点、制药企业、销售企业、处理厂、政府部门、非政府组织和媒体、非法回收者等,如图 9-15 所示。对过期药品进行有效回收,主要出于对整体社会利益的考虑,有 3 个方面:一是杜绝过期药品流入非法回收者手中导致一些后续问题;二是通过有效合法的回收途径将过期药品有使用价值的部分提取出来投入循环经济;三是避免过期药品的不正当处理对环境与地球产生危害。第 3 个方面是物理化学技术问题,而第 1 个和第 2 个方面则属于系统与运作机制的设计问题,这里只讨论第 2 个与第 3 个方面。

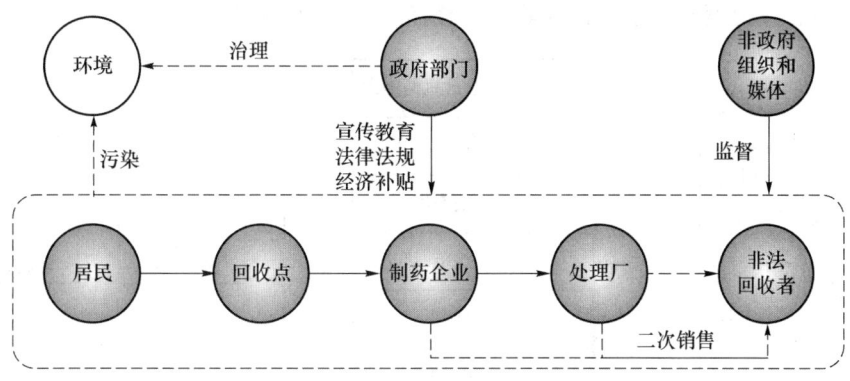

图 9-15　过期药品回收系统中的参与者

从社会运作的角度,需要构建社会视角上的家庭过期药品回收系统,包括回收物流系统、回收运营系统、回收监管系统。每个子系统的行为主体都与其他子系统中的行为主体存在交互关系,每个子系统的状态变量都对其他子系统产生影响。因此,子系统之间存在复杂的交互关系。有研究将过期药品回收物流系统划分为过期药品的回收阶段和处理阶段两个阶段,如图 9-16 所示,并分别采用不同的理论模型来描述各个阶段内多个主体之间的交互关系。

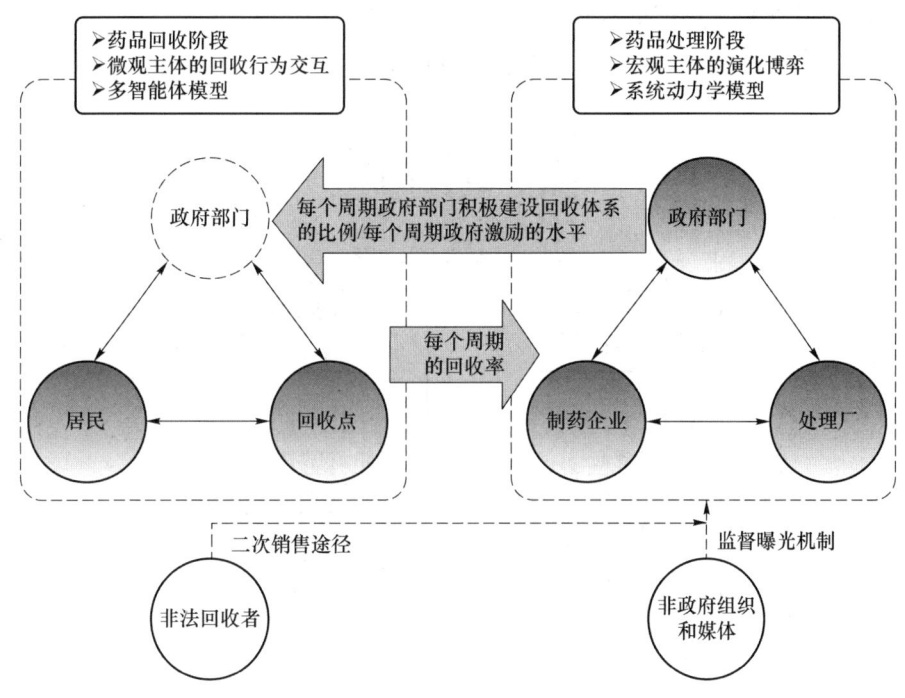

图 9-16　过期药品回收物流系统的两阶段理论模型

在图 9-16 所示的模型中,药品回收阶段是一个从微观到宏观的多智能体模型,能够通过模拟微观行为得到宏观层面的数据,作为药品处理阶段的数据基础来分析在处理阶段中各方的博弈行为,并将最终的博弈行为结果作为新一轮的条件输入到回收模型中,使药品回收阶段的主体进行新的行为调整,从而改变整个系统的状态,实现不断的、多轮次的博弈与演化。各个模型内部的机理和建模较为复杂,比如,居民的回收行为,可以用图9-17所示的行为理论来进行建模。回收点模型类似于居民回收行为模型,这里不再介绍。

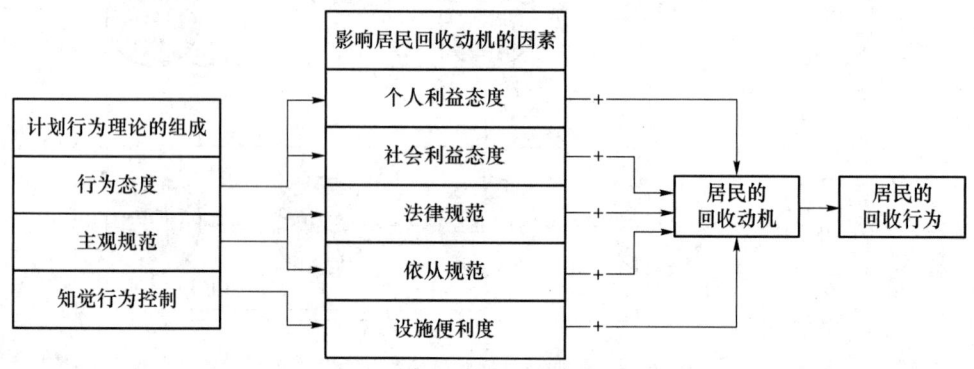

图9-17 基于计划行为理论构建的居民回收行为理论模型解释

我们可以理解为每个主体内部都有适当的模型来描述,在各主体之间构建具有一定理论说服力的互动模型,再基于这个模型开展丰富的仿真实验研究,以帮助人们认识回收系统构建过程中的许多问题。例如对于回收阶段,建立图9-18所示的模型框架。在这个回收子系统框架下,将各主体的行为模型嵌入进来,再与处理阶段的博弈模型集成,就可以通过仿真实验来研究应如何激励该回收系统的建立。在仿真运行中可以看到一轮又一轮的主体行为导致的家庭药品回收在一个市区范围内的宏观状况,如图9-19所示。

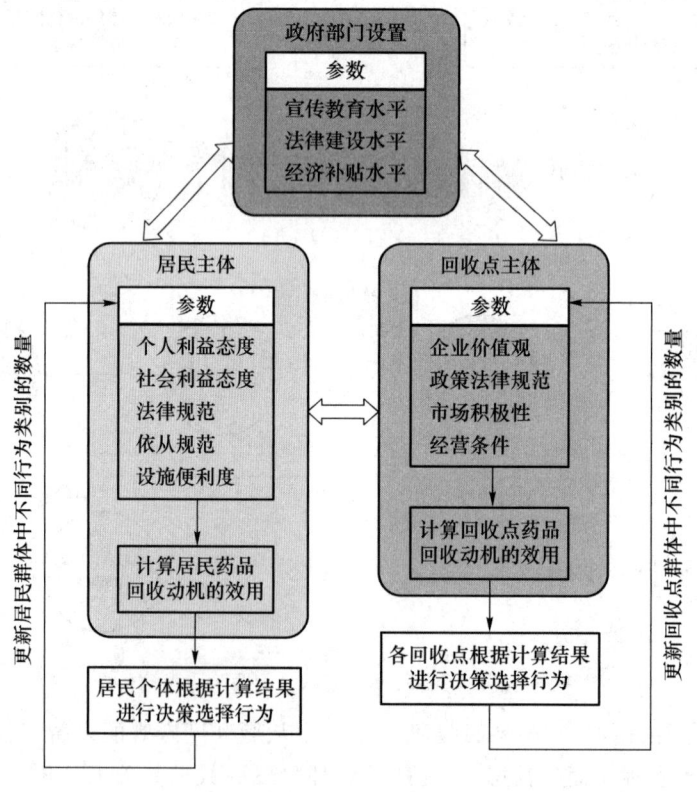

图9-18 药品回收子系统的模型框架

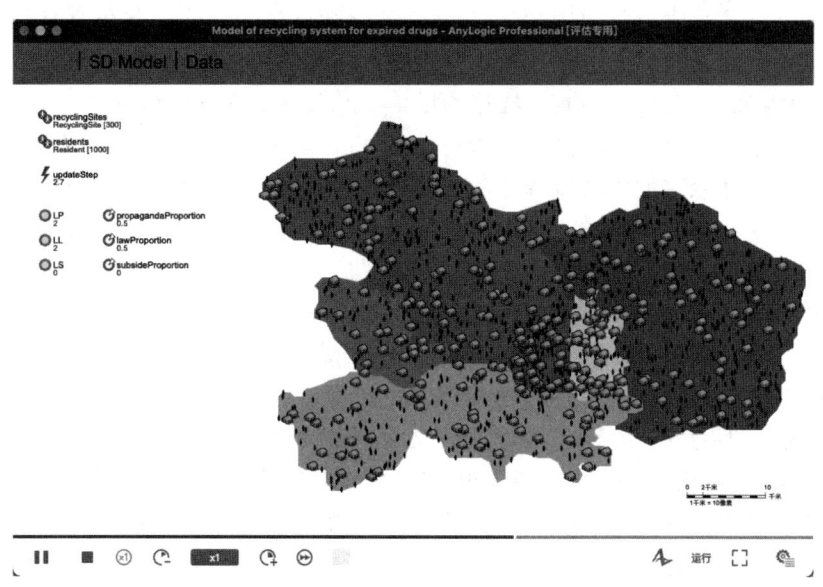

图 9-19　北京六城区过期药品回收系统演化仿真模型的运行界面

通过仿真可以观察所设计的系统运行的结果，揭示一些在设计时难以预知的规律，得到对过期药品回收问题不同视角的深入认识。例如，文献[10]中的一组仿真实验揭示政府部门激励措施对于居民起到的宣传教育作用最大，法律建设次之，经济补贴最末；而对于回收点来说，激励措施的多元化，如宣传教育活动和法律建设结合等，对回收点回收行为的激励更显著。通过仿真实验得到的这些认识将有助于优化回收系统的设计。

通过仿真，还可以观察所设计的系统从无到有的演化过程。可以通过仿真预测在既定的一套参数（现实约束）下，政府大约需要维持多少和多长时间的经济投入（如经济补贴措施）才能使系统演化到一个可以在撤去经济激励后的自然平衡状态，而不会在停止经济刺激后回收行为又衰落下去；或者通过仿真评估是否在特定的成本参数现实约束和利益关系的方案设计下，这个回收系统离开持续经济投入的刺激，最终都会衰落。如果立法带来了强约束，那么这个系统要独立、长期、平衡地运行下去，所需要的行为任务与成本付出总体是多少？怎样在各主体之间进行分配才能更好地适应各主体的利益和相互之间的博弈关系呢？仿真方法可以在这些问题上给予我们有力的帮助。

9.4　未来可期——仿真、数字孪生与智慧物流

虽然我国的仿真技术及其应用发展水平与国际先进水平相比还有差距，但是不可否认，我国的仿真技术应用也已经十分广泛，随处可见生产仿真、工厂仿真、控制仿真、运维仿真、物流仿真、流程仿真、组织仿真、交通仿真、人群仿真、战场仿真等。从业人员已经感知到仿真技术发展和应用的井喷阶段即将到达。当人类进入智能时代，仿真也不再是传统的仿真，它不断纳入智能元素，能够更智能地仿真。

随着仿真的发展，仿真的对象不仅是过去的系统、未来的系统，更是当下的系统。对当下系统的仿真就是实时仿真。这种实时仿真远远超过了传统仿真的逼真度，借助于现代数字化技术，仿真从传统的"输入数据（数学）建模"进入全真数据时代。

这就要提到一个概念,那就是数字孪生体。数字孪生体是什么?与仿真是什么关系?下面我们先来看看数字孪生体的应用场景。数字孪生体的应用十分广泛,我们比较熟悉的场景有制造、产业和城市。实际上,仿真也在这些场景中。如果没有仿真作为数字孪生体的内在逻辑,那么数字孪生体的行为方式可能要依赖长期的机器学习,或者通过预设来接近物理世界。上述应用场景包含了众多的仿真应用。例如在制造场景下有产品仿真、制造仿真和生产仿真等;在产业场景下有仓储仿真、物流仿真、组织仿真、流程仿真等;在城市场景下,有城市仿真、交通仿真、人群仿真、爆破仿真、大气仿真等。

那么,什么是数字孪生?和仿真有什么关系?数字孪生的设想首次出现是在美国密西根大学的产品全生命周期管理课程上。其目的是,在虚拟空间构建的数字模型与物理实体交互映射,真实地描述物理实体全生命周期的运行轨迹。数字孪生是以数字化方式创建物理实体的虚拟实体,充分利用物理模型、传感器更新、运行历史数据,集成多学科、多物理量、多尺度、多概率的仿真过程,在虚拟空间中完成映射,从而反映相对应的实体装备的全生命周期过程。

数字孪生把整个实物模型数字化,数字模型和实物模型是平行的两个系统,但是两个系统之间会进行交互。物理世界的动态变化,通过传感器精准、实时地反馈到数字世界。数字化、网络化能实现由实入虚的目的,网络化、智能化可实现由虚入实的目标,虚实互动,持续迭代,可实现物理世界的最佳有序运行。数字世界不满足于展现一个旧的物理世界,而是要模拟新的物理世界;既要实时地接受物理世界的信息,又要预测物理世界;既要接受物理世界的操纵,更要反过来驱动物理世界。

仿真技术是数字孪生技术的基础。仿真技术可以支持数字孪生的研究。传统仿真更多的是针对机理模型进行的,可以用数学、物理等规律、方程描述模型。针对机理模型,传统仿真中几乎所有的技术都可以拿来用。数字孪生还有一类模型是针对非机理的相关性模型(黑箱模型)。传统仿真中针对黑箱模型的方法不多,比如经验公式,用简单的数据做一些曲线拟合等。现在有了大数据、人工智能技术,黑箱模型可能拥有更加逼近物理对象的特性。非机理模型在传统仿真技术的基础上,加上人工智能等技术,充实了数字孪生,反过来数字孪生也丰富和发展了传统的仿真技术。

无论是基于机理的建模,还是基于数据与相关关系的建模,广义上都是对实际系统的仿真。孪生体是对应于实物系统建立的虚拟体。这个虚拟体是对真实的模仿,属于广义上的仿真。当然,数字孪生是多类技术的混合体,它并非从仿真这一个分支发展而来,本书仅仅是从仿真的角度来看这个技术。从更宏观的角度,数字孪生使万物走向真正的数字化,基于数字化的基础,智能和智慧将逐渐从概念走向现实。数字孪生还包含更为丰富的含义和内容,大家可以在今后的学习与探索中继续深入了解。

9.5 相关课程学习

前面各章已对智慧物流系统相关技术与方法及对应的课程分别做了介绍。关于对整个系统的综合定量评估,有一门密切相关的专业基础课程,即《系统建模与仿真》。本章介绍的基于仿真的物流系统评估与优化的应用案例均以该课程内容为方法基础。同时,一些基础课是该课程的先修课,如《概率论与数理统计》、《运筹学》(尤其是其中的排队论、存储论)、计算机编程语言类课程等,需要完成先修学习。

本书第1章在解释专业特色和课程体系时已给出各门课程之间的逻辑关系。现在,我们可能已对这些课程之间的关系有了一些感性的认识。如果说智慧物流是一个智慧的生命体，那么各个子系统和各种技术都是它的有机组成部分，没有系统的集成和协同工作，就没有这个智慧生命体本身。希望大家在学习各门课程的同时积极主动地在实践中去运用、尝试、创新、创造。相信通过相关课程的学习，大家都能成长为专业人才，为我国邮政快递与物流行业做出自己的贡献。

本 章 小 结

智慧物流本身已突破企业的单体边界，而着眼于供应链、产业链、社会化商业协同。社会实践在追求便捷、高效、人性化等目标的过程中自然形成了这样的局面，因此我们对智慧物流的认识和理解，也只能从这里起步，再回到这里来。本章从整体角度展示了前面各章介绍的技术与方法如何共同构成了复杂的系统整体，并介绍了几种主要的仿真类型及其应用场景，简要地介绍了各类仿真方法在不同领域的应用，并以实例简要说明了其如何实现评估和优化。

参 考 文 献

[1] AVERILL M LAW. Simulation Modeling and Analysis[M]. 5th ed. Mc Graw Hill Education，2013.
[2] 张晓萍，石韦，刘玉坤. 物流系统仿真[M]. 北京：清华大学出版社，2008.
[3] 中国自动化学会系统仿真专业委员会. 系统仿真技术及其应用（第8卷）[M]. 北京：中国科学技术大学出版社，2006.
[4] 范文慧. 计算机仿真技术发展及其在物流行业中的应用展望[J]. 物流技术与应用，2021(9)：120-123.
[5] HALFMAN，ROBERT L. Dynamics[M]. London：Addison-Wesley，1962.
[6] ANATOLE KATOK，BORIS HASSELBLATT. Introduction to the Modern Theory of Dynamical Systems[M]. Cambridge：Cambridge University Press，1995.
[7] 中国工程院. 复杂系统建模仿真[M]. 北京：高等教育出版社，2014.
[8] 陈根. 数字孪生[M]. 北京：电子工业出版社，2020.
[9] 刘贞. 应急物流中无人机群搜索问题的快速建模与仿真[D]. 北京：北京邮电大学，2022.
[10] 张晓东. 结合行为和博弈理论的过期药品回收系统演化研究[D]. 北京：北京邮电大学，2023.
[11] 李伯虎. 建模与仿真技术正成为21世纪中认识和改造世界的重要研究手段[EB/OL]. [2024-09-10]. http://d.wanfangdata.com.cn/conference/6493300.
[12] 郭笛，谢旦岚，纪媛. 多重约束下智慧仓储机器人配置仿真优化研究[J]. 系统仿真学报，2020，32(10)：2066-2072.